Sección Obras de Sociología

LA LUCHA CONTRA LA POBREZA EN AMÉRICA LATINA

LA LUCHA CONTRA LA POBREZA EN AMÉRICA LATINA

DETERIORO SOCIAL DE LAS CLASES MEDIAS Y EXPERIENCIAS DE LAS COMUNIDADES JUDÍAS

BERNARDO KLIKSBERG
COMPILADOR

FONDO DE CULTURA
ECONÓMICA

BANCO INTERAMERICANO
DE DESARROLLO

CONGRESO JUDÍO
LATINOAMERICANO

Primera edición,   2000
Primera reimpresión,   2000

Las opiniones expresadas en este libro pertenecen a los autores y no necesariamente reflejan los puntos de vista del BID

Para más información sobre esta publicación dirigirse a:

IDB Bookstore
1300 New York Avenue NW
Washington DC 20577
Estados Unidos de América
Tel.: (202) 623-1753
Fax: (202) 623-1709
1-877-782-7432
idb-books@iadb.org
www.iadb.org/pub

Congreso Judío Latinoamericano
Larrea 744
C1030AAP Buenos Aires
Argentina
Tel.: (5411) 4961-4534
Fax: (5411) 4963-7056
Cjl@elsition.net
www.congresojudio.org.ar

La lucha contra la pobreza en América Latina
Deterioro social de las clases medias y experiencias de las comunidades judías

ISBN: 950-557-348-0

Impreso en Argentina - Printed in Argentina
Hecho el depósito que marca la ley 11.723

Prólogo

El Banco Interamericano de Desarrollo (BID) tiene una profunda preocupación por los problemas sociales que afrontan América Latina y el Caribe. Este continente, que ha registrado avances tan importantes en las últimas décadas, y que es hoy una de las áreas más democráticas del mundo entero, presenta, sin embargo, severos problemas de pobreza y agudas desigualdades. Pobreza e inequidad son dos desafíos que nos convocan desde la ética, desde la responsabilidad política por fortalecer y desarrollar el sistema democrático, y desde el desarrollo mismo que debe ser integral para tener bases realmente sólidas. La reforma social es la gran asignatura pendiente de América Latina.

Encararla requiere concertar esfuerzos entre todos los actores responsables de nuestras sociedades. Los gobiernos tienen funciones muy relevantes a cumplir al respecto, pero la sociedad civil puede realizar aportes muy importantes. En ese marco convocamos a un encuentro sobre esta temática a la Iglesia Católica de América Latina, a través del CELAM. Los debates fueron fecundos e iluminadores para todos. Concebimos entonces la iniciativa de sumar, a nuestro diálogo, a este protagonista tan destacado y dinámico de la realidad de nuestros países que son las comunidades judías. Ellas respondieron entusiastamente, y este libro se inspira en el encuentro, sin precedentes, BID-Congreso Judío Latinoamericano, que tuvimos el honor de presidir.

El judaísmo ha hecho a lo largo de la historia universal contribuciones formidables a los problemas sociales. Sin duda, un marco de referencia y de inspiración para las reformas sociales mejor intencionadas del género humano, ha sido el trascendental mensaje social de los profetas. Isaías, Jeremías, Amós y otros profetas hablaron al mundo de la necesidad de priorizar el tema social, y forjaron las bases de la idea de justicia social. Como bien lo señala el prominente pensador israelí Yeshayahu Leibowitz, los profetas dijeron al pueblo: "No habrá pobres entre vosotros". Para ellos la pobreza no era una fatalidad inevitable; debía ser enfrentada y superada. Pero como resalta, sus profecías no son vaticinios de lo que sucederá, sino orientaciones respecto a lo que debería suceder. El mensaje que transmitieron es: "No habrá pobres entre vosotros", si hacéis lo necesario para que ello sea así. La eliminación de la pobreza depende de las sociedades humanas concretas.

El judaísmo cultivó rigurosamente este mensaje. Son notables los aportes, como los del gran sabio de inicios de este milenio, Maimónides, con su particular concepto de la tzedaka, "la ayuda al otro", y su discriminación de niveles y jerarquías de esa ayuda, teniendo en cuenta factores como la voluntad real de ayudar, el grado de anonimato de la ayuda, el respeto cuidadoso por la dignidad de los ayudados, y la medida en que la ayuda está hecha de modo tal, que el otro pueda seguir adelante por sí solo. El grado más alto de los ocho grados de la *tzedaka*, decía el gran sabio, es el de aquel que ayuda al otro en total anonimato y de modo tal que después no necesite más ayuda. Todos hemos aprendido de la visión de Maimónides de que *tzedaka* es, en realidad, más que ayuda y solidaridad, hacer justicia. Asimismo, las fuentes bíblicas destacan que la ayuda al otro no es una opción, es una responsabilidad moral ineludible.

Hoy las comunidades judías de América Latina son un ejemplo activo de estos ideales. Llevan adelante una enorme tarea en el campo social, a través de innumerables organizaciones voluntarias. Están continuamente creando proyectos avanzados, experimentando vías innovativas, multiplicando acciones. En ese marco se inscribe la valiosa iniciativa del Congreso Judío Latinoamericano, que las congrega al crear una Comisión de Desarrollo Humano, dirigida a promover el intercambio comunitario sobre estas experiencias y la acción mancomunada.

Muy cercano durante toda mi vida a las comunidades judías, y al Estado de Israel, siempre me impresionó la capacidad de convocatoria de miles y miles de voluntarios de todas las edades y generaciones para causas de finalidad social, que es característica de estas comunidades.

En Israel ese trabajo voluntario, reflejando este interés judío por lo social, ha tenido características de excepción y hoy es uno de los países del mundo con mayor porcentaje relativo de trabajadores voluntarios, que producen "gratuitamente" bienes y servicios en gran parte sociales, que equivalen al 8% del Producto Bruto Nacional, como se describe en esta obra.

¿En razón de qué el BID toma iniciativas como el diálogo que desarrolló con las comunidades judías? En parte importante, por que éste es un Banco muy singular. El BID ha resuelto priorizar en sus esfuerzos lo social. Siempre ha trabajado en ese terreno desde su creación, pero en los últimos años se ha volcado fuertemente hacia este campo. Parte significativa de sus recursos crediticios se destinan a educación, salud, vivienda, infraestructura social, microempresa, empleo de jóvenes, mejoramiento de la situación de la mujer, protección a la infancia en riesgo, lucha contra la pobreza.

El BID convocó a las comunidades judías como antes lo hizo con la Iglesia Católica y proyecta hacerlo con las protestantes y otras, desde la asunción de la responsabilidad social conjunta. Quisimos plantearles nuestra profunda inquietud, informarles de nuestros múltiples proyectos en la materia y dar a conocer su vasta acción social. Y hemos aprendido mucho a través de experiencias de trabajo social tan bien inspiradas y cuidadosamente planificadas y ejecutadas como las que refieren en esta obra las comunidades judías de Argentina, Brasil, Chile, México, Uruguay y Venezuela. Por otra parte, realizan una contribución muy especial. Estas experiencias están centradas en atender sectores de los estratos medios que han sufrido serios deterioros socioeconómicos, los llamados "nuevos pobres". Las comunidades han partido de las singularidades de este tipo de pobreza, han reflexionado sobre ellas y han construido programas acordes, que aportan valiosas referencias a todos los que trabajan en desarrollo social.

Queremos que el encuentro, realizado con tanta densidad y compromiso y este libro, sean el inicio de un trabajo conjunto de reflexión y acción sobre cómo encarar estas realidades sociales que nos golpean a diario y que esta América Latina democrática no puede admitir. Con cuánta sabiduría se escucha en los textos bíblicos, en el Levítico, la voz divina señalando al pueblo, un mensaje que debe ser guía para todas las naciones: "No desatiendas la sangre de tu prójimo".

Para el BID es un estímulo contar en la lucha contra la pobreza con aliados de la calidad de las comunidades judías de América Latina, maestras en el terreno de la solidaridad y el voluntarismo. Estoy seguro que uniendo fuerzas, gobiernos, y sociedad civil en todas sus expresiones, con la cooperación de los organismos internacionales, podremos avanzar en la dirección que hace milenios trazaron los profetas.

Enrique V. Iglesias
Presidente del Banco Interamericano de Desarrollo

Introducción

Las cifras son inquietantes. Amplios sectores de la población latinoamericana padecen agudas carencias y están por debajo de la línea de pobreza.

La pobreza está golpeando particularmente a los niños y a las mujeres, y erosionando seriamente las bases de las unidades familiares. A la llamada "pobreza estructural", que tiene viejas raíces, se ha sumado la "nueva pobreza", producto de deterioros socioeconómicos importantes en las condiciones de vida de las clases medias de la región. Todos estos desarrollos requieren respuestas vigorosas e imaginativas.

Es una situación inadmisible en un continente con tantas posibilidades. Como lo ha destacado Enrique Iglesias, presidente del Banco Interamericano de Desarrollo (BID): "Se nos singulariza como una región que, teniendo tantos recursos, capacidad técnica y una larga experiencia en el campo social, continúa mostrando los indicadores más deprimentes de inequidad y de pobreza [...] Éste es un hecho que nos convoca y nos desafía, ética y políticamente".

En la búsqueda de soluciones, junto a un fortalecimiento de las políticas e instrumentos institucionales del Estado para actuar en este campo, muchas miradas se dirigen a la sociedad civil. En ella hay un enorme potencial que, movilizado, podría ser de gran utilidad para la lucha que hay que librar. Buenos niveles de equidad y el esfuerzo conjunto de políticas públicas vigorosas y de activas organizaciones básicas de la sociedad civil han sido claves en los logros sociales de los países con mejores récords en esta materia. En esos países existe un amplio voluntariado que aporta iniciativas y numerosas horas de trabajo para mejorar las condiciones de vida de los sectores con dificultades. Ello, a su vez, repercute favorablemente en todo el clima interno de una sociedad y genera la visión de que hay un proyecto compartido colectivo, visión que puede ser una fuente desencadenante de ingentes fuerzas positivas.

Este libro comunica que estos procesos son posibles en América Latina y que es imprescindible que se apoyen y pongan en marcha. A través de sus diversas partes, es posible conectarse con los graves problemas sociales que afectan a la población, ver de cerca particularmente el impacto agudo de los mismos sobre los estratos medios y tomar contacto con interesantes experiencias surgidas de organizaciones de la sociedad civil, en este caso las comunidades judías, que están dando combativamente la pelea para enfrentar formas clave de la "nueva pobreza".

La obra se inspira en un encuentro muy especial convocado por el BID a partir de la iniciativa de su presidente. Enrique Iglesias ha impulsado sistemáticamente la apertura de diálogos con sectores básicos de la sociedad civil sobre la problemática social de la región. En ese marco, convocó a las comunidades judías de América Latina a intercambiar sus propias experiencias sobre el problema y la búsqueda de soluciones.

El encuentro organizado por el BID y la entidad que congrega a las comunidades judías, el Congreso Judío Latinoamericano, de gran prestigio y tradición en la región, tuvo como coauspiciadores al Banco Mundial, la Organización de los Estados Americanos y el Washington College of Law de la American University y se llevó a cabo en Washington el 7 y el 8 de diciembre de 1998, encomendándose al firmante su coordinación general. Compartió los extensos esfuerzos de planificación y organización con Carlos Ferdinand, secretario del BID, y con Manuel Tenenbaum, director del Congreso Judío Latinoamericano. Contaron con la cooperación de Muni Figueres, directora de Relaciones Externas del Banco. Asimismo, con el apoyo técnico de Julio Kipnis (de la Oficina de Relaciones Externas) y Cecilia Bacigalupo (de la Secretaría del BID) y el apoyo administrativo de Marcela Rivarola de Williams (INDES).

No se sabía cuál sería el eco que encontrara esta iniciativa en el judaísmo latinoamericano. Se trataba de una invitación sobre bases totalmente voluntarias para ver cómo sumar esfuerzos en la lucha contra la pobreza en el continente. No había ningún antecedente de encuentros similares en el historial de las comunidades judías. La respuesta excedió todas las expectativas. Setenta líderes judíos que representaban a casi todas las comunidades judías de la región acudieron al llamado con enorme entusiasmo.

Estuvieron presentes las comunidades judías de Buenos Aires, Tucumán, Río de Janeiro, San Pablo, Río Grande Do Sul, Para do Belén, Chile, Colombia, Ecuador, El Salvador, Guatemala, México, Panamá, Paraguay, Uruguay y Venezuela. A ellas se agregaron representaciones de las organizaciones judías locales como la B'Nai B'Rith, el American Jewish Comittee, la Antidefamation League, el Joint, el World Jewish Congress, los American Jewish Services y la comunidad judía de Washington. También una delegación especial de Israel presidida por el embajador Herzl Inbar, director general para América Latina del Ministerio de Relaciones Exteriores, y personalidades de los medios judíos como el presidente del Grupo Editorial Aurora de Israel, Arie Avidor, y el director de Radio Jai de la Argentina, Miguel Steuerman. En las sesiones de trabajo expusieron e intercambiaron ideas con los participantes el presidente del BID, Enrique V. Iglesias; el presidente del Banco Mundial, James Wolfensohn; el director del Congreso Judío Latinoamericano, Manuel Tenenbaum; especialistas del BID, entre ellos Nora Lustig, Ricardo Haussman, Luis Ratinoff, Edmundo Jarquín, Beatriz Harretche, Xavier Comas, el firmante, Katherine Bain del Banco Mundial, Claudio Grossman, decano del Washington College of Law de la American University y miembro de la Comisión Interamericana de Derechos Humanos, Jorge Taina, secretario de dicha comisión, el rabino Israel Singer, director general del Congreso Judío Mundial, y representantes de las diversas comunidades judías. Condujeron las sesiones de trabajo el presidente Enrique V. Iglesias y Carlos Ferdinand. Fue, según el sentir unánime expresado por los participantes, una reunión muy especial marcada por una preocupación visceral por el problema, por una búsqueda afanosa de soluciones y por el aprendizaje mutuo.

Esta obra parte de ese encuentro "no convencional", como lo llamó el profesor Manuel Tenenbaum, y reúne documentos preparados con posterioridad especialmente para ella que tratan de continuar y profundizar el diálogo abierto y compartirlo con toda la región.

La obra tiene tres focos centrales. En primer lugar, se intenta presentar un cuadro de situación sobre algunos problemas clave de la región en materia social.

Nora Lustig y Arianna Legovini informan cómo las crisis económicas que se han producido en la región han afectado a los pobres y qué conclusiones pueden sacarse de ello en proyección al futuro en términos de protección de ese sector social. El editor analiza los impactos que está teniendo la situación social en la familia latinoamericana y en el funcionamiento de los sistemas educativos. Claudio Grossman aborda el tema de los derechos humanos. Manuel Tenenbaum agrega a los tres análisis anteriores sobre la región reflexiones acerca de los efectos de la violencia en las comunidades judías.

El segundo foco de la obra es la presentación de experiencias relevantes de lucha contra la nueva pobreza en las activas y comprometidas comunidades judías.

Luego de un análisis del editor sobre algunos rasgos del crecimiento de la pobreza en el interior de las comunidades, el lector podrá tomar contacto con experiencias que están ayudando significativamente a muchísimas familias, que tienen elementos altamente innovadores y que están basadas en el trabajo voluntario de miles de personas. Los trabajos preparados informan sobre la Alianza Solidaria, una nueva red de protección social comunitaria en la Argentina, sobre la actividad de una de las mayores instituciones no gubernamentales de acción comunitaria de la región, la Asociación Mutual Israelita Argentina (AMIA) de Buenos Aires, sobre los múltiples programas para la sociedad y la comunidad que se llevan a cabo en San Pablo, sobre la acción de la comunidad judía de Chile, sobre los importantes proyectos para el medio de la comunidad judía de México y sobre las pujantes iniciativas de Uruguay y de Venezuela. A ello se suma un examen de los sorprendentes logros del trabajo voluntario en Israel, uno de los países líder en el mundo en esta materia.

En la última parte de la obra se incluyen algunas reflexiones que mereció este diálogo a algunos de sus protagonistas y las conclusiones finales aprobadas por todos los participantes en el encuentro.

La obra no ofrece "recetas" sobre cómo enfrentar la pobreza. Trata de acercar un cuadro franco de situación y la entregada labor que desde un sector de la sociedad civil de la región, las comunidades judías, se está desarrollando al respecto, tarea enfatizada en las clases medias en deterioro. Hay muchas otras colectividades y organizaciones de las sociedades latinoamericanas que ocupan también la primera línea en la acción sobre la pobreza; entre ellas, en forma destacada, las organizaciones católicas, que están llevando a cabo esfuerzos similares. Surge de los trabajos presentados la visión de que el problema no puede postergarse más, debe ser la primera prioridad en la región y un desafío para todos; hay un inmenso potencial de acción en nuestras sociedades al respecto. El desarrollo de políticas económicas adecuadas y políticas sociales agresivas juntamente con la movilización de las capacidades de la sociedad civil y la cooperación de los organismos internacionales podrían permitirnos mejorar la hoy triste suerte de millones y millones de latinoamericanos.

La pobreza no es inevitable, ni un mal de la naturaleza. Ha llegado la hora de reemplazar todo escepticismo al respecto por una gran alianza entre Estado y sociedad civil para enfrentarla, y construir la América Latina equitativa que reclaman los pueblos de la región.

Bernardo Kliksberg
Coordinador General del Encuentro
Coordinador del Instituto Interamericano
de Desarrollo Social del BID

PARTE I

La situación social de América Latina: algunos aspectos clave

Crisis económicas y protección social para los pobres: la experiencia latinoamericana[1]

Nora Lustig y Arianna Legovini

Durante los últimos veinte años las dificultades macroeconómicas han sido recurrentes en América Latina y el Caribe. En los años ochenta, la crisis de la deuda mexicana se esparció por toda la región a través de sacudidas comerciales y finanzas públicas débiles. En 1995, la crisis de liquidez de México se esparció hasta la Argentina. En 1998 y 1999, el contagio de las crisis de Asia y Rusia y los bajos precios de las mercancías, sustentados por unas finanzas públicas y unos sectores financieros débiles, golpearon con especial fuerza a Brasil, Ecuador y Venezuela. Esos hechos se vieron acompañadas en la década de 1980 por caídas abruptas del nivel de vida. El impacto que tuvieron la caída en el ingreso real (el 30% en la Argentina, el 11% en Brasil, el 11% en Chile) y el aumento del desempleo sobre la incidencia y la gravedad de la pobreza (duplicada en la Argentina, el 20% en Brasil y el 15% en México) quedaron bien registrados. De igual modo, en la década de 1990 el desempleo aumentó (alrededor del 18% en la Argentina, el 8% en Brasil) y también aumentó la pobreza (el 50% en la Argentina). Además del efecto que tienen las crisis económicas en las condiciones de vida actuales, también pueden tener consecuencias a largo plazo en lo concerniente al crecimiento económico: la caída del ingreso afecta las decisiones en los hogares en cuanto a su inversión en educación de los niños, salud y alimentación, lo que a su vez afecta su capacidad de generar ingresos futuros.

Indudablemente las caídas en el ingreso pueden tener un efecto más devastador en los individuos que viven por debajo o cerca del nivel de subsistencia. Por otra parte, las evidencias sugieren que un período de recesión asociado a una crisis puede ser aún más perjudicial para los indicadores sociales que un período equivalente en tiempos de crecimiento. Por ejemplo, se ha estimado que la re-

[1] Documento presentado en la Tercera Conferencia sobre Evaluación y Reducción de la Pobreza, del Banco Mundial, Washington, D.C., 14 y 15 de junio de 1999. En su forma final, este documento será un capítulo de *Social Protection for Equity and Growth*, un informe que está elaborando la Unidad Consultiva de Pobreza y Desigualdad, Departamento de Desarrollo Sostenible, Banco Interamericano de Desarrollo. Las autoras son, respectivamente, jefa y economista de la Unidad Consultiva sobre Pobreza y Desigualdad. El documento también será utilizado como insumo del Informe de Desarrollo Mundial 2000/2001 sobre la pobreza. Sus puntos de vista no coinciden necesariamente con los de la institución. Este documento se ha visto enriquecido con los comentarios y sugerencias de contribuciones de Ferdinando Regalía y Cesar Bouillon y la asistencia en investigación de Ellen Connors y Luis Tejerina.

ducción de la pobreza y la desigualdad a través del 1% de aumento en el ingreso agregado se ve más que superada por un caída igual en el ingreso agregado (De Janvry y Sadoulet, 1999).

Obviamente, la mejor manera de evitar los costos sociales asociados a las crisis macroeconómicas es permanecer apartado de ellas mediante una política macroeconómica prudente y sistemas financieros sanos. Los países con bajo déficit fiscal y políticas monetarias y cambiarias coherentes tienen menos posibilidades de enfrentar crisis macroeconómicas y más posibilidades de resistir los efectos de los flujos de capital volátiles y del contagio. De igual modo, los países con un sector bancario financieramente fuerte y con una regulación prudencial adecuada tienen menos posibilidad de tener que hacerle frente a desastres financieros como los que se observaron en América Latina, el este asiático y Rusia en los años noventa. Aunque los países hagan todo correctamente es posible que sufran las sacudidas negativas que produce la volatilidad de los mercados de capital o los giros abruptos en los precios de las mercancías. Si bien la gerencia macroeconómica y los sistemas financieros mundiales son aspectos clave para reducir los costos sociales potenciales de las crisis económicas, las respuestas específicas a estas últimas pueden ofrecer protecciones de mayor o menor sensibilidad hacia los pobres.

El costo social de las crisis económicas en los años ochenta

Se ha hecho un seguimiento detallado de la evolución de los indicadores de México en los años ochenta (Lustig, 1998). En 1983, la crisis de la deuda condujo a una caída violenta del Producto Bruto Interno (PBI) de la que México no se recuperó realmente sino hasta después de 1988. De 1983 a 1988, los salarios reales cayeron acumulativamente entre el 36% y el 46%, según el sector, y los salarios mínimos cayeron el 49%. El gasto social cayó el 33,1%; el gasto en salud bajó el 23,3%, y en educación el 29,6%. Los subsidios generales a la alimentación fueron reemplazados por un programa de tickets de alimentación para poblaciones objetivo y los programas con objetivo sufrieron importantes exclusiones. El gasto en programas dirigidos a propósitos específicos experimentó más recortes que el gasto total sin interés particular. Los subsidios generales a los derivados del maíz, los frijoles, el arroz, las pastas, el aceite comestible y los huevos fueron justificados desde un punto de vista de equidad. El número de textos gratis disponibles por estudiante bajó y los programas dirigidos a los que padecen pobreza extrema en las áreas rurales fueron reducidos en forma desproporcionada y algunos incluso se eliminaron.

Es posible que los pobres en México hayan sufrido quizá un impacto a largo plazo en sus potenciales, tal como lo muestran los indicadores de la década de 1980. El número de niños que padecieron crecimiento fetal lento y desnutrición aumentó tanto en términos absolutos como proporcionalmente en el total de enfermedades. La mortalidad infantil y preescolar creció, después de haber declinado durante años. El porcentaje de niños que entraron en la escuela primaria, en relación con el número total de niños correspondiente al grupo de esa edad, disminuyó. Las tasas de abandono de la escuela primaria bajaron en el caso de los niños de zonas urbanas, pero aumentaron el 40% en las zonas rurales. La proporción de graduados de cada nivel escolar que entraron en el nivel siguiente bajó, en particular después de la escuela básica y la escuela secundaria.

La crisis de 1980 también golpeó duramente los hogares de otros países de la región. El gasto social fue recortado considerablemente y otros indicadores sociales, como los porcentajes de mortalidad infantil y el promedio de años de escolaridad, si bien siguen mejorando, lo hacen más lentamente que en la década anterior. En Chile, los datos acerca de niños de bajo peso al nacer y de niños subalimentados coinciden con las tendencias en las condiciones económicas, luego de que lograran un aumento sistemático en la década de 1970. En Venezuela, la tasa de alfabetizados de la población entre 15 y 19 años bajó en los años ochenta. Estas tendencias implican que probablemente la inversión en capital humano se volvió más asimétrica, haciendo que se afiance aún más el aumento de la desigualdad. No es de extrañarse que a ese período se lo conozca como "la década perdida".

Si la medimos per cápita, la pobreza moderada en México creció en la década del ochenta del 28,5% al 32,6% y la pobreza extrema del 13,9% al 17,1%, mientras que la desigualdad medida con los coeficientes de Gini subió del 47% al 53%. La pobreza y la desigualdad también aumentaron en Costa Rica, República Dominicana, Guatemala, Panamá y Venezuela, así como en las zonas urbanas de la Argentina, Chile y Perú (cuadros 1 y 2). Del mismo modo, la pobreza y la desigualdad crecieron abruptamente en las zonas urbanas de la Argentina durante la crisis de 1995 y en México a nivel nacional. En el episodio de 1995-1996, los salarios reales bajaron en México alrededor del 25% (cuadro 3), mientras que en la Argentina el desempleo aumentó su porcentaje en 6 puntos y se mantuvo en torno del 18% por más de dos años (cuadro 4). Si bien el quintil más pobre de la población no siempre se vio golpeado en forma desproporcionada, su ingreso promedio bajó. Las caídas abruptas en el ingreso tienen un impacto mucho más devastador para los que viven cerca del nivel de subsistencia; mientras, al considerar país tras país golpeado por la crisis, se observa que el ingreso que comparte el 10% ubicado en la cúspide aumentó, y a veces sustancialmente (Lustig, 1995; pp. 4-5).

Debido al aumento de la desigualdad durante la década de 1980, el impacto de la contracción económica en este período fue relativamente más duro para los pobres, que lo beneficioso que fue el crecimiento de los años setenta. Por ejemplo, se estimó que la disminución del 1% en el PBI per cápita durante una recesión eliminó los avances logrados en la reducción de la pobreza rural y urbana, del 3,7% y del 2% de crecimiento, respectivamente, en el PIB per cápita en la década de 1970 (De Janvry y Sadoulet, 1999). La recesión tiene un efecto de tranca particularmente fuerte, ya que el crecimiento subsiguiente no logra compensar el nivel de desigualdad que ésta genera.

El papel de la comunidad internacional dejó mucho que desear en las décadas de 1980 y 1990. El trabajo y el capital fueron tratados de manera asimétrica: mientras el capital siempre pudo encontrar algún país que fuera un refugio seguro, la mano de obra no podía entrar libremente en otros países a la búsqueda de niveles de vida más elevados. Las instituciones financieras se aliaron con los acreedores en la estrategia de manejo de la deuda, por lo menos hasta que se anunció el Plan Brady en 1989. Las instituciones financieras multilaterales no presionaron ni persuadieron a los países a que se protegieran o implementaran programas de redes de seguridad.

La relación entre los costos sociales de las crisis económicas y las opciones de políticas

¿Acaso el aumento de la pobreza, de la desigualdad y el deterioro de los indicadores sociales son el resultado de la crisis económica y de las políticas aplicadas a continuación por los gobiernos? La respuesta tiene por lo menos tres dimensiones: 1) la mezcla de políticas macroeconómicas es perjudicial para los pobres; 2) las medidas específicas introducidas para lograr las metas fiscales se desvían contra los pobres, y 3) el gobierno introduce nuevos programas o utiliza programas existentes como redes de seguridad para proteger a los pobres del impacto del proceso de ajuste.

La mezcla de políticas macroeconómicas

En cualquier crisis macroeconómica típica, el ingreso de flujos de capital cae abruptamente, la tasa de interés sobre la deuda interna y externa aumenta y las reservas internacionales disminuyen. Las crisis macroeconómicas recientes se han visto acompañadas también por crisis bancarias. En la medida en que un país tiene que confiar en los ahorros externos para crecer, el recorte en los ingresos de capital se traduce en una caída en el PBI o, por lo menos, en una caída del crecimiento del PBI. Del mismo modo, el colapso del sistema financiero y las altas tasas de interés restringen la actividad económica. Además, las altas tasas de interés sobre la deuda pública implican que el gobierno tiene que aumentar su excedente primario, sin que importe que su situación anterior a la crisis haya sido adecuada o no. Esa reducción fiscal produce recesión. Finalmente, la disminución de las reservas internacionales conduce a una devaluación de la moneda que puede provocar contracción a corto plazo, dependiendo del monto de financiamiento externo disponible del Fondo Monetario Internacional (FMI), los bancos de desarrollo y otros recursos bilaterales y públicos.

En los años ochenta, cuando los países de América Latina y el Caribe se enfrentaron a grandes desequilibrios fiscales y pronunciadas diferencias en las tasas de cambio, en general redujeron el déficit del gobierno y devaluaron la moneda interna. Algunos sostienen que basarse en el ajuste de las tasas de cambio para restaurar el equilibrio en la cuenta corriente y recuperar reservas internacionales erosiona la confianza en los mercados privados de capital. En la década de 1990, cuando los desequilibrios fiscales habían dejado de ser penetrantes y los países ya estaban altamente integrados en los mercados financieros internacionales, utilizaron más ampliamente la herramienta de las tasas de interés a corto plazo para restaurar el equilibrio en la cuenta macroeconómica. Algunos indican que los picos en las tasas de interés le imponen una herramienta pesada al sistema bancario interno y pueden causar quiebras bancarias y arruinar a deudores en apuros, pero quizá sea la única manera de atraer capital privado.[2] La respuesta correcta depende de las circunstancias individuales del país.

Sería bueno tener una respuesta inequívoca respecto de cómo afectan las diferentes combinaciones de políticas macroeconómicas al crecimiento y la distribución del ingreso, pero no existe ninguna. Obviamente, la mezcla de políticas macroeconómicas tendrá contrapartidas. Una de ellas es que algunas combinaciones de políticas podrían conducir a una contracción aguda del PBI a corto plazo, seguida por una rápida recuperación, mientras que otras podrían llevar a una salida de la crisis más gradual. Otra contrapartida es distributiva: algunos pobres pueden verse afectados por las devaluaciones de la moneda, las altas tasas de interés o las reducciones del déficit fiscal, mientras que otros no. (Por ejemplo, la devaluación puede afectar a los pobres de los sectores urbanos de manera diferente de los de la zona rural.) Esas contrapartidas hacen que el diseño de políticas macroeconómicas sensibles hacia los pobres sea difícil. La dificultad se debe a lo poco que sabemos acerca de cuál podría ser la mejor herramienta analítica para evaluar esas contrapartidas y cuál es su orden de magnitud en relación con países específicos.

---

[2] En tiempos de crisis severas, los gobiernos también pueden considerar o bien no cumplir con sus obligaciones —o, algo menos drástico, imponer una moratoria unilateral–, o bien introducir controles de capital y de cambio, o ambas cosas. Si bien el consenso existente entre los economistas de la corriente principal y las instituciones financieras internacionales es que esas medidas no son aconsejables porque podrían causarle daños irreversibles a la reputación del país, algunas formas de control de capital (como un impuesto a los flujos de capital que ingresan por corto plazo) introducidas en buenos períodos están menos sujetas a la crítica. Las consecuencias derivadas de la aplicación de controles de capital y de cambio en Malasia pueden darnos una idea más amplia al respecto.

Medidas fiscales

La manera en que los gobiernos aumentan sus ingresos y recortan el gasto público (no adeudado) tiene implicaciones importantes, en función de quién lleva el peso del proceso de ajuste y de si los pobres están protegidos. Si bien es característico que antes de una crisis el gasto público se distribuya en forma desigual, existe la inquietud muy difundida de que el gasto en educación primaria y salud, en particular en programas dirigidos a los pobres, no está protegido contra la reducción fiscal. Esto se debe a que el ajuste fiscal debe ser emprendido en forma veloz y bajo la enorme presión política de los grupos que tienen acceso al presupuesto del gobierno. Los recortes proporcionales se aplican de manera más rápida, en función tanto de la economía técnica como política. Al menos existe la percepción de que la acción en una crisis debe centrarse en sacar de apuro a los ricos (externa o internamente) y no en proteger las pérdidas de activos de los pobres.

Redes de seguridad

Los gobiernos latinoamericanos respondieron a los costos sociales de las crisis económicas con programas de asistencia alimentaria, seguro de desempleo, fondos sociales, coberturas de salud a los desempleados, escolaridad para los niños, programas de entrenamiento y reentrenamiento y programas de empleo. Sin embargo, con demasiada frecuencia los formuladores de políticas dedican toda la energía únicamente a restaurar la estabilidad macroeconómica y a poner en práctica reformas estructurales. Incluso cuando la respuesta está diseñada como para atenuar los costos sociales de las medidas de ajuste económico, los que se benefician con ella no son necesariamente los más afectados por la crisis. En México, y en todas partes, los subsidios generales fueron recortados sin introducir alternativas efectivas con objetivos específicos. La educación fundamental y los servicios de salud fueron escasamente apoyados en América Latina en los años ochenta, como lo evidencian las pérdidas irreversibles en inversión humana que mencionamos con anterioridad. La Argentina esperó hasta 1997 para introducir un programa de empleo de emergencia, a pesar del agudo aumento en el desempleo durante los años anteriores y a pesar del hecho de que los pagos existentes por cesantía y los esquemas a pequeña escala de seguro de desempleo no constituían redes de seguridad para los pobres desempleados. La evidencia sugiere que, para proteger a la población objetivo, es mejor implementar programas antes del golpe de la crisis que instaurar medidas de emergencia ad hoc (Lustig y Walton, 1998).

En la actualidad, muchos fondos de inversión de América Latina y el Caribe son más efectivos en construir una infraestructura social a pequeña escala que en crear oportunidades de empleo para los que se ven afectados por las emergencias. De hecho, muchos países de la región carecen de mercados efectivos privados o públicos de seguros, que podrían proteger a los pobres de los riesgos de producción, empleo o precios asociados a choques sistémicos. Un problema recurrente es que las respuestas tienen que basarse en la improvisación o en programas diseñados con otros fines y para otros beneficiarios que los que se ven afectados por las crisis. Las respuestas urgentes a situaciones de emergencia suelen carecer de tiempo para realizar análisis técnicos que permitan aclarar el perfil socioeconómico de los grupos más vulnerables y evaluar el costo-efectividad de las diferentes opciones de protección social.

Desde la década de 1980 aprendimos que programas que no eran necesariamente costosos y que beneficiaban a los pobres eran a veces eliminados o recortados en la misma proporción que otros rubros del presupuesto. A excepción posible de Chile, los países latinoamericanos carecen de mecanismos para proteger a los pobres del impacto de las políticas de ajuste fiscal. Las instituciones financieras internacionales (FMI, BID y el Banco Mundial) consagraron la mayor parte de su energía a los esfuerzos de estabilización y a eliminar las distorsiones de precios, en vez de evaluar cuidadosamente de qué manera los recortes fiscales iban a afectar a los pobres y de introducir redes de seguridad adecuadas. La noción de proteger, en términos reales, los programas a favor de los pobres se introdujo en los ajustes fiscales de la Argentina y México en el año 1995. Más recientemente, el gobierno de Venezuela procedió a anular un recorte de presupuesto en programas dirigidos a los pobres, como resultado de la participación del Banco. En préstamos recientes a la Argentina, Bolivia y Brasil, los gobiernos acordaron objetivos fiscales reales para varios programas de redes de seguridad. Asimismo, se está tomando más en serio el establecimiento de redes de seguridad para emparejar el consumo –o el ingreso–: el programa de empleo Trabajar en la Argentina y el Programa de Empleo Temporal (PET) en México constituyen ejemplos de esto. La evidencia sugiere que el costo de las redes de seguridad podría ser manejable, incluso con restricciones fiscales más severas. Pero todavía hay mucha improvisación y no existen necesariamente presupuestos para introducir componentes anticíclicos.

Desarrollo de respuestas adecuadas

Los gobiernos de América Latina y el Caribe pueden poner en práctica una serie de protecciones contra las crisis económicas como la de los años ochenta (Lustig y Walton, 1999).

Monitoreo social y respuesta precoz

Los gobiernos deberían instalar un sistema de Unidades de Monitoreo Social y de Respuesta Precoz (UMSRP) que les proporcione, tanto a ellos como a los donantes, información cualitativa rápida en tiempo real sobre las condiciones relacionadas con la crisis y sobre las operaciones de programas de red de seguridad social en zonas urbanas y rurales.[3] El sistema podría permitir el monitoreo de la comunidad de los programas de respuesta a las crisis, difundir información acerca del diseño y la operación propuesta para los programas de redes de seguridad y establecer mecanismos específicos de indagación y retroalimentación. Le brindaría a los países la capacidad de realizar evaluaciones de campo rápidas acerca de las señales de "peligro" y de movilizar la investigación en temas específicos de crisis social, como por ejemplo, los mecanismos para salir adelante, migración y redes de apoyo y diferencias de género. Finalmente, podría utilizar una serie de técnicas cualitativas (estimaciones rápidas, estimaciones de participación rural, entrevistas con informantes clave, grupos focales) para producir informes rápidos de cambios de situación.

Evaluación del impacto de la política macroeconómica

Para diseñar políticas macroeconómicas que acarreen menos perjuicios a los pobres, los gobiernos deben determinar de qué manera sus diferentes opciones fiscales y monetarias y los ajustes de tasas de cambio afectan a los distintos grupos, especialmente en lo referente a la demanda de empleo, precios y el valor de los bienes. Tienen que identificar las contrapartidas entre los ejercicios financieros internos y externos, entre la confianza externa e interna y entre la eficiencia y la carga fiscal presente y futura. Tienen que determinar en forma precisa de qué manera las reformas estructurales –liberalización del comercio, reformas de precios, privatización, apertura a la inversión extranjera, reforma del mercado de trabajo– afectan a los diferentes grupos en el corto y el mediano plazo, y evaluar sistemáticamente los costos y beneficios de secuencias alternativas. Todos los análisis deben basarse por lo menos en una estimación cualitativa de los efectos distributivos generales de una crisis, o bien en la repartición de costos de una sacudida y los ajustes requeridos en lo relacionado con los cambios en la demanda laboral, los precios y el valor de los bienes. Los modelos computables de equilibrio general de ajuste y transición (por ejemplo, de tipo macro-micro) resultan útiles, pero por lo general son altamente sensibles a los parámetros. Hasta que no se pueda disponer de herramientas satisfactorias, los efectos de los desarrollos de la economía en su totalidad, especialmente los referidos a la demanda de empleo y los cambios de precios relativos, pueden relacionarse con el perfil de grupos económicos clave, utilizando perfiles de pobreza existentes e información de estudios (Kanbur, 1986). No habrá sustituto para los resultados de estudios de rastreo de diferentes grupos.

---

[3] En Indonesia se creó una unidad de este tipo durante la reciente crisis.

Diseño de ajustes fiscales sensibles a la pobreza

La acción pública directa, conectada con el gasto público, es el área más obvia de ajuste favorable a los pobres, con el mayor conjunto de lecciones provenientes de la experiencia, pero se hace especialmente difícil debido a la escasez de información, las presiones políticas para preservar el apoyo fiscal a los no pobres y las rigideces institucionales (como las que a menudo hacen que sea difícil incluso en grandes países llevar a cabo revisiones completas del gasto público). El diseño de un ajuste fiscal favorable a los pobres debe basarse en la evaluación del impacto de la política macroeconómica esbozada anteriormente. Resulta útil separar los servicios generales de los instrumentos de la red de seguridad, aunque en la práctica estén conectados. El análisis del diseño tiene que incluir una evaluación de los efectos de la distribución del gasto en servicios sociales y económicos (tanto en la demanda de trabajo como de provisión de servicios) y puede hacer uso del considerable conjunto de trabajos existentes sobre el papel de los servicios públicos, así como de los estudios de incidencia. Se debe elaborar el inventario y asegurar el apoyo continuo a las líneas de gastos que tienen particular valor para las condiciones sociales y económicas de los pobres –educación básica, prevención de la salud, vialidad rural, irrigación, agua y sanidad, mejoramiento de barriadas–. Es igualmente importante determinar cuáles son las líneas de gasto que pueden reducirse o posponerse, para expandir o por lo menos preservar durante la crisis los programas que se ha determinado que favorecen a los pobres. Puesto que la reducción de los servicios o de los subsidios a la clase media es también un tema de manejo de la economía política, será necesaria una acción política para obtener y mantener el apoyo para efectuar esas reducciones.

Introducción de redes de seguridad social

Cualquiera sea su forma, las redes de seguridad eficientes y efectivas con relación al costo pueden ser muy valiosas para hacer frente a las emergencias, en la búsqueda de una mayor equidad en la región. Los modelos de redes de seguridad para tratar tanto con los riesgos individuales como sistémicos que enfrentan los pobres utilizan trabajos pasados y en curso para lograr un diseño óptimo. Dado que durante una crisis la información y las capacidades pueden verse limitadas, los diseños que tienen la propiedad de establecer sus propios objetivos resultan particularmente importantes.

Una de las opciones a explorar es la base institucional para una expansión significativa del empleo, que constituye generalmente el instrumento de elección para los trabajadores pobres, como con el programa argentino Trabajar. Una segunda opción puede ser aumentar los subsidios a los hogares pobres para que mantengan a sus hijos en la escuela, siguiendo la línea de Bolsa Escola de Brasil, del Programa de Asistencia a la Familia en Honduras o Progresa en México. Una tercera opción es expandir programas dirigidos al desarrollo de niños pequeños, como programas de alimentación de madres e infantes. Se le pueden hacer asignaciones a los pobres que no puedan trabajar, como los ancianos, enfermos y discapacitados. También se pueden diseñar o activar programas del tipo de los de pago por cesantía para los no pobres que han sufrido despidos, siempre y cuando los programas no impliquen distorsiones del mercado o desvíen asignaciones de los pobres.

Aumento de la capacidad institucional

Dado que las respuestas a corto plazo suelen tropezar con temas de capacidad institucional, para administrar de forma efectiva los programas en pro de los pobres en tiempos de crisis resulta vital contar con organizaciones de gobierno centrales o especialmente locales, con un núcleo razonablemente eficaz y que no estén sujetas a corrupción o a ser acaparadas políticamente. Se deben establecer salvaguardas para prevenir que las instituciones de gobierno débiles o corruptas no empeoren y que no haya pérdida de la credibilidad en el gobierno, cuando los recursos y los salarios disminuyan durante la transición política. Se deben utilizar diferentes canales y la participación local para aumentar tanto la efectividad como la rendición de cuentas. Las UMSRP tienen esos objetivos. La crisis también puede ser utilizada como una oportunidad de apoyo a los objetivos a largo plazo de descentralización y de mayor rendición de cuentas por parte del gobierno y de otros organismos. Los gobiernos también pueden acudir a los fondos sociales, como alternativas viables a corto plazo, siempre que los fondos sociales apoyen y no socaven los objetivos institucionales a más largo plazo, y pueden acudir a instituciones "paralelas" que puedan integrarse rápidamente al núcleo de las estructuras de gobierno. También, la inclusión de los sectores ricos de la sociedad en la etapa de creación de consenso para la formulación de estrategias de respuesta a la crisis en favor de los pobres mejorará las posibilidades de que se diseñen y se lleven a cabo con éxito.

Mantenimiento de los derechos laborales

Aunque los bancos de desarrollo han evitado tradicionalmente tomar posición desde la perspectiva de los derechos, gran parte del compromiso real de desarrollar protecciones sociales se relaciona con los derechos fundamentales. Una perspectiva de mercado más amplia podría evaluar cómo hacer para que las opciones de políticas hagan que el ajuste tome más en cuenta el interés de todos los trabajadores y sus oportunidades de empleo y condiciones laborales. En relación con derechos específicos, un enfoque razonable podría ser el de evaluar si la crisis o la respuesta a ella tienen posibilidades de conducir a un deterioro de los derechos fundamentales. Durante la crisis se deben respetar los derechos ya existentes de asociación y de negociación colectiva. También es vital que los sindicatos y los representantes de los trabajadores informales estén incluidos en el debate referente a la dirección de las políticas a tomar para hacerle frente a la crisis. Además, se pueden diseñar reformas del mercado de trabajo, que quizá reduzcan derechos adquiridos por los trabajadores del sector formal, pero que fomenten mejores perspectivas de trabajo en general y al mismo tiempo permitan que los que se han visto afectados en forma adversa por la crisis financiera se establezcan en forma razonable.

Los países también tienen que tener conciencia de que durante las crisis existe un riesgo mayor de formas de explotación del trabajo de los niños y deben aplicar políticas específicas para impedirlo. Ese riesgo puede ser reducido por una combinación de subsidios (en particular, para mantener a los niños en la escuela) y de compromiso de la sociedad civil. Asimismo, los países deben estar conscientes de que en esos tiempos existe una mayor posibilidad de que la mujer se vea sujeta a discriminación o abuso en los sitios de trabajo y tienen que acudir a los sindicatos o a la sociedad civil para prevenir o remediar esas situaciones.

Evaluación de los efectos en el tejido social

Para tratar con una crisis severa, extendida a todo el territorio, los países deben evaluar la capacidad que tienen los mecanismos existentes basados en la comunidad o los mecanismos de riesgo administrativo (una dimensión del capital social). Esos mecanismos pueden surgir bajo gran presión y no estar equipados como para realizar la protección social que lograrían en otras circunstancias. Se deben formular políticas para compensar esto y para complementar esos mecanismos tradicionales. También es necesario determinar si la crisis económica ha exacerbado los conflictos de distribución, ya sean nacionales o no, y tomar a éstos en cuenta en el momento de diseñar políticas a ser aplicadas en tiempos de crisis. Se debe determinar cuán efectivos son los mecanismos sociales existentes para la resolución de conflictos. Hay que estimar empíricamente si hay posibilidades o no de que la violencia aumente (incluso dentro de las familias) como resultado de la agravación de las condiciones económicas y de los servicios. Si se observa que existe una conexión entre ambos, se deben diseñar y poner en práctica mecanismos de acción directa.

Desarrollo de la información, el diagnóstico y el debate público

Dentro y fuera de una crisis, la información es algo central para comprender el cambio que ocurre en el bienestar y el efecto de las respuestas alternativas que se le dan, para el debate de la sociedad sobre las opciones y para la rendición de cuentas y la transparencia de los programas en las sociedades civiles y sus comunidades. Se debe establecer un conjunto mínimo de indicadores clave para darle seguimiento a las condiciones de los grupos socioeconómicos centrales e incorporarlos al monitoreo de las operaciones de desembolso rápido para apoyar a los países en crisis. Los servicios de estadística tienen que hacer que la información actual sobre el patrón cambiante en el bienestar y la vulnerabilidad esté disponible a nivel público. Se tienen que diseñar y poner en práctica buenas encuestas participativas sobre las condiciones de los individuos y de la comunidad, con el fin de complementar la información cuantitativa. Asimismo, para realizar la evaluación constante del impacto de los programas resulta vital una estructura sana con una serie de técnicas cuantitativas y participativas. Es también sumamente necesario que exista información disponible a nivel público acerca del uso propuesto y real de los programas, para así acrecentar la transparencia y rendición de cuentas de los mismos. Finalmente, los países tienen que desarrollar sistemas eficaces para evaluar, sintetizar y debatir temas y opciones de políticas. En este campo, la acción externa de corto alcance puede ayudar a que se genere y se comparta información, así como a fomentar el desarrollo institucional a largo plazo.

Construcción de estructuras permanentes para el manejo de las crisis

Siempre tendremos crisis en una economía a nivel nacional, o centradas local o regionalmente –ya sea debido al clima o a las sacudidas financieras– por más efectivo que haya sido nuestro aprendizaje con la crisis anterior. En vez de pensar en formas de responder cuando nos golpee una crisis, tenemos que construir estrategias de desarrollo de los países (incluyendo respuestas de ajustes de corto alcance) para abordar mejor la dimensión humana en futuras crisis. La clave es diseñar estructuras institucionales para reducir o manejar los riesgos que enfrentan los hogares. Muchos de los elementos de esas estructuras son conocidos, pero hay tendencia a introducirlos precipitadamente en el medio de una crisis, cuando resultan menos efectivos y suelen terminar en la categoría de "demasiado poco, demasiado tarde" (o "demasiado poco y demasiado tarde"). El manejo del riesgo tiene que formar más bien parte de una estrategia a largo plazo, como la de invertir en servicios económicos o sociales. Esto daría la posibilidad de incluir una comprensión más amplia de cómo las mezclas alternativas de políticas macroeconómicas afectan el crecimiento y la distribución del ingreso, una estructura de redes de seguridad que se pueda expandir de forma anticíclica cuando ocurran los impactos, sin que se creen distorsiones a largo plazo, un menú de actividades guiadas que pudieran expandirse y líneas de gasto que pudieran recortarse cuando fuera necesario hacer recortes fiscales, así como sistemas de información para seguirle la pista a los cambios y su efecto en el tiempo.

CUADRO 1. **Medidas de la incidencia de la pobreza antes y después**
de los años de recesión

País	Año de la recesión	Antes de la recesión		Año de la recesión		Después de la recesión		
Argentina/1 (Gran Buenos Aires)	1985	10,1	(1980)	20,6	+	25,2	(1987)	+
Argentina/1 (Gran Buenos Aires)	1989	5,2	(1987)	34,6	+	35,0	(1990)	+
Argentina/1 (Gran Buenos Aires)	1995	16,9	(1993)	24,8	+	26,3	(1997)	+
Brasil/2 (Todas las áreas metropolitanas)	1990	27,9	(1989)	28,9	+			
Chile/3 (Áreas metropolitanas)	1982	40,3	(1980)			48,60	(1987)	+
Costa Rica/4	1982	29,6	(1981)	32,3	+	29,7	(1983)	+
Costa Rica/5	1996	20,0	(1994)	21,6	+			
República Dominicana/4	1985	37,3	(1984)			38,2	(1986)	+
República Dominicana/4	1990	35,7	(1989)			39,5	(1992)	+
Guatemala/6	1982	65,0	(1980)			68,0	(1986)	+
Honduras/7	1994	66,2	(1992)	64,5		65,6	(1995)	–
México/8	1986	28,5	(1984)			32,6	(1989)	+
Panamá/4	1983	40,6	(1980)			44,0	(1986)	+
Panamá/4	1988	44,0	(1986)			50,0	(1989)	+
Paraguay/9 (Urbano)	1986	54,5	(1984)	47,4	–	38,6	(1988)	–
Perú/10 (Lima)	1983	46,0	(1979)			52,0	(1986)	+
Perú/3 (Lima)	1988	31,0	(1986)			41,0	(1990)	+
Uruguay/6 (Urbano)	1982	13,0	(1981)			19,0	(1986)	+
Venezuela/11	1983	22,8	(1981)	32,6	+	34,8	(1985)	+
Venezuela/11	1989	38,8	(1987)	44,4	+	35,4	(1991)	–
Venezuela/11	1994	37,8	(1992)	53,6	+	65,5	(1996)	+

"+" significa un aumento
"–" significa una disminución
"=" significa que no hubo cambio
Nota 1: Los espacios en blanco significan que no hay datos disponibles.
Nota 2: La crisis se define como un año en el cual el PBI per cápita disminuye por lo menos el 4% –hacemos una excepción en el caso de Brasil (1998), Colombia (1982), Costa Rica (1996), Paraguay (1986) y Uruguay (1995), en que el PBI per cápita cayó menos del 4%–.
Fuentes:
1. Instituto Nacional de Estadísticas y Censos, Argentina.
2. Barros et al. (1995).
3. Lustig, Nora (1995), Cuadro 1.
4. Londoño/Székely (1998).
5. DGEC (1997).
6. CEPAL (1993), y CEPAL (1996), "Social Panorama of Latin America 1996", Santiago de Chile.
7. Gomez et al., "Honduras, Políticas de Ajuste, Mercados de trabajo y pobreza", FLACSO/SSRC Mimeo.
8. Lustig/Székely (1998).
9. Morley/Vos (1997).
10. CEPAL (1989) y CEPAL (1996), "Social Panorama of Latin America 1996", Santiago de Chile.
11. Mejía/Vos (1997).

CUADRO 2. *Medidas (Gini) de la desigualdad antes y después de los años de recesión*

País	Año de la recesión	Gini antes de la recesión		Año de la recesión		Gini después de la recesión		
Argentina/1 (Gran Buenos Aires)	1985	0,40	(1983)	0,40	0	0,45	(1988)	+
Argentina/2 (Gran Buenos Aires)	1989	0,44	(1986)	0,53	+	0,45	(1992)	+
Argentina/3 (Gran Buenos Aires)	1995	0,36	(1994)			0,38	(1996)	+
Brasil/4	1990	0,61	(1989)	0,61	=	0,59	(1992)	–
Chile/5 (Santiago)	1982	0,53	(1980)	0,54	+	0,56	(1984)	+
Costa Rica/5	1982	0,40	(1980)	0,42	+	0,38	(1984)	–
República Dominicana/6	1985	0,42	(1984)			0,51	(1986)	+
República Dominicana/7	1990	0,51	(1989)			0,52	(1992)	+
Guatemala/8	1982	0,48	(1981)			0,53	(1986)	+
Honduras/9	1994	0,55	(1992)	0,55	=	0,55	(1996)	=
México/7	1982	0,50	(1977)			0,51	(1984)	+
México/10	1986	0,47	(1984)			0,53	(1989)	+
México /8	1995	0,48	(1994)			0,46	(1996)	–
Panamá/4	1983	0,48	(1980)			0,52	(1986)	+
Panamá/4	1988	0,52	(1986)			0,57	(1989)	+
Paraguay/5 (Urbano)	1986	0,46	(1984)	0,49	+	0,46	(1988)	=
Perú/5 (Urbano)	1983	0,34	(1981)			0,39	(1984)	+
Perú/5 (Urbano)	1988	0,39	(1987)			0,41	(1989)	+
Uruguay/7 (Urbano)	1982	0,43	(1981)			0,40	(1983)	–
Venezuela/4	1983	0,44	(1981)	0,45	+	0,48	(1985)	+
Venezuela/4	1989	0,47	(1987)	0,46	–	0,46	(1991)	–
Venezuela/4	1994	0,45	(1992)	0,50	+	0,47	(1995)	+

"+" significa un aumento
"–" significa una disminución
"=" significa que no hubo cambio
Nota 1: Los espacios en blanco significan que no hay datos disponibles.
Nota 2: La crisis se define como un año en el cual el PBI per cápita disminuye por lo menos el 4% –hacemos una excepción en el caso de Brasil (1998), Colombia (1982), Costa Rica (1996), Paraguay (1986) y Uruguay (1995), en que el PBI per cápita cayó menos del 4%–.

Fuentes:
1. Fiszbein *et al*. (1993).
2. "Argentina's Poor: a Profile". Washington D. C., The Word Bank (1995).
3. Altimir/Beccaria (1998).
4. Londoño/Székely (1998).
5. Morley (1994).
6. Aristy/Dauhajre (1998).
7. Deininger/Squire (1996).
8. INEGI/CEPAL (1993), "Magnitud y Evolución de la Pobreza en México 1984-1992", Aguascalientes, México.
9. Mejía/Vos (1997).
10. Lustig/Székely (1998).

CUADRO 3. Índice de salarios reales

País	Año de la recesión	Años previos a la recesión		Año de la recesión		Años posteriores a la recesión	
		-2	-1	0		1	2
Argentina	1985	99	125	100	–	100	90
Argentina	1989	128	124	100	–	105	106
Argentina	1995	100	101	100	–	100	99
Brasil							
Río de Janeiro	1990	110	112	100	–	79	80
San Pablo	1990	108	112	100	–	88	85
Brasil	1998	97	100	100	=		
Chile	1982	92	100	100	=	89	89
Colombia	1982	95	96	100	+	105	113
Costa Rica	1982	141	125	100	–	111	120
Costa Rica	1996	104	102	100	–	101	
Guatemala	1982	85	94	100	+	93	84
México	1982	98	99	100	+	69	74
México	1986	100	107	100	–	98	101
México	1995	112	116	100	–	89	88
Panamá	1988	107	109	100	–	108	101
Paraguay	1982	98	193	100	–	93	90
Paraguay	1986	109	104	100	–	112	122
Perú	1983	106	108	100	–	93	94
Perú	1988	156	168	100	–	55	48
Uruguay	1982	93	100	100	=	79	68
Uruguay	1995	102	103	100	–	101	101
Venezuela	1989	154	136	100	–	94	89
Venezuela	1994	130	119	100	–	95	73

"+" significa un aumento
"–" significa una disminución
"=" significa que no hubo cambio
Nota 1: Los espacios en blanco significan que no hay datos disponibles.
Nota 2: La crisis se define como un año en el cual el PBI per cápita disminuye por lo menos el 4% –hacemos una excepción en el caso de Brasil (1998), Colombia (1982), Costa Rica (1996), Paraguay (1986) y Uruguay (1995), en que el PBI per cápita cayó menos del 4%–.
Fuente: Calculado utilizando información de la base de datos del Libro Anual de Estadísticas de la CEPAL.

CUADRO 4. *Tasa de desempleo*

País	Año de la recesión	Años previos a la recesión		Año de la recesión		Años posteriores a la recesión	
		-2	-1	0		1	2
Argentina	1985	4,7	4,6	6,1	+	5,6	5,9
Argentina	1989	5,9	6,3	7,6	+	7,5	6,5
Argentina	1995	9,6	11,5	17,5	+	17,2	14,9
Bahamas	1991	11,7		12,3	+	14,8	13,1
Barbados	1982	12,6	10,8	13,7	+	15,0	17,1
Barbados	1990	17,4	16,5	15,0	−	17,3	13,0
Bolivia	1983	5,9	8,2	8,5	+	6,9	5,8
Bolivia	1986	6,9	5,8	7,0	+	7,2	11,6
Brasil	1990	3,8	3,3	4,3	+	4,8	5,8
Brasil	1998	5,4	5,7	7,6	+	8,2 a/	
Chile	1982	11,7	9,0	20,0	+	19,0	18,5
Costa Rica	1996	4,2	5,2	6,2	+	5,7	5,6
Ecuador	1983	6,0	6,3	6,7	+	10,5	10,4
Ecuador	1987	10,4	10,7	7,2	−	7,4	7,9
Guatemala	1982	2,2	1,5	6,0	+	9,9	9,1
Honduras	1982	8,8	9,0	9,2	+	9,5	10,7
Honduras	1994	6,0	7,0	4,0	−	5,6	6,5
Jamaica	1985	26,4	25,5	25,0	−	23,6	21,0
México 1/	1982	4,5		4,2	−	6,6	5,7
México	1986	5,7	4,4	4,3	−	3,9	3,5
México	1995	3,4	3,7	6,2	+	5,5	3,9
Panamá	1983	10,7	10,1	11,7	+	12,4	15,6
Panamá	1988	12,7	14,1	21,1	+	20,4	20,0
Paraguay	1986		6,1	6,1	=	5,5	4,7
Perú 2/	1983	7,0	9,2	10,5	+	11,8	8,2
Perú	1988	4,8	7,1	7,9	+	8,3	5,9
Uruguay	1982	7,4	6,7	11,9	+	15,5	14,0
Uruguay	1995	8,3	9,2	10,3	+	11,9	11,9
Venezuela	1983	6,8	7,8	11,2	+	14,3	14,3
Venezuela	1989	9,9	7,9	9,7	+	11,0	10,1
Venezuela	1994	8,1	6,8	8,9	+	10,9	12,3

a/ pronosticado
1/ Desempleo urbano abierto, tomado de Nora Lustig (1998).
2/ Tomado de Nora Lustig (1993).
"+" significa un aumento
"-" significa una disminución
"=" significa que no hubo cambio
Nota 1: Los espacios en blanco significan que no hay datos disponibles.
Nota 2: La crisis se define como un año en el cual el PBI per cápita disminuye por lo menos el 4% –hacemos una excepción en el caso de Brasil (1998), Colombia (1982), Costa Rica (1996), Paraguay (1986) y Uruguay (1995), en que el PBI per cápita cayó menos del 4%–.
Fuente: Calculado utilizando datos del Departamento de Estadísticas del BID.

Bibliografía

ALTAMIR, OSCAR y LUIS BECCARIA (1998), "Efectos de los cambios macroeconómicos y de las reformas sobre la pobreza urbana en la Argentina", obra inédita.

ARISTY, JAIME y ANDRÉS DAUHAJRE (1998), "Efectos de las políticas macroeconómicas y sociales sobre la pobreza en la República Dominicana", en Enrique Ganuza, Lance Taylor y Samuel Morley (eds.), *Política macroeconómica y pobreza en América Latina y el Caribe*, PNUMA/CEPAL/BID.

BARROS, RICARDO; MENDOÇA, ROSANE y ROCHA, SONIA (1995), "Brazil: Welfare, Inequality, Poverty, Social Indicators, and Social Programs in the 1980s", en Nora Lustig (eds.), *Coping with Austerity: Poverty and Inequality in Latin America*, Washington, D.C., The Brookings Institution.

BEHRMAN, JERE (1988), "Intrahousehold Allocation of Nutrients in Rural India: Are Boys Favored? Do Parents Exhibit Inequality Aversion?" en *Oxford Economics Papers* 40(1), pp. 32-54.

BEHRMAN, JERE; DURYEA, SUZANNE y SZÉKELY, MIGUEL (1999), "Schooling Investments and Macroeconomic Conditions: A Micro-Macro Investigation for Latin America and the Caribbean", Banco Interamericano de Desarrollo, Mimeo.

BINDER, MELISSA (1996), "Schooling Indicators During Mexico's 'Lost Decade'", University of New Mexico, obra inédita.

CALVO, GUILLERMO (1997), "Monetary and Exchange Rate Policy for Mexico: Key Issues and a Proposal", University of Maryland, obra inédita.

———————— (1999), "On Dollarization", University of Maryland, obra inédita.

CEPAL (1993), "Antecedentes estadísticas de la distribución de ingreso en los años 80", Serie Distribución del Ingreso Nº 13, Santiago: Organización de las Naciones Unidas.

———————— (1989), "Antecedentes estadísticos de la distribución del ingreso en Perú, 1961-1982", Serie Distribución del Ingreso Nº 8, Santiago, Organización de las Naciones Unidas.

CASTAÑEDA, TARSICIO (1998), "The Design, Implementation, and Impact of Food Stamp Programs in Developing Countries", Banco Mundial, Washington, D.C., Mimeo.

CHIU, HENRY (1998), "Income Inequality, Human Capital Accumulation and Economic Performance", en: *The Economic Journal* 108 (enero), pp. 44-59.

DGEC (1997), "Principales resultados, encuesta de hogares de propósitos múltiples, Módulo de Empleo", San José, Costa Rica.

DE JANVRY, ALAIN y ELISABETH SADOULET (2000), "Growth, Poverty and Inequality in Latin America: A Causal Analysis, 1970-1994", en Nora Lustig (ed.), *Shielding the Poor: Social Protection in the Developing World*, Washington, D.C., The Brookings Institution/Inter-American Development Bank.

DEININGER, KLAUS y LYN SQUIRE (1996), "Measuring Income Inequality: A New Database", World Bank Database, Banco Mundial, Washington, D.C.

DURYEA, SUZANNE (1998), *Children's Advancement Through School in Brazil: The Role of Temporary Shocks to Household income*, Serie 376 de Documentos de Trabajo de la Oficina del Economista Jefe, Banco Interamericano de Desarrollo, Washington, D.C.

ECLAC (Varios años), *Statistical Yearbook for Latin America and the Caribbean*, Santiago, United Nations.

————(Varios años), *Economic Survey of Latin America and the Caribbean*, Santiago, United Nations.

————(Varios años), *Social Panorama of Latin America*, Santiago, United Nations.

EDWARDS, SEBASTIAN (1998), "Capital Flows, Real Exchange Rates and Capital Controls: Some Latin American Experiences", University of Califomia, Los Ángeles, Mimeo.

EICHENGREEN, BARRY (1999), *Toward a New International Financial Architecture. A Practical Post-Asia Agenda*, Washington, D.C, Institute for International Economics.

———————————— (1998), "Capitol Controls: Capital Idea or Capital Folly?", Institute for International Economics, Washington, D.C., obra inédita.

EICHENGREEN, BARRY y RICARDO HAUSMANN (1999), "Exchange Rates and Financial Fragility", University of Califomia, Berkeley, obra inédita.

EICHENGREEN, BARRY; RICARDO HAUSMANN y JUERGEN VON HAGEN (1996), "Reforming Budgetary Institutions in Latin America: The Case for a National Fiscal Council", University of California, Berkeley, Inter-American Development Bank y University of Mannheim, obra inédita.

ESCOBAL, JAVIER; JAIME SAAVEDRA y MÁXIMO TORERO (1998), *Los activos de los pobres en Perú*, Documento de Trabajo N° 26, Grupo de Análisis para el Desarrollo, Lima

FERNÁNDEZ-ARIAS, EDUARDO y RICARDO HAUSMANN (1999), "International Initiatives to Bring Stability to Financial Integration", Banco Interamericano de Desarrollo, Washington, D.C.

FERREIRA, FRANCISCO; GIOVANNA PRENNUSHI y MARTIN RAVALLION (1999), *Protecting the Poor from Macroeconomic Shocks: An Agenda for Action in a Crisis and Beyond*, Banco Mundial, Washington, D.C.

FIELDS, GARY S. (1991), "Growth and Income Distribution", en George Psacharopoulos, editor *Essays on Poverty, Equity, y Growth*, Oxford, Inglaterra, publicado por *Pergamon Press* para el Banco Mundial.

FISZBEIN, ARIEL, *et al.* (1993), "La pobreza y la distribución de los ingresos en América Latina: Historia del decenio de 1980", informe N° 27 del Departamento Técnico de América Latina y el Caribe, Banco Mundial, Washington, D.C.

FLUG, KARNIT; ANTONIO SPILIMBERGO y ERIK WEITCHEIM (1996), *Investment in Education: Do Economic Volatility and Credit Constraints Matter?*, Serie 374 de Documentos de Trabajo del Economista Jefe, Banco Interamericano de Desarrollo, Washington, D.C.

FOSTER, ANDREW (1995), "Prices, Credit Markets and Child Growth in Low-Income Rural Areas", en *Economic Journal* 105(430), pp. 551-570.

FREIJE, SAMUEL (1999), *Poverty and Inequality under Macroeconomic Instability: A Survey*, Instituto Estudios Superiores de Administración, obra inédita.

GANUZA, ENRIQUE; LANCE TAYLOR y SAMUEL MORLEY eds. (1998), "Política macroeconómica y pobreza en América Latina y el Caribe", PNUMA/CEPAL/BID.

GAVIN, MICHAEL y ROBERTO PEROTTI (1997), "Fiscal Policy in Latin America", en *Macroeconomics Annual*, National Bureau of Economic Research.

GRUPO DE ANÁLISIS PARA EL DESARROLLO (1998), *Los activos de los pobres en el Perú*, Documento de Trabajo N° 26, Lima.

HAUSMANN, RICARDO; MICHAEL GAVIN, CARMEN PAGES-SIERRA y ERNESTO STEIN (1999), "Financial Turmoil and the Choice of Exchange Rate Regime", Banco Interamericano de Desarrollo, Washington D.C., obra inédita.

INEGI/CEPAL (1993), "Magnitud y evolución de la pobreza en México 1984-1992", Aguascalientes, México.

INSTITUTO NACIONAL DE ESTADÍSTICA, GEOGRAFÍA E INFORMÁTICA, MÉXICO (INEGI) (Varios años), Banco de Información Económica, www.inegi.gob.mx.

INTER-AMERICAN DEVELOPMENT BANK (IDB) (1998), "The Use of Social Investment Funds as an Instrument for Combating Poverty", Documento de estrategia sectorial del BID, Unidad Asesora sobre Pobreza y Desigualdad, Departamento de Desarrollo Sostenible.

―――――― (1995), *Economic and Social Progress Report*, Washington, D.C., Inter-American Development Bank.

INTERNATIONAL MONETARY FUND (1999), *The Morning Press*, septiembre.

JACOBY, HANAN y EMMANUEL SKOUFIAS (1997), "Risk, Financial Markets and Human Capital in a Developing Country", International Food Policy Research Institute, obra inédita.

KANBUR, R (1986), *Structural Adjustment, Macroeconomic Adjustment and Poverty: A Methodology forAnalysis*, Serie 132 de documentos de debate de CEPR, Londres.

LARRAÍN, FELIPE y ANDRÉS VELASCO (1999), "Exchange Rate Policy for Emerging Markets: One Size Does Not Fit All", Harvard Institute for International Development, obra inédita.

LATIN AMERICAN DAILY COMMENT, Warburg Dillon Read, julio.

LONDOÑO, JUAN LUIS y MIGUEL SZÉKELY (1998), *Persistent Poverty and Excess Inequality: Latin America 1970-1995*, Documento de Trabajo 357 de la Oficina del Economista Jefe, Banco Interamericano de Desarrollo.

LUSTIG, NORA (1999), "Crises and the Poor: Socially Responsible Economics", Unidad Asesora sobre Pobreza y Desigualdad, Departamento de Desarrollo Sostenible, Banco Interamericano de Desarrollo, Washington, D.C.

―――――― (1998), *Mexico: the Remaking of an Economy*, Segunda edición, Washington, D.C., The Brookings Institution.

――――――, (ed.) (1995), *Coping with Austerity: Poverty y Inequality in Latin America*, Washington, D.C., The Brookings Institution.

―――――― (1993), "Políticas de estabilización, nivel de actividad, salarios reales, y empleo (1982-1988), en Jaime Ros, (ed.), *La edad de plomo del desarrollo latinoamericano*, México, Instituto Latinoamericano de Estudios Transnacionales y Fondo de Cultura Económica.

―――――― (1986), *Food Subsidy Programs in Mexico*, Documentos de Trabajo Nº 3 sobre Subsidios a los Alimentos, International Food Policy Research Institute, Washington, D.C.

LUSTIG, NORA y DARRYL MCLEOD (1997), "Minimum Wages and Poverty in Developing Countries: Some Empirical Evidence", en *Labor Markets in Latin America: Combining Social Protection with Market Flexibility*, Washington, D.C., The Brookings Institution.

LUSTIG, NORA y MIGUEL SZÉKELY (1998), "Economic Trends, Poverty and Inequality in Mexico", Estudio Técnico, Unidad Asesora sobre Pobreza y Desigualdad, Departamento de Desarrollo Sostenible, Banco Interamericano de Desarrollo, Washington D.C.

LUSTIG, NORA y MICHAEL WALTON (1999), "Crises and the Poor: A Template for Action", presentado en la Conferencia del Banco Interamericano de Desarrollo sobre Protección Social y Pobreza, febrero.

——————— (1998), "East Asia Can Learn from Latin America's Travails", *International Herald Tribune*, mayo.

MEJÍA, JOSÉ ANTONIO y ROB VOS (1997), "Poverty in Latin America and the Caribbean: An Inventory, 1980-1995", Banco Interamericano de Desarrollo, Mimeo.

MINISTERIO DE ECONOMÍA DE ARGENTINA (1998), Informe Económico N° 28, Buenos Aires.

MONTIEL, PETER y CARMEN REINHART (1999), "Do Capital Controls and Macroeconomic Policies Influence the Volume and Composition of Capital Flows? Evidence from the 1990s", University of Maryland, obra inédita.

MORDUCH, JONATHAN (1995), "Income Smoothing and Consumption Smoothing", en *Journal of Economic Perspectives* 9(3), pp. 103-114.

MORLEY, SAMUEL (1994), "Poverty and Inequality in Latin America: Past Evidence, Future Prospects", Ensayo de política N° 13, Washington, D.C., Consejo de Desarrollo de Ultramar.

MORLEY, SAMUEL y ALVAREZ (1992), "Recession and the Growth of Poverty in Argentina", Inter-American Development Bank, Mimeo.

MORLEY, SAMUEL y ROB VOS (1997), "Poverty and Dualistic Growth in Paraguay", PNUD/IDB/ECLAC, Mimeo.

NEWMAN, JOHN; STEEN JORGENSEN y MENNO PRADHAM (1991), *Worker's Benefits from Bolivia's Emergency Social Fund*, Estudio de Medición de Niveles de Vida, Documento de Trabajo 77, Banco Mundial, Washington, D.C.

ORGANIZACIÓN PANAMERICANA DE LA SALUD (Varios años), *Condiciones de salud en las Américas*, Washington, D.C., OPS.

PSACHARAPOLOUS, GEORGE, et al. (1993), *La pobreza y la distribución de los ingresos en América Latina: Historia del decenio de 1980*, Latin America and the Caribbean Technical Department Report N° 27, Banco Mundial, Washington, D.C.

RODRIK, DANI (1999), "Why Is there so much Economic Insecurity in Latin America?, Harvard University, obra inédita.

——————— (1997), "Where Did All the Growth Go? External Shocks, Social Conflict and Growth Collapses", Harvard University, Mimeo.

ROSE, ELAINA (1994), "Consumption Smoothing and Excess Female Mortality in Rural India", University of Washington, obra inédita.

RUPRAH, INDER y LUIS MARCANO (1998), "Note on Poverty in Venezuela", Banco Interamericano de Desarrollo, Washington D.C., obra inédita.

SANDOULET, ELISABETH y ALAIN DE JANVRY (1995), "Poverty Alleviation, Income Distribution and Growth During Adjustment", en Nora Lustig (ed.), *Coping with Austerity: Poverty and Inequality in Latin America*, Washington, D.C., The Brookings Institution.

WILLIAMSON, JOHN (1999), "Future Exchange Rate Regimes for Developing East Asia: Exploring the Policy Options", Banco Mundial, Washington, D.C., obra inédita.

WORLD BANK (1995), "Argentina's Poor: A Profile", Washington D.C., Banco Mundial.

YAQUB, SHAHIN (1999), "How Equitable Is Public Spending in Health and Education?", Documento de Antecedentes para *el Informe sobre el desarrollo mundial 2000-2001*, Washington, D.C., Banco Mundial.

La situación social de América Latina y sus impactos sobre la familia y la educación

Bernardo Kliksberg

Los agudos interrogantes sociales

La evolución de la situación social de la región ha generado una fuerte preocupación en amplios sectores. Diversos organismos internacionales, entre ellos las Naciones Unidas y el Banco Interamericano de Desarrollo (BID), han llamado la atención sobre alarmantes indicadores de déficit sociales. La Iglesia, a través de sus máximas autoridades, ha hecho repetidos llamamientos para dar la máxima prioridad a las graves dificultades que experimentan extensos grupos de la población. La ciudadanía ha indicado, por diversas vías, que considera que sus problemas de mayor gravedad se hallan en el área social. Así interrogada sobre cuáles estima que son los problemas más importantes, una muestra de casi 15 mil personas, representativa de 14 países de la región (LatinBarómetro, 1998), indicó como tales: desocupación (el 21%), a la que se suma inestabilidad en el empleo (el 6%), educación (el 18%), bajos salarios (el 8%), pobreza (el 7%), corrupción (el 7%). Todos los problemas priorizados son sociales. A ellos se agrega el de las prácticas corruptas.

La inquietud generalizada respecto de lo social tiene fundamentos muy concretos en la realidad. José Ocampo (Comisión Económica para América Latina [CEPAL], 1998) caracteriza el conjunto de la situación de este modo:

> "Siguen aumentando los niveles de pobreza absoluta, los niveles de desigualdad no muestran mejoría, y sigue aumentando el empleo en el sector informal".

Efectivamente, estimaciones nacionales recientes señalan que gruesos sectores de la población están por debajo de la línea de pobreza en numerosos países. El informe "Estado de la Región" (Programa de las Naciones Unidas para el Desarrollo [PNUD] Unión Europea, 1999) refiere que más del 60% de los 34,6 millones de centroamericanos vive en la pobreza, y el 40% de ellos en la miseria. Las cifras respectivas señalan que se hallan por debajo del umbral de pobreza el 75% de los guatemaltecos, el 73% de los hondureños, el 68% de los nicaragüenses y el 53% de los salvadoreños. Más de 10 millones de centroamericanos (el 29% del total) no tienen acceso a servicios de salud, y dos de cada cinco carecen de agua potable y saneamiento básico. Un tercio de los habitantes son analfabetos. Según marca el informe, las cifras son peores para la población indígena. En Guatemala, por ejemplo, la pobreza es del 86% entre los indígenas y del 54% para los no indígenas. En Ecuador, se estima que el 62,5% de la población se halla por debajo de la pobreza. En Venezuela, estimaciones oficiales ubican la pobreza en cerca del 80% de la población. Se estima (FUNDACREDESA, 1999) que 10 millones de personas (el 41,74% de la población) se hallan en la pobreza extrema. En Brasil se ha estimado que el 43,5% de la población gana menos de dos dólares diarios; 40 millones viven en la pobreza absoluta. En la Argentina, una estimación reciente (1999) refiere que el 45% de la población infantil, menor de 14 años, vive por debajo de la línea de pobreza.[1]

La región presenta elevados niveles de desocupación e informalidad que son una causa central de la evolución de la pobreza. Según Víctor Tokman (1998), la tasa de desempleo promedio subió del 7,2% en 1997, al 8,4% en 1998, y se estima, en 1999, el 9,5%. A estas altas tasas se suma el ascenso del porcentaje de mano de obra activa que trabaja en la economía informal, constituida en tramos importantes por ocupaciones inestables, sin base económica sólida, de reducida productividad, bajos ingresos y que carecen de toda protección social. La informalización implica, según subraya Tokman (1998), un proceso de descenso de la calidad de los trabajos existentes. En 1980 trabajaba, en la economía informal, el 40,6% de la mano de obra no agrícola ocupada; hoy es el 59%. A ello se agrega la precarización. Hay un número creciente de trabajadores sin contrato y con contratos temporales. Alrededor del 35% de los asalariados está en esas condiciones en la Argentina, Colombia y Chile, y el 74% en Perú.

Uno de los puntos de preocupación central, con múltiples consecuencias, es que las serias dificultades ocupacionales son aun de mayor envergadura en los grupos jóvenes. Así lo indica el cuadro 1 (CEPAL, 1997).

Como se observa, el desempleo entre los jóvenes duplica casi en todos los países informados el elevado desempleo promedio de la economía. Ello crea un foco de conflicto muy serio. Además, se observa un claro sesgo de género. Es superior en las mujeres jóvenes que en los hombres jóvenes.

Desempleo, subempleo y pobreza se ligan estrechamente. Llevan a carencias de todo orden en la vida cotidiana. Una de sus expresiones más extremas es la presencia, en diversos países, de cuadros alarmantes de desnutrición. En América Central se estima que un tercio de los niños menores de 5 años presentan un peso y una talla inferiores a los que deberían tener. En Nicaragua, entre otros casos, estimaciones del Ministerio de Salud (1999), indican que el 59% de las familias cubren menos del 70% de las necesidades de hierro que requiere el organismo. El 28% de los niños menores de 5 años padecen anemias por el poco

---

[1] El tema de los problemas sociales que afronta la región es tratado más detalladamente en "Cómo enfrentar los déficits sociales de América Latina" en: B. Kliksberg (comp.), *Pobreza. Un tema impostergable. Nuevas respuestas a nivel mundial*, México, Fondo de Cultura Económica, 4ª edición, 1997.

CUADRO 1. *Tasas de desempleo abierto entre los jóvenes. Zonas urbanas*

País	Sexo	Tasa de desempleo, total de la población	Tasa de desempleo, población de 15-24 años
Argentina	Total	13,0	22,8
	Hombres	11,5	20,3
	Mujeres	15,5	26,7
Brasil	Total	7,4	14,3
	Hombres	6,4	12,4
	Mujeres	8,9	17,0
Colombia	Total	8,0	16,2
	Hombres	5,4	11,9
	Mujeres	11,6	21,0
Chile	Total	6,8	16,1
	Hombres	5,9	14,0
	Mujeres	8,4	19,3
Uruguay	Total	9,7	24,7
	Hombres	7,3	19,8
	Mujeres	13,0	31,5

Fuente: CEPAL, "Panorama social de América Latina, 1997" (mencionado por Minujín, A., "Vulnerabilidad y exclusión en América Latina", en Bustelo y Minujín, *Todos entran*, UNICEF, Santillana, 1998).

hierro que consumen, 66 niños de cada 100 presentan deficiencias de salud por la carencia de vitamina A, y el 80% de la población consume sólo 1.700 calorías diarias, cuando la dieta normal debería no ser menor de 2.125 calorías. La desnutrición y otros factores llevan a pronunciadas diferencias de peso y talla. En Venezuela, un niño de 7 años de los estratos altos pesa en promedio 24,3 kg y mide 1,21 m. Un niño de similar edad de los estratos pobres pesa 20 kg y mide 1,14 m. La desnutrición se da, incluso, en realidades como la de la Argentina. Se estima que uno de cada cinco niños de la zona con mayor población del país, el Gran Buenos Aires, padece de problemas de ese orden. Un informe de la Organización Panamericana de la Salud y la CEPAL (1998) destaca sobre el problema:

"Se observa en casi todos los países de la región un incremento en enfermedades no transmisibles crónicas asociadas con alimentación y nutrición".

La desnutrición y otros aspectos de la pobreza llevan a fuertes retrasos en los niños pobres, que van a afectar toda su existencia. Estudios del Fondo Internacional de las Naciones Unidas para la Ayuda a la Infancia (UNICEF, 1992) identificaron retrasos en el desarrollo psicomotor de una muestra de niños pobres a par-

tir de los 18 meses. A los cinco años, la mitad de los niños de la muestra exami-
nada presentaba retrasos en el desarrollo del lenguaje, el 40% en su desarrollo
general y el 30% en su evolución visual y motora.

Junto a la pobreza, la situación social de América Latina se singulariza por
acentuadas inequidades. Como lo ha resaltado repetidamente Enrique V. Iglesias, "pobreza e inequidad son las dos grandes asignaturas pendientes" de la región. Ésta se ha convertido, según indican las cifras, en el continente de mayor
polarización social del mundo. El Informe de Progreso Económico y Social del
BID (1998-1999) proporciona las cifras al respecto (véase la figura 1).

Como se observa, en América Latina el 5% más rico de la población recibe
el 25% del ingreso. La proporción supera a lo que recibe el 5% más rico en las
otras áreas del globo. A su vez, es la región donde el 30% más pobre de la población recibe el menor porcentaje del ingreso (el 7,6%) en relación con todos los
otros continentes, como puede apreciarse en la figura 2.

Medida asimismo en términos del coeficiente de Gini, que da cuenta del nivel de desigualdad en la distribución del ingreso de una sociedad, América Latina presenta el peor coeficiente, a nivel mundial, como puede apreciarse en el
cuadro 2.

FIGURA 1. *Ingreso que recibe el 5% más rico (porcentaje del ingreso total)*

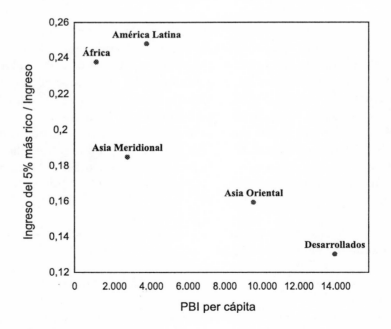

Fuente: BID-IPES, 1998-1999.

FIGURA 2. *Ingreso que recibe el 30% más pobre (porcentaje del ingreso total)*

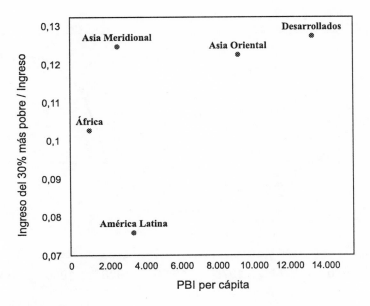

Fuente: BID-IPES, 1998.

Cuanto más bajo es el coeficiente de Gini, mejor es la distribución del ingreso en una sociedad. El de América Latina supera ampliamente a los de los países más equitativos y es significativamente más elevado que la media mundial.

Las acentuadas disparidades sociales de la región tienen impactos regresivos en múltiples áreas, ya que reducen la capacidad de ahorro nacional, limitan el mercado interno, afectan la productividad, tienen diversos efectos negativos sobre el sistema educativo, perjudican la salud pública, potencian la pobreza, favorecen la exclusión social, erosionan el clima de confianza interno y debilitan la gobernabilidad democrática.

CUADRO 2. *Inequidad comparada* (medida con el coeficiente de Gini)

Países más desarrollados, en términos de equidad (Suecia, Dinamarca, Países Bajos, otros)	0,25 a 0,30
Países desarrollados	0,30
Gini promedio universal	0,40
América Latina	0,57

FIGURA 3. *El impacto de la desigualdad sobre la pobreza en América Latina* (1970-1995)

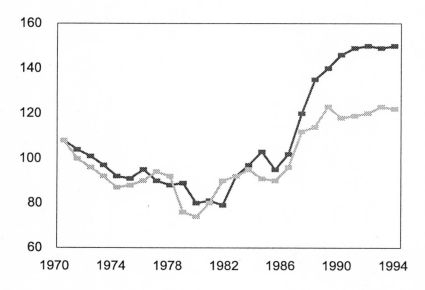

Fuente: Birdsall, N. y Londoño, J. L., "Asset inequality matters: an assessment of the World Bank's approach to poverty reduction", en *American Economic Review*, mayo de 1997.

Inequidad y pobreza interaccionan estrechamente. El empeoramiento de la inequidad ha operado como un factor de gran peso en el aumento de la pobreza en la región. Así lo indican, entre otros estudios, los realizados por Birdsall y Londoño (1997). Los investigadores han reconstruido cuál sería la curva de pobreza de América Latina si la desigualdad hubiera seguido en la década de 1980 en los mismos niveles que presentaba en los inicios de los años setenta, cuando eran elevados, pero que después se acentuaron.

Las conclusiones son las que aparecen en la figura 3.

La línea sólida del cuadro indica la evolución de la pobreza en millones de pobres entre 1970 y 1995. La línea grisada es una simulación econométrica que indica cuál hubiera sido esa evolución, si se hubiera mantenido la estructura de distribución de ingresos de inicios de los años setenta. La pobreza hubiera sido en ese caso, según estiman, la mitad de la que efectivamente fue. Hay un "exceso de pobreza", de importantes dimensiones, causado por el aumento de la desigualdad.

Este trabajo parte de estas realidades preocupantes y se plantea enfocar dos interrogantes básicos: ¿cuál es el impacto de la pobreza y la inequidad sobre una institución fundamental del tejido social, la familia? y ¿cómo han afectado los desarrollos referidos a los sistemas educativos de la región? Familia y sistema educativo son, en definitiva, las dos grandes matrices formadoras de los recursos humanos de una sociedad. En esos dos ámbitos se define, en buena medida, la calidad de dichos recursos, que va a ser decisiva en el mundo actual, en términos de progreso tecnológico, competitividad y crecimiento económico. Por otra parte, y esta distinción es esencial, el ser humano no sólo es un instrumento productivo, sino que su desarrollo integral es, en definitiva, el fin último de las sociedades organizadas. La familia y la educación son dos ámbitos determinantes sobre los grados de crecimiento, realización, equilibrio, salud y plenitud afectiva que las personas pueden alcanzar. La sociedad y sus miembros juegan, pues, aspectos centrales de su progreso y bienestar en las condiciones en que operan las estructuras familiares y educativas. En este trabajo se trata de explorar cómo pueden estar afectándolas la pobreza y la inequidad. Se trata de una exploración acotada. Sólo se revisarán algunos efectos. El tema es muchísimo mayor, y de algún modo el trabajo pretende señalar la urgencia de que se convierta en un objeto de investigación creciente.

Buscando los objetivos mencionados, en un primer momento se formulan algunas reflexiones sobre el rol relevante que está desempeñando la familia en las sociedades actuales. Luego, se incursiona en algunos efectos de la pobreza y la inequidad sobre la familia en América Latina. A continuación, se indagan ciertas consecuencias de ambas sobre la escuela en la región. Finalmente, se extraen algunas conclusiones.

El redescubrimiento de la familia

A fines del siglo XX existe una creciente revalorización del rol de la familia en la sociedad. Desde la perspectiva espiritual, la familia apareció siempre como la unidad básica del género humano. Las grandes cosmovisiones religiosas destacaron que su peso en lo moral y afectivo era decisivo para la vida. En los últimos años se han agregado a esa perspectiva fundamental conclusiones de investigación de las ciencias sociales que indican que la unidad familiar realiza, además, aportaciones de gran valor en campos muy concretos.

Entre otros aspectos, las investigaciones destacan el papel de la familia en el rendimiento educativo, en el desarrollo de la inteligencia emocional, en las formas de pensar, en la salud y en la prevención de la criminalidad.

La calidad de la escuela tiene desde ya una considerable incidencia en el rendimiento educativo. El currículum, la calificación de los docentes, los textos escolares, los otros materiales de apoyo utilizados y la infraestructura escolar influyen en todos los aspectos de los procesos de aprendizaje. Pero hay otros factores incidentes, según refieren las investigaciones. Según concluye la CEPAL (1997), el 60% de las diferencias en el rendimiento estarían vinculadas al clima educacional del hogar, su nivel socioeconómico, la infraestructura de la vivienda (hacinadas y no hacinadas) y el tipo de familia. Aspectos básicos de la estructura de la familia tendrían, por tanto, fuerte influencia en los resultados educativos. Estarían, entre ellos, elementos como el grado de organicidad del núcleo familiar, el capital cultural que traen consigo los padres, su nivel de dedicación para el seguimiento de los estudios de los hijos, su apoyo y estímulo permanente a los mismos.

Pueden verse en el cuadro 3 algunos resultados de la investigación al respecto en la región.

Como se observa, a medida que mejora el clima educacional desciende el porcentaje de rezagados. También hay correlación con el nivel de ingresos. En el 25% más pobre de la población, y de menor coeficiente de clima educacional, la tasa de rezagados es del 42%. En el 25% siguiente de la distribución de ingresos desciende al 9% en los climas educacionales de mejor coeficiente.

Múltiples estudios corroboran esta tendencia y el papel clave de la fortaleza del núcleo familiar. La Secretaría de Salud y Servicios Humanos de Estados Unidos realizó un estudio sobre 60 mil niños. Wilson (1994) informa sobre sus conclusiones:

"En todos los niveles de ingreso, salvo el muy alto (más de 50 mil dólares al año), en el caso de los dos sexos y para los blancos, negros e hispanos por igual, los ni-

CUADRO 3. *Influencia del clima educacional y del ingreso del hogar en el desempeño educacional.*
(Promedio simple de hogares urbanos de países de América Latina alrededor de 1990)

	Cuartil 1	Cuartil 2	Cuartil 4
Clima educacional del hogar de 0-5,99	a/ 42 b/ 6,1	a/ 37 b/ 6,9	
Clima educacional del hogar de 6-9,99	a/ 23 b/ 7,8	a/ 17 b/ 8,4	a/ 12 b/ 9,7
Clima educacional del hogar de 10 y más		a/ 9 b/ 10,1	a/ 7 b/ 10,9

Notas: a/ porcentaje de rezago en niños de 7 a 14 años.
b/ promedio de años de estudio de jóvenes no autónomos de 15 a 24 años.

Fuente: Gerstenfeld, P. *et al.*, "Comparación regional del impacto de las características del hogar en el logro escolar", en: *Variables extrapedagógicas y equidad en la educación media: hogar, subjetividad y cultura escolar*, Serie Políticas Sociales, Nº 9, CEPAL, Santiago de Chile, diciembre de 1995.

ños que vivían con una madre divorciada o que nunca se había casado estaban claramente peor que los pertenecientes a familias que vivían con los dos progenitores. En comparación con los niños que vivían con sus dos padres biológicos, los niños de familia con un solo progenitor eran dos veces más propensos a ser expulsados o suspendidos en la escuela, a sufrir problemas emocionales o de conducta y a tener dificultades con sus compañeros. También eran mucho más proclives a tener una conducta antisocial".

Las características de la familia tienen asimismo influencia sobre otro tipo de educación, la emocional. Actualmente hay un significativo interés en el tema de la denominada "inteligencia emocional". Según indican las investigaciones de Goleman (1995), y otras, el buen desempeño y el éxito de las personas, en su vida productiva, no se hallan ligados sólo a su cociente intelectual, sino que tienen estrecha relación con sus calidades emocionales. Entre los componentes de este orden particular de inteligencia se hallan el autodominio, la persistencia, la capacidad de automotivación, la facilidad para establecer relaciones interpersonales sanas y para interactuar en grupos, y otros semejantes. Según se ha verificado, con frecuencia personas de elevada inteligencia emocional tienen mejores resultados que otras con cociente intelectual mayor, pero con reducidas calidades en ese orden.

La familia tiene un gran peso en la conformación y el desarrollo de la inteligencia emocional. Los niños perciben en las relaciones entre sus padres, y de éstos con ellos, modos de vincularse en lo emocional que van a incidir sobre sus propios estilos de comportamiento. Destaca Goleman que "la vida en familia es nuestra primera escuela para el aprendizaje emocional", y resumiendo diversos resultados de investigación señala:

"Han aparecido datos innegables que muestran que tener padres emocionalmente inteligentes es, en sí mismo, un enorme beneficio para el niño. Las formas en que una pareja lidia con los sentimientos recíprocos –además de sus tratos directos con el niño– imparten poderosas lecciones a los hijos, que son alumnos astutos y sintonizados con los intercambios emocionales más sutiles que se producen en la familia. Cuando los equipos de investigación dirigidos por Carole Hooven y John Gottman, de la Universidad de Washington, llevaron a cabo un microanálisis de las interacciones que se producen en las parejas, sobre la forma en que los esposos trataban a sus hijos, descubrieron que las parejas más competentes en el matrimonio, desde el punto de vista emocional, eran también las más eficaces cuando se trataba de ayudar a sus hijos en sus altibajos emocionales".

Otro aspecto en que la familia con su dinámica va moldeando perfiles de comportamiento en los niños es el que se produce en el campo de "las formas de pensar". Naum Kliksberg (1999) señala al respecto que el niño se vincula con sus padres y hermanos a través de tres modalidades básicas: de aceptación pasiva, de imposición autoritaria y de diálogo democrático. En los hogares tiende a predominar alguno de estos modelos de interacción. Resalta el investigador que si el predominante es el de aceptación pasiva se genera una forma de pensar "sometida" que acepta argumentos y posiciones, sin inquirir mayormente sobre sus fundamentos. Si la interacción usual es la autoritaria, se desarrolla una forma de pensar orientada a imponer el propio pensamiento al otro, y sólo centrada en las coerciones necesarias para lograr ese objetivo. Si en cambio el modelo de interacción es el de "diálogo democrático", la forma de pensar que se desenvuelve es crítica, se sabe escuchar al otro, se trata de entenderlo y de explicarse.

En el campo de la salud, Katzman (1997) señala, resumiendo estudios efectuados en Uruguay, que los niños extramatrimoniales tienen una tasa de mortalidad infantil mucho mayor, y aquellos que no viven con sus dos padres tienen mayores daños en diferentes aspectos del desarrollo psicomotriz.

Aun el área de las actitudes hacia el arte está fuertemente incidida por el clima familiar. Bourdieu y Darbel (1969) resaltan al respecto: "El amor al arte depende del capital cultural heredado, de las disposiciones culturales transmitidas en el seno de la familia, mucho más que de las inclinaciones naturales y espontáneas".

Un estudio realizado en Holanda lo ilustra (Rupp, 1997). Al analizar familias obreras de similar nivel socioeconómico, en cuanto a su relación con la cultura, se observó que había dos grupos de familias. En el grupo de familias orientadas hacia la cultura, los padres enviaban a sus hijos a colegios que enfatizaban lo cultural y en el hogar dedicaban tiempo y energía a formas de arte sencillas, como ejecutar instrumentos musicales y leer un libro cada mes. El otro tipo, con orientación hacia lo económico, enviaba a los hijos a escuelas inclinadas hacia ese objeto y se centraba en logros económicos, bienes materiales y aspectos como la apariencia externa. El tipo de rol que tiene la cultura en el hábitat familiar influirá en la generación de diferentes vínculos hacia ella por parte de los hijos.

Una preocupación central de nuestro tiempo es el aumento de la criminalidad en diversos países. La familia aparece, a la luz de las investigaciones al respecto, como uno de los recursos fundamentales con que cuenta la sociedad para prevenir la criminalidad. Los valores inculcados a los niños en la familia en esta materia, en los años tempranos, y los ejemplos de conducta observados van a incidir considerablemente en sus decisiones y conductas futuras. Un estudio en Estados Unidos (Dafoe Whitehead, 1993) identificó que al examinar la situación familiar de los jóvenes en los centros de detención juvenil en el país se verificaba que más del 70% provenía de familias con padre ausente.

En resumen, la familia, junto a sus históricas y decisivas funciones afectivas y morales, exaltadas en religiones como la cristiana y la judía, entre otras, cumple funciones esenciales para el bienestar colectivo.

A partir de esa visión existe, en diversos países desarrollados, un activo movimiento de creación de condiciones favorables para el buen desenvolvimiento y el fortalecimiento de la familia. Las políticas públicas de los países de la Comunidad Económica Europea brindan, entre otros aspectos, garantías plenas de atención médica adecuada para las madres durante el embarazo, el parto y el puerperio, amplios permisos remunerados por maternidad que van desde 3 meses en Portugal hasta 28 semanas en Dinamarca, subvenciones a las familias con hijos, deducciones fiscales. Diversos países, como los nórdicos, han establecido extendidos servicios de apoyo a la familia, como las guarderías y servicios de ayuda domiciliaria a ancianos e incapacitados.

La necesidad de fortalecer la institución familiar y apoyarla de modo concreto tiene múltiples defensores. Reflejando muchas opiniones similares, un estudio español (Cabrillo, 1990) plantea que "la familia es una fuente importante de creación de capital humano. Por una parte, ofrece servicios de salud en forma de cuidado de enfermos y niños que tendrían un elevado coste si tuvieran que ser provistos por el mercado o el sector público. Por otra, es en ella donde tiene lugar la primera educación que recibe un niño, que es además la que tiene una rentabilidad más elevada". Ante ello se pregunta: "¿el sector público está financiando en la práctica gran parte de los gastos en educación en la mayoría de los países? La pregunta inmediata es: entonces, ¿por qué sólo una parte de la educación, la impartida en escuelas públicas o privadas? Si este tipo de educación es subvencionada, no hay razón alguna para que no se subvencione también la educación impartida en la casa". Otro artículo reciente (Navarro, 1999) reclama "la universalización [en España] de los servicios de ayuda a la familia" y demuestra su factibilidad en términos de costos económicos.

Frente a esta revalorización internacional del rol de la familia, y la verificación de sus enormes potencialidades de aporte a la sociedad, ¿qué sucede en los hechos en América Latina? ¿Cómo afectan la pobreza y la inequidad, antes reseñadas, a las familias concretas de la región?

Algunos impactos de la situación social sobre la familia latinoamericana

El deterioro de parámetros socioeconómicos básicos de la vida cotidiana de amplios sectores de la población de la región está incidiendo silenciosamente en un proceso de reestructuración de numerosas familias. Está surgiendo el perfil de una familia desarticulada en aspectos importantes, inestable, significativamente debilitada.

Ese tipo de familia difícilmente puede cumplir las funciones potenciales de la unidad familiar, caracterizadas en la sección anterior. Ello hace que el reducto último con que cuenta la sociedad para hacer frente a las crisis sociales carezca, por su debilidad, de la posibilidad de jugar el rol que podría desempeñar.

Entre las principales expresiones de los procesos en curso, respecto de las familias, se hallan las que se presentan someramente a continuación.

Mujeres solas jefas de hogar

Un número creciente de unidades familiares tiene sólo a uno de los progenitores al frente, en la inmensa mayoría de los casos, la madre. La correlación con pobreza es muy estrecha. Un gran porcentaje de las mujeres jefas de hogar pertenece a estratos humildes de la población. Un estudio del BID-CEPAL-PNUD (1995) describe así la situación:

> "La casi totalidad de los países de América Latina tienen porcentajes de hogares con jefatura femenina superiores al 20%, lo que contribuye fuertemente al fenómeno conocido como 'la feminización de la pobreza'. Los estudios de la CEPAL dejan en evidencia la mayor pobreza relativa –muchas veces la indigencia– de los hogares a cargo de una mujer".

Efectos de la familia incompleta sobre los hijos

Las consecuencias de pertenecer a una familia en donde el progenitor masculino se halla ausente son muy considerables. Además de lo que significa afectivamente, los padres aportan a los hijos activos fundamentales para la vida. En una investigación pionera sobre el tema, Katzman (1997) reconstruye el cuadro resultante. Señala sobre el rol del padre:

> "La presencia del padre es clave para proveer o reforzar ciertos activos de los niños: i) como modelo forjador de identidades, especialmente para los varones; ii) como agente de contención, de creación de hábitos de disciplina y transmisor de experiencias de vida; iii) como soporte material, ya que la falta del aporte del padre reduce considerablemente los ingresos del hogar, particularmente porque las mujeres ganan entre el 20% y el 50% menos que los hombres, y iv) como capital social, en la medida en que la ausencia del padre implica la pérdida de una línea de contacto con las redes masculinas, tanto en el mundo del trabajo como en el de la política, y, además, al cortarse el nexo con las redes de parientes que podría aportar el padre disminuyen significativamente los vínculos familiares potenciales".

La ausencia del padre va a significar la inexistencia de todos estos activos. Las consecuencias pueden ser muy concretas. Va a afectar el rendimiento educacional ante el empobrecimiento del clima socioeducativo del hogar, va a pesar fuertemente sobre el desarrollo de la inteligencia emocional, golpea la salud, crea condiciones propicias para sensaciones de inferioridad, aislamiento, resentimiento, agresividad, resta una fuente fundamental de orientación en aspectos morales. Investigando el caso de los menores internados en el Instituto Nacional del Menor, en Uruguay, Katzman encuentra que sólo uno de cada tres formaba parte de una familia normal cuando se produjeron los hechos que condujeron a su internación. La cifra, como señala, es sugerentemente similar a la que arroja el estudio sobre centros de detención juvenil en Estados Unidos. El 63,8% de los niños internados en Uruguay vivía con su madre, el 30,8% con un padrastro o madrastra y el 5,4% sin sus padres.

Las fuertes desventajas relativas de los niños criados en hogares de este tipo se agudizan, como marca el investigador, en las condiciones de los mercados de trabajo modernos. Éstos exigen un nivel de preparación cada vez mayor. Ello significa procesos educativos cada vez más extensos. Contar con una familia integrada, que apoye emocional y prácticamente ese esfuerzo prolongado, es estratégico para culminarlo. Los niños y jóvenes de familias desarticuladas carecen de este capital social clave.

La renuencia a formar y mantener familias

Una proporción creciente de hombres jóvenes de los estratos humildes se resisten a constituir hogares estables. Ello va a aumentar las tasas de familias irregulares e inestables (concubinatos). Esta tendencia parece fuertemente influida por el crecimiento de la pobreza, la desocupación y la informalidad en la región. En muchos de estos casos, el joven no ve la posibilidad de encontrar un empleo estable que le permita cumplir el rol de proveedor principal de los ingresos del hogar que se espera de él. Por otra parte, un porcentaje significativo de la población, con ocupación, gana salarios mínimos que se hallan por debajo de los ingresos que se necesitarían para solventar los gastos básicos de una familia, aunque se cuente con aporte femenino. La situación general, como lo indican las encuestas, muestra además un gran temor por la inestabilidad que caracteriza al mercado de trabajo. A todo ello se suman dificultades objetivas como las severas restricciones para acceder a una vivienda. En estas condiciones, el joven no se ve a sí mismo en el rol de esposo y padre de una familia estable. Percibe que le será casi imposible afrontar las obligaciones que ello supone.

Un conflicto similar parece ser uno de los precipitantes del abandono del hogar de jóvenes de las zonas pobres urbanas. Katzman (1992) sugiere que la aparente "irresponsabilidad" con que actúan estaría influida por la sensación de que están perdiendo legitimidad en su rol de esposos y padres al no poder cumplir con la obligación de aportar buena parte de los ingresos del hogar. Sienten dañada su autoestima en el ámbito externo, por la dificultad de encontrar inserción laboral estable, y en el familiar, porque no están actuando según lo que se espera de su rol. A ello se suma un creciente nivel de expectativas de consumo en los hijos pertenecientes a hogares humildes, incidido por el mensaje de los medios masivos de comunicación. El joven cónyuge se siente así muy exigido, impotente para poder enfrentar las demandas y desacreditado. En psicología social se plantea que en estas situaciones altamente opresivas las personas tienden a enfrentarlas hasta las últimas consecuencias o a producir lo que se denominan conductas de "fuga" de las mismas.

Nacimientos ilegítimos

Un claro síntoma de erosión de la unidad familiar lo da el aumento del número de hijos ilegítimos. La renuencia a formar familia estimula el crecimiento de la tasa de nacimientos de este orden. Los estudios de Katzman sobre Uruguay muestran la tendencia reflejada en el cuadro 4.

Como se observa, en sólo 18 años el número de hijos ilegítimos en Montevideo aumentó el 65%. La ilegitimidad tiene más alto nivel de presentación en las madres más jóvenes, pero es alta en todas las edades.

Madres precoces

Ha aumentado significativamente en la región el número de madres adolescentes. Puede apreciarse, en la figura 4, la elevada cantidad de mujeres jóvenes que tienen hijos antes de los 20 años.

CUADRO 4. *Uruguay: ilegitimidad de nacimientos*

1. En Montevideo, 1975, 1984 y 1993

Años	Tasas de ilegitimidad (%)
1975	20,9
1984	23,8
1993	34,5

2. En el país, 1961 y 1988

	Tasas de ilegitimidad (%)	
Edad de las madres	1961	1988
15-19	25,7	47,9
20-24	15,5	30,5
25-29	11,5	20,9
30-34	11,7	21,2

Fuente: Rubén Katzman, 1997.

FIGURA 4. *Mujeres de entre 20 y 24 años con hijos sobrevivientes tenidos antes de los 20 años, 1994. (Porcentajes)*

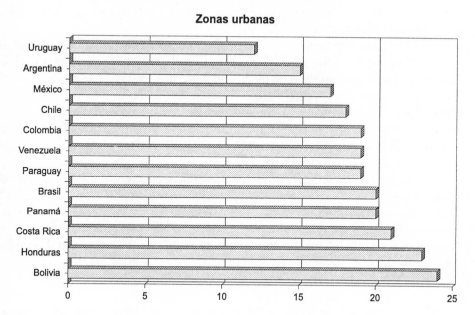

Fuente: CEPAL, 1997.

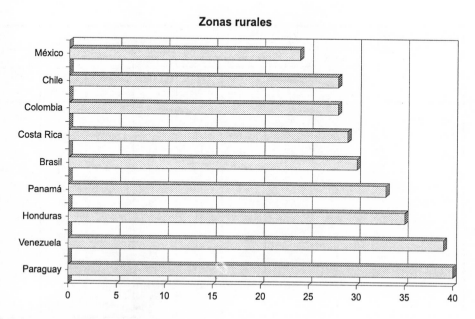

Fuente: CEPAL, 1997.

En la gran mayoría de los casos, la maternidad en la adolescencia no forma familias integradas. La madre queda sola con los hijos. Es, asimismo, una causa importante del crecimiento de niños ilegítimos antes referido. Constituye, de por sí, una fuente de familias extremadamente débiles.

Según las cifras disponibles la maternidad en la adolescencia se halla estrechamente asociada a la pobreza. En los centros urbanos, en el 25% más pobre de la población, el 32% de los nacimientos son de madres adolescentes. En las zonas rurales, el 40%. En el 25% siguiente en nivel de ingresos, las cifras son del 20% en los centros urbanos y del 32% en las áreas rurales. En total, el 80% de los casos de maternidad adolescente urbana de la región están concentrados en el 50% más pobre de la población, mientras que el 25% más rico sólo tiene el 9% de los casos. En las zonas rurales las cifras son: el 70% de los casos en el el 50% más pobre y el 12% en el 25% más rico.

Aun dentro de los sectores pobres, se observa que cuanto mayor es el nivel de pobreza más alta es la tasa de maternidad adolescente. Así lo ilustra el cuadro 5.

La fuerte correlación entre pobreza y maternidad adolescente permite inferir que aumentos en la pobreza, como los que se están produciendo en la región, actuarán de estímulos en este orden de maternidad y, por tanto, en la generación de familias muy débiles.

CUADRO 5. *América Latina (12 países): mujeres de entre 20 y 24 años con hijos sobrevivientes tenidos antes de los 20 años, según cuartiles de ingreso per cápita de sus hogares, 1994.*
(Porcentajes)

País	Total nacional	Zonas urbanas				Zonas rurales			
		Total	Niveles de pobreza			Total	Niveles de pobreza		
			Indigentes	Pobres no ind.	No pobres		Indigentes	Pobres no ind.	No pobres
Argentina	...	15	40	30	13	...	...	...	...
Bolivia	...	24	30	31	18	...	...	...	...
Brasil	22	20	37	24	12	30	42	31	19
Chile	20	18	39	32	13	28	44	34	25
Colombia	22	19	32	24	13	28	33	26	26
Costa Rica	25	21	54	35	16	29	44	41	26
Honduras	29	23	32	21	15	35	40	30	30
México	19	17	29	25	12	24	27	32	18
Panamá	23	20	40	32	15	33	50	37	24
Paraguay	28	19	38	32	11	40	...	...	...
Uruguay	...	12	76	24	10	...	...	...	...
Venezuela	22	19	36	24	12	39	58	38	31

Fuente: CEPAL, 1997.

CUADRO 6. *América Latina (12 países): mujeres de entre 20 y 24 años con hijos sobrevivientes tenidos antes de los 20 años, según nivel educacional alcanzado, 1994.*
(Porcentajes)

País	Total nacional	Zonas urbanas					Zonas rurales				
		Total	Nivel educacional de la mujer				Total	Nivel educacional de la mujer			
			0 a 5 años	6 a 9 años	10 a 12 años	13 y más años		0 a 5 años	6 a 9 años	10 a 12 años	13 y más años
Argentina	...	15	48	27	8	2	...	...	...	...	...
Bolivia	...	24	51	34	22	8	33	...	...	...	...
Brasil	22	20	33	20	7	3	30	35	21	11	2
Chile	20	18	36	38	18	7	28	43	36	18	7
Colombia	22	19	36	30	11	5	28	31	32	19	17
Costa Rica	25	21	32	33	13	4	29	48	31	8	4
Honduras	29	23	37	25	13	9	35	42	33	11	36
México	19	17	41	18	11	3	24	40	19	8	3
Panamá	23	20	33	37	17	5	33	48	43	19	4
Paraguay	28	19	35	27	14	(–)	40	44	40	33	12
Uruguay	...	12	36	18	10	2	...	...	...	...	...
Venezuela	22	19	34	28	14	5	39	54	38	17	14

Fuente: CEPAL, 1997.

Una variable central en este proceso, según indican las cifras, es un componente de la pobreza: las carencias educativas. En los centros urbanos de la región, el porcentaje de madres adolescentes entre las jóvenes urbanas con menos de 6 años de educación es del 40%. Supera a los promedios nacionales del 32%. En el grupo que tiene de 6 a 9 años de estudio, el porcentaje de casos de maternidad adolescente desciende al 30%. En las jóvenes con 10 a 12 años de estudio baja al 15% y en las que tienen 13 o más años de estudio es inferior al 10%. Puede apreciarse la situación por países en el cuadro 6.

La situación que subyace tras el embarazo adolescente en los sectores desfavorecidos configura un "círculo perverso regresivo". La pobreza y la inequidad impactan severamente a dichos sectores en materia educativa, como se verá en la sección siguiente del trabajo. Con limitada escolaridad, recuérdese que la escolaridad promedio de toda América Latina es de sólo 5,2 años, y la de los sectores pobres considerablemente menor, se dan condiciones que facilitan el embarazo adolescente. A su vez, la maternidad en la adolescencia va a conducir a que estas jóvenes dejen sus estudios. Las cifras indican que las madres pobres adolescentes tienen un capital educativo del 25% al 30% menor que las madres pobres que no han tenido embarazo adolescente (según puede verse en el cuadro 7). Al tener menor nivel educativo, las madres adolescentes verán reducidas sus posibilidades de obtener trabajos e ingresos, consolidándose y profundizándose la situación de pobreza.

CUADRO 7. *América Latina (11 países): Promedio de años de estudios de mujeres de entre 20 y 24 años, según hayan tenido o no hijos sobrevivientes antes de los 20 años, 1994*

País	Situación de la mujer	Zonas urbanas					Zonas rurales				
		Total	Cuartiles de ingreso per cápita				Total	Cuartiles de ingreso per cápita			
			1	2	3	4		1	2	3	4
Argentina	Embarazo en adolescencia	8,0	7,5	8,1	9,2	10,0	...	...	...	...	...
	Sin embarazo en adolescencia	10,7	9,0	9,6	10,7	11,9	...	...	...	...	...
Brasil	Embarazo en adolescencia	5,5	4,4	5,8	7,2	8,4	3,4	2,6	3,2	4,5	5,5
	Sin embarazo en adolescencia	8,0	5,7	7,1	8,6	10,8	4,7	3,3	3,7	5,2	7,2
Chile	Embarazo en adolescencia	9,8	8,9	10,2	11,2	12,1	7,5	6,7	7,5	8,4	9,5
	Sin embarazo en adolescencia	11,9	10,4	11,4	12,4	13,3	9,2	8,2	8,7	9,4	11,1
Colombia	Embarazo en adolescencia	7,6	6,3	7,7	8,6	10,8	5,4	3,9	5,3	6,5	6,1
	Sin embarazo en adolescencia	10,1	8,1	9,3	10,7	12,1	6,5	5,0	6,3	6,7	7,7
Costa Rica	Embarazo en adolescencia	7,7	6,9	7,0	9,0	11,2	5,8	5,0	5,9	5,8	6,7
	Sin embarazo en adolescencia	10,2	8,9	8,8	10,6	11,8	7,5	6,6	6,7	7,5	8,5
Honduras	Embarazo en adolescencia	6,3	4,8	6,3	6,4	10,0	4,2	4,0	3,0	4,6	5,9
	Sin embarazo en adolescencia	8,3	6,8	7,1	8,3	10,6	5,4	4,1	4,4	5,4	7,1
México	Embarazo en adolescencia	7,4	6,4	7,7	8,4	10,0	5,7	4,8	5,4	6,1	7,7
	Sin embarazo en adolescencia	9,2	7,9	8,9	9,5	10,9	7,2	6,0	6,9	7,6	8,2
Panamá	Embarazo en adolescencia	9,0	8,5	10,9	13,1	10,7	6,7	6,2	8,6	9,1	...
	Sin embarazo en adolescencia	11,4	10,3	12,4	13,6	13,5	9,2	7,8	10,3	12,4	12,9
Paraguay	Embarazo en adolescencia	6,9	6,1	6,4	8,6	9,5	5,3	...	...	...	...
	Sin embarazo en adolescencia	9,7	7,0	8,7	10,2	11,7	5,9	...	...	...	...
Uruguay	Embarazo en adolescencia	8,2	7,7	8,8	11,2	12,0	...	...	...	...	...
	Sin embarazo en adolescencia	10,4	8,8	10,1	12,3	12,5	...	...	...	...	...
Venezuela	Embarazo en adolescencia	7,7	6,7	8,1	8,5	9,7	5,5	4,6	5,5	6,4	5,7
	Sin embarazo en adolescencia	9,8	8,7	9,6	9,9	11,1	7,1	5,7	6,5	7,6	8,0

Fuente: CEPAL, 1997.

Violencia doméstica

En la región tiene gran amplitud el fenómeno de la violencia doméstica. Según estiman Buvinic, Morrison y Schifter (1999), entre el 30% y el 50% de las mujeres latinoamericanas –según el país en que vivan– sufren de violencia psicológica en sus hogares, y del 10% al 35%, de violencia física. La magnitud del problema puede apreciarse en el cuadro 8, que resume diversas investigaciones.

Además de su inhumanidad básica, y sus múltiples repercusiones sobre la mujer, la violencia doméstica causa daños graves a la estructura familiar. Indica dificultades muy serias en dicha estructura. Tiene repercusiones de todo tipo en los hijos. Un estudio realizado por el BID en Nicaragua (1997) muestra que los hijos

CUADRO 8. *Prevalencia de la violencia doméstica contra mujeres en las Américas*

País/autor del estudio	Tipo de muestra	Muestra	Resultados
Chile Larraín Heiremans, (1994)	Representativa aleatoria para Santiago	1.000 mujeres, de 22 a 55 años, en pareja por 2 años o más	33,9% psicológica 10,7% física (violencia severa) 15,5% física (violencia menos severa)
Colombia (1990)	Muestra nacional aleatoria	3.272 mujeres de las zonas urbanas 2.118 mujeres de las zonas rurales	33,9% psicológica 10% sexual 20% física
Costa Rica Quiróz and Barrantes, (1994)	Representativa para el área metropolitana de San José	1.312 mujeres	75% psicológica 10% física 6% limitadas a su casa
Ecuador (1992)	Muestra intencional del barrio de Quito	200 mujeres con bajos ingresos	60% física
Guatemala (1990)	Muestra aleatoria en Sacatepequez	1.000 mujeres	49% abusadas 74% abusadas por un compañero masculino íntimo
Haití CHREPROF, (1996)	Muestra nacional aleatoria	1.705 mujeres	70% abusadas 36% abusadas por un compañero masculino íntimo
Paraguay CEDEP, CDC, USAID, (1996)	Muestra nacional aleatoria		9,4% física 31,1% psicológica
México Granados Shiroma, (1995)	Muestra representativa de 9 ciudades de Monterrey	1.086 mujeres	45,2% abusadas 17,5% física y sexual 15,6% física y psicológica
Canadá (1993)	Representativa nacional	12.300 mujeres de más de 18 años	25% física
Estados Unidos (1986)	Probabilidad nacional	2.143 en matrimonio o viviendo en pareja	28% física

Fuente: Heise, Lori L., *et al.*, "Violence against women: The hidden burden", Banco Mundial, 1994.

de familias con violencia intrafamiliar son tres veces más propensos a asistir a consultas médicas y son hospitalizados con mayor frecuencia. El 63% de ellos repite años escolares y abandona la escuela, en promedio, a los 9 años. Los de hogares sin violencia permanecen, en promedio, hasta los 12 años en la escuela.

Por otra parte, la violencia doméstica es a su vez un modelo de referencia con posibilidades de ser reproducido por los hijos, lo que llevará también a que constituyan familias con serias deficiencias. Diversos estudios, entre ellos Strauss (1980), indican que la tasa de conductas de este orden, de los hijos que han visto en sus hogares este comportamiento, supera ampliamente a las observables entre quienes no lo han tenido en sus familias.

Si bien el fenómeno es de gran complejidad e influido por numerosas variables, la pobreza aparece claramente como un factor de riesgo clave. Según refiere Buvinic (1997), en Chile, por ejemplo, los casos de violencia física son cinco veces más frecuentes en los grupos de bajos ingresos, y la violencia física grave es siete veces más común en ellos, verificándose también esas relaciones en otros países.

Las realidades cotidianas de desocupación, subocupación, informalidad, antes mencionadas, y otros procesos de deterioro económico tensan al máximo las relaciones intrafamiliares y crean ambientes propicios para este fenómeno, fatal para la integridad de la familia.

Incapacidad de la familia de proporcionar una infancia normal

La pobreza y la inequidad colocan a numerosas familias en serias dificultades para poder dar a sus hijos la infancia que desearían y que correspondería. Se abre ante la presión de las carencias un cúmulo de situaciones que afectan duramente a los niños, crean todo orden de conflictos en la unidad familiar e impiden que la familia cumpla muchas de sus funciones.

Una de las expresiones principales de la problemática que se plantea es la figura del niño que trabaja desde edades tempranas. Obedece en muchísimos casos a razones esencialmente económicas. Es enviado a trabajar, o se procura trabajos, para poder realizar algún aporte al hogar necesitado del que proviene y poder subsistir personalmente. Como lo ha señalado reiteradamente la Organización Internacional del Trabajo (OIT), la situación del niño trabajador es muy dura y contradice los convenios internacionales vigentes de protección del niño y los objetivos básicos de cualquier sociedad. Son largas jornadas, graves riesgos de accidentes de trabajo, ninguna protección social, magras remuneraciones. Asimismo, implica en muchos casos el retraso escolar o, directamente, la deserción del sistema educacional. Ello lo colocará en condiciones de inferioridad para ingresar al mercado de trabajo en el futuro.

Los datos nacionales disponibles siguen todos la misma tendencia. Según un estudio de la Comisión de Empleo y Bienestar Social del Congreso de México (1999), en ese país por lo menos cinco millones de niños trabajan, y la mitad de ellos han abandonado la escuela. El 70% trabaja entre 5 y 14 horas diarias. Según señalan Barker y Fontes (1996), en un estudio preparado para el Banco Mundial, en Brasil el 50% de los jóvenes entre 15 y 17 años estaba trabajando en 1990, y lo mismo sucedía con el 17,2% de los niños de 10 a 14 años. En Perú trabajaba el 54% de niños y jóvenes urbanos de 6 a 14 años. En Colombia, en 1992, 380 mil niños y jóvenes de 12 a 17 años trabajaban en áreas urbanas y 708 mil en áreas rurales. Los investigadores agregan una categoría especial, escondida, las niñas que trabajan como domésticas. En Colombia, en 1990, el 9% de las niñas entre 15 y 19 años trabajaba en esa calidad, viviendo fuera de sus hogares, en casa de sus patrones. En Haití, según la OIT (1999), el 25% de los niños de 10 a 14 años forma parte de la fuerza de trabajo. Según datos del UNICEF (1995), en Venezuela trabajaban en la economía informal 1.076.000 menores, y otros 300 mil en la economía formal. En la Argentina, 214 mil niños de 10 a 14 años trabajan. Según las estimaciones de la OIT (1999), trabajan en total en América Latina 17 millones de niños.

La vinculación entre pobreza y trabajo infantil es muy estrecha. En Brasil se estima que el 54% de los niños menores de 17 años que trabaja proviene de hogares con renta per cápita menor al salario mínimo.

Los niños de la calle

Existe en la región una población creciente de niños que viven en las calles de muchas urbes. Se los puede encontrar en Río, San Pablo, Bogotá, México, Tegucigalpa y muchas otras ciudades, sobreviviendo en condiciones cruentas. Buscan cada día el sustento para vivir. Están expuestos a todo tipo de peligros. Se han encarnizado con ellos grupos de exterminio y se ha estimado que no menos de tres niños de la calle son asesinados diariamente en ciudades de Brasil, entre otros países. No se ha logrado cuantificar su número preciso, pero pareciera que tiende a aumentar significativamente. El BID, por iniciativa de su presidente, ha abierto más de treinta proyectos nacionales destinados a tratar de mejorar su situación. El papa Juan Pablo II, que ha denunciado permanentemente esta situación inhumana, los describió en un reciente viaje a México señalando que son "niños abandonados, explotados, enfermos". El director de una de las organizaciones no gubernamentales con más actividad y logros en este campo, Casa Alianza, con sede en Costa Rica, Bruce Harris ha destacado: "Es un fenómeno social no atendido que se ha convertido en un problema, porque la respuesta de la sociedad en general es represiva, en lugar de invertir para que tengan las oportunidades que muchos de nosotros sí tuvimos".

La presencia y el aumento de los niños de la calle tienen que ver con múltiples factores, pero claramente en su centro está denotando una quiebra profunda de la estructura básica de contención, la familia. Los procesos de erosión de la familia, de desarticulación, de constitución de familias precarias y las tensiones extremas que genera en el interior de las mismas la pauperización minan silenciosamente la capacidad de las familias de mantener en su seno a estos niños. Es una situación de frontera que está indicando la gravedad del silencioso debilitamiento de muchas unidades familiares de la región.

Todos los desarrollos regresivos mencionados: mujeres solas jefas de hogar, renuencia de hombres jóvenes a formar familias, nacimientos ilegítimos, madres precoces, violencia doméstica, incapacidad de las familias de proporcionar una infancia normal, niños de la calle, deben ser vistos, en su conjunto, como parte de este cuadro de debilitamiento, deben ser priorizados en las políticas públicas y por toda la sociedad y se les debe buscar soluciones urgentes.

La familia es, como se mencionó, uno de los dos grandes marcos de formación de la población de un país. El otro es la educación. En la sección siguiente se explorarán algunos de los efectos que la pobreza, y especialmente la inequidad, están generando en los sistemas educativos de la región.

Pobreza, inequidad y educación

Se han producido avances de gran consideración en educación en la región en las últimas décadas. Se ha extendido significativamente la matriculación. En la mayoría de los países, más del 90% de los niños se inscriben en la escuela primaria. Ha descendido la proporción de analfabetos, bajando del 34% en 1960 al 13% en 1995. Sin embargo, hay serios problemas en tres áreas clave que motivan honda preocupación: la deserción, la repetición y la calidad de la enseñanza recibida.

La gran mayoría de los niños inicia la escuela primaria pero, según se estima, menos de la mitad completa esa primera etapa de la educación. También hay una pronunciada deserción en la secundaria. Pueden observarse las cifras actualizadas de escolaridad en la figura 5 (BID, 1999).

Como se observa, en un considerable número de países, incluidos los dos países de mayor población de América Latina, Brasil y México, el número de años promedio de escolaridad alcanzado por la población es inferior a seis.

Las tasas de repetición escolar son asimismo muy altas. Cerca de la mitad de los niños de la región repiten el primer grado de la escuela primaria, y el 30% repite en cada uno de los años siguientes. Puryear (1997) estima que un alumno promedio de la región está siete años en la escuela primaria, en los que sólo completa cuatro grados.

Piras (1997) ha construido la figura 6 sobre el tiempo que los niños insumen en completar seis grados de estudio en diversos países de la región.

Como se advierte, en Nicaragua un niño promedio tarda más de 11 años en completar seis grados debido a las repeticiones, en Guatemala cerca de 11, en Perú 9, en Venezuela más de 8, y el problema es significativo en toda la región.

FIGURA 5. *Promedio de años de educación*

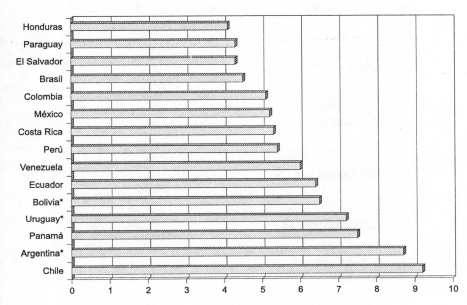

* Países con datos urbanos solamente
Fuente: IPES, 1998

FIGURA 6. *Tiempo necesario para graduarse de sexto grado (1988-1992)*

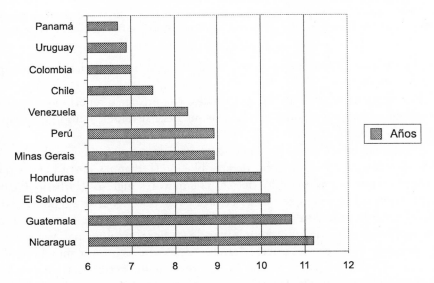

Fuente: Publicaciones varias del Banco Mundial. Incluido en Piras, Claudia, "Una herramienta para mejorar la educación: mayor poder para las escuelas", en *Políticas de Desarrollo*, Boletín de Investigación, BID, marzo de 1997.

FIGURA 7. *Porcentaje de niños de 7 a 14 años rezagados en sus estudios por residencia y cuartiles de ingreso en países seleccionados (1990)*

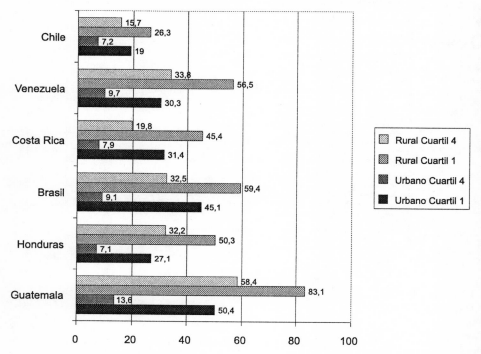

Fuente: Publicaciones varias del Banco Mundial. Incluido en Piras, Claudia, "Una herramienta para mejorar la educación: mayor poder para las escuelas", en: *Políticas de Desarrollo*, Boletín de Investigación, BID, marzo de 1997.

¿Qué factores se hallan operando tras estas elevadas tasas de deserción y repetición?

Al desagregar las tasas de niños rezagados (desertores y repetidores), por estratos sociales, surgen algunas tendencias muy consistentes, como puede apreciarse en la figura 7.

En todos los países incluidos en la figura se da la misma situación. En las ciudades, los niños del 25% más pobre de la población (Urbano, Cuartil 1) tienen tasas de rezago muy superiores a los del 25% de mayores ingresos (Urbano, Cuartil 4). Así, en Brasil por ejemplo, los desertores y repetidores del grupo pobre son el 45% del total de niños, en cambio, en el grupo de mejores ingresos, la tasa es del 9,1%. La probabilidad de ser un niño rezagado en Brasil resulta cinco veces mayor si se pertenece a los sectores pobres. Las distancias son, asimismo, muy importantes en las áreas rurales según el cuartil de ingresos al que pertenecen los niños.

Los elevados niveles de deserción y repetición aparecen estrechamente vinculados a la pobreza y la inequidad. La pertenencia a familias pobres va a significar desventajas para los niños en aspectos clave para su permanencia y resultados en la escuela. El capital educativo que puedan aportarles sus padres tenderá a ser limitado, los grados de hacinamiento de la vivienda que impiden la concentración en los estudios y los dificultan de diversos modos, pueden ser altos. Si la familia forma parte de las numerosas familias con un sólo cónyuge, o desarticuladas, ello influirá severamente sobre sus estudios. Por otra parte, como se ha visto en diversas realidades, la pobreza viene acompañada de secuelas de desnutrición. En esas condiciones el niño difícilmente puede rendir. Además, como se vio, una proporción significativa de niños de hogares pobres se ven obligados a trabajar en la edad en que debieran tener la posibilidad de dedicarse plenamente a la escuela, lo que va a estimular su abandono o dificultar seriamente su proceso de aprendizaje. Si bien intervienen en todo el cuadro factores múltiples, puede estimarse que, por ejemplo, las muy altas cifras de repetición que se observan en cuatro países centroamericanos (Nicaragua, Guatemala, Honduras y El Salvador), en donde los niños tardan más de diez años en completar seis grados de primaria, están ligadas a niveles de pobreza de la población superiores al 70% y a déficits nutricionales de consideración.

Pero la vinculación estrecha entre pobreza y bajos niveles educativos no sólo opera en los países con más pobreza de la región, también funciona activamente en otros con menores niveles de pobreza. Según cifras oficiales argentinas recientes (INDES-SIEMPRO, 1999), el 7,9% de los niños de hogares más pobres ingresó tardíamente a la primaria, en cambio en los hogares más ricos sólo sucede ello con el 4,5%. Las distancias son aun mayores en la secundaria. Mientras el 25% de los adolescentes de los hogares más pobres ingresa más tarde al colegio secundario, ello sucede sólo con el 8,5% de los que pertenecen a los estratos más ricos. En general, el 27% de los niños de 6 a 14 años de los hogares pobres repitió algún grado, mientras que en los ricos sólo repite el 4,4%. Los resultados finales son, en la Argentina, que sólo el 25% de los hijos de los hogares más pobres termina la secundaria, en cambio lo hace el 76% de los que vienen de hogares ricos.

Examinando la situación de 15 países de la región, el BID (1998) concluye que:

a) De cada 100 niños que comienzan la escuela primaria en Bolivia, Brasil, Colombia y Perú, sólo 15 llegan a 9 años de escolaridad.

b) De cada 100 niños que inician la primaria en Guatemala, Haití y República Dominicana, sólo 6 llegan a 9 años de escolaridad.

c) En general, de cada 100 niños que provienen del 40% más pobre de la población, menos de la mitad llega a quinto grado. Sólo el 10% llega al noveno grado.

Ello, más lo que sucede en la secundaria, que registra tendencias semejantes, genera una brecha de grandes dimensiones en cuanto a los años de escolaridad de los diferentes estratos sociales:

a) Los jefes de hogar del 10% más rico de la población tienen 12,1 años de educación. Los jefes de hogar del 30% más pobre, sólo 5 años de educación.

b) Entre ambos grupos hay una distancia de 7,1 años de escolaridad. La distancia es aun mayor en México, 9 años, y en Brasil, Panamá y El Salvador, de 8 a 9 años.

Pobreza y desigualdad van modelando un patrón de oportunidades en educación absolutamente inequitativo.

A las brechas en deserción y repetición se suman las pronunciadas diferencias existentes en cuanto a la calidad de la educación a la que pueden acceder los diversos estratos sociales.

Schiefelbein (1995) construye, referente a este tema, el cuadro 9 respecto de los progresos evidenciados por estudiantes de 13 años de diversos países latinoamericanos, en distintos tipos de escuelas (extrae los datos de una reconocida medición internacional, el Third International Math & Sciences –TIMSS–).

Se discriminan en el cuadro cuatro tipos de escuelas, tres de ellas urbanas: las escuelas privadas de elite, las escuelas privadas de clase baja o las escuelas públicas de clase alta, y las escuelas públicas de clase baja; y una rural, las escuelas pú-

CUADRO 9. *Logro en matemáticas y ciencias en varios países por tipo de colegio.*
(Estudio piloto TIMSS para logros en estudiantes de 13 años, 1992)

	Privados de elite	Privados de clase baja o públicos de clase alta	Públicos de clase baja	Públicos rurales
Matemáticas				
Argentina	50	41	33	29
Colombia	66	32	27	35
Costa Rica	72	59	44	43
República Dominicana	60	41	29	31
Promedio Nacional para Tailandia	50			
Promedio Nacional para Estados Unidos	52			
Ciencia				
Argentina	45	43	37	28
Colombia	47	29	36	37
Costa Rica	66	59	50	50
República Dominicana	52	38	29	29
Promedio Nacional para Tailandia	55			
Promedio Nacional para Estados Unidos	55			

Fuente: Schiefelbein, 1995.

blicas rurales. Como se observa, los rendimientos siguen en general un patrón definido.

Las escuelas a las que acceden estratos más altos logran un rendimiento superior de los alumnos. Ello está fuertemente ligado a la situación ventajosa de dichas escuelas en aspectos concretos vitales para la calidad del proceso de aprendizaje. Los sueldos de los maestros de las escuelas privadas son muy superiores, el número de horas de clase anuales, mayor (en las escuelas privadas es de 1.200 horas anuales, en las escuelas públicas de menos de 800 y en las rurales de 400), los materiales de apoyo y medios didácticos con que cuentan son mejores y la infraestructura, adecuada y funcional frente a las precariedades que suele presentar la de la escuela pública. Estas distancias de calidad tienen alta significación si se tiene en cuenta que la escuela pública concentra la gran mayoría de la matrícula de la región y la escuela privada, en cambio, un porcentaje reducido de la misma.

Aun en sociedades con importantes logros en educación, como la uruguaya, se observan importantes diferencias en el rendimiento según el contexto sociocultural de los diferentes tipos de escuelas, como puede apreciarse en los cuadros 10 y 11 (CEPAL, 1997).

Una instancia hoy cada vez más valorizada del proceso educativo es el preescolar. En ella se estimulan y desenvuelven capacidades y habilidades que van a influir en las posibilidades de aprendizaje en las etapas siguientes. En América Latina esta etapa, fundamento de las posteriores, se halla al alcance de sectores

CUADRO 10. *Uruguay: resultados en matemáticas según el contexto sociocultural de las escuelas*

	Muy favorable	Medio alto	Medio bajo	Muy desfavorable	Total nacional
Estudiantes con rendimiento altamente satisfactorio (20-24 puntos)	21,6	8,4	3,4	2,0	6,8
Estudiantes con rendimiento satisfactorio (14-19 puntos)	45,4	35,3	23,2	15,7	27,8
Estudiantes con rendimiento insatisfactorio (7-13 puntos)	30,4	49,6	60,7	64,4	54,5
Estudiantes con rendimiento altamente insatisfactorio	2,6	6,7	12,7	17,9	10,9
TOTAL	100,00	100,00	100,00	100,00	100,00

Fuente: "Evaluación nacional de aprendizajes en lengua materna y matemáticas. Sexto año de enseñanza primaria", Montevideo, Unidad de Medición de Resultados Educativos, Administración Nacional de Educación Pública, 1996.

CUADRO 11. *Uruguay: resultados en lengua materna según el contexto sociocultural de las escuelas*

	Muy favorable	Medio alto	Medio bajo	Muy desfavorable	Total nacional
Estudiantes con rendimiento altamente satisfactorio (20-24 puntos)	41,9	19,5	9,8	5,0	15,8
Estudiantes con rendimiento satisfactorio (14-19 puntos)	43,3	48,1	40,9	32,8	41,3
Estudiantes con rendimiento insatisfactorio (7-13 puntos)	14,0	29,6	43,2	52,7	37,7
Estudiantes con rendimiento altamente insatisfactorio	0,8	2,8	6,1	9,5	5,2
TOTAL	100,00	100,00	100,00	100,00	100,00

Fuente: "Evaluación nacional de aprendizajes en lengua materna y matemáticas. Sexto año de enseñanza primaria", Montevideo, Unidad de Medición de Resultados Educativos, Administración Nacional de Educación Pública, 1996.

limitados. Según estimaciones de CELADE-BID (1996), en 1990 sólo el 14% de la población potencial estaba atendida. Describe Lavin (1994), respecto de la situación, que esta oferta educativa "se dirige a los sectores medios y altos pese a ciertos avances en la atención a áreas marginadas a través de programas no formales de bajo costo". Se establece allí, nuevamente, una inequidad en el acceso a este relevante nivel educativo.

Todas las tendencias mencionadas, las distancias en deserción, repetición y calidad, entre los sectores desfavorecidos y los de mejores ingresos, determinan "destinos educativos" muy diferentes. Puryear (1997) caracteriza así la situación de conjunto:

"Los sistemas de educación primaria y secundaria de América Latina están fuertemente segmentados en función del *status* económico de las personas, quedando las más pobres relegadas al sistema público, en tanto que los ricos y la mayoría de la clase media asisten a colegios privados. Como resultado se tiene un sistema profundamente segmentado, en el cual los pobres reciben una educación que es abiertamente inferior a la que reciben los ricos. Un número desproporcional de aquellos que repiten y aquellos que desertan es pobre. Incluso cuando los pobres permanecen en el colegio, tienden a aprender menos".

Impactados por la pobreza y las profundas desigualdades de las sociedades latinoamericanas, los sistemas educativos que aparecen como una vía fundamental para mejorar la movilidad social y la igualdad de oportunidades tienden a constituir circuitos rígidos para pobres y ricos creándose un "círculo perverso". Los niños desfavorecidos no completan, en la mayoría de los casos, estudios primarios, y difícilmente estudios secundarios; los estudios que cursan son de un nivel de calidad inferior y quedan, por ende, en amplia desventaja para acceder y permanecer en el mercado laboral. En éste percibirán ingresos muy inferiores a los sectores con más educación, ampliándose las brechas de inequidad. Conformarán, a su vez, familias con reducido capital educativo y restricciones severas, que tenderán a generar situaciones similares en sus hijos.

Algunas conclusiones

A inicios del nuevo siglo, el destino de las naciones aparece cada vez más ligado a la calidad de su población. Los niveles de salud, educación, cultura y participación de los habitantes de un país son decisivos para la existencia de democracias estables, la obtención de un desarrollo sostenido, la preservación del medio ambiente, el crecimiento cultural. Así lo evidencia el escenario histórico de los últimos 50 años. Los países que han invertido más en su población y lo han hecho de modo sostenido, convirtiendo áreas como salud, educación y cultura en una verdadera política de Estado, son los que en la mayoría de los casos han alcanzado crecimiento económico y progreso tecnológico más sostenidos, elevados indicadores de desarrollo humano, democracias activas y maduración cultural. Cuidar su población les ha permitido avanzar en el camino de un desarrollo integrado. Se mencionan con frecuencia, como referencias significativas de ese orden de desarrollo, los casos de países que encabezan las estadísticas mundiales en lo económico y lo social como, entre otros, Canadá, Noruega, Suecia, Dinamarca, Holanda, Bélgica, Israel y otros. En todos esos países estuvieron, entre las estrategias centrales que trataron de implementar, la protección y el desarrollo de la familia y la inversión continuada y creciente en educación.

Hacia el siglo XXI las exigencias históricas en cuanto a contar con una población sana y calificada serán crecientes. Como lo señala Thurow (1996), será un siglo de "conocimiento intensivo". La capacidad para generar, absorber y manejar conocimiento será cada vez más la clave de los procesos productivos. Las industrias de punta como comunicaciones, informática, biotecnología, ciencia de la información, robótica, y otras, están basadas en conocimiento. En un siglo que se anuncia como fundado en el conocimiento, y en el que seguirán produciéndose cambios acelerados, los niveles de salud física y psicológica y los grados de formación de la población serán decisivos en la capacidad de los países de insertarse en este contexto en explosión tecnológica. La productividad, el progreso técnico, la posibilidad de ubicación exitosa en la economía globalizada estarán ligados al capital humano de que disponga una sociedad.

Como se ha señalado, las unidades familiares y los sistemas educativos son estructuras fundamentales en la modelación de la "calidad población" de un país. La familia, como se vio, incide en aspectos tan sustanciales como, entre otros: el patrón de valores, indicadores básicos de salud, la inteligencia emocional, los estilos de pensamiento, y afecta fuertemente el rendimiento educativo. Por otra parte, los grados de acceso a las diferentes etapas del sistema educacional y la calidad de los procesos de aprendizaje en dichas etapas definirán aspectos centrales del nivel de calificación de la población.

La pobreza y la inequidad latinoamericanas están golpeando fuertemente estas estructuras, pilares de la sociedad democrática, y a través de ello están causando graves daños económicos, sociales y políticos a la región.

Los desequilibrios y costos que ello genera recorren múltiples planos. La región accede al siglo XXI con una mano de obra muy débilmente preparada. Thurow (1998) resalta: "Actualmente, para poder estar en el nivel necesario y poder competir en el mundo, un trabajador debe tener al menos tres años de educación postsecundaria. Si no los tiene es un discapacitado laboral. El surgimiento de las grandes industrias del futuro está basado en la capacidad intelectual de su fuerza laboral". Ese cuadro contrasta duramente con el nivel de escolaridad promedio de la región, que se halla en los cinco años. Las dificultades familiares y las restricciones educacionales inciden asimismo, diariamente, sobre la productividad laboral. Afectan severamente aspectos básicos de la calidad de vida cotidiana de amplios sectores de la población, generando fuertes tensiones sociales. Son una fuente de pérdida de credibilidad en el sistema político. Llevan a un retraimiento de la participación en el mismo. La presencia de su acción negativa silenciosa puede observarse en infinidad de aspectos. La ilustra el peso que están ejerciendo en uno de los problemas que hoy está alarmando en mayor medida a todos los sectores de las sociedades latinoamericanas, el ascenso de la inseguridad y la criminalidad.

Según los informes del BID (Notas técnicas, y Buvinic, Morrison, Shifter, 1999), la tasa de homicidios de América Latina viene subiendo fuertemente. Ascendió más del 44% entre 1984 y 1994. Es en la actualidad la segunda más alta del mundo. Hay en la región anualmente 22,9 homicidios por cada 100 mil habitantes de población. La tasa que duplica el promedio mundial, que es de 10,7. Sólo África subsahariana tiene una tasa más elevada. Muchas de las ciudades de la región son consideradas, actualmente, ciudades inseguras. Las tasas de homicidios de algunas multiplican muchas veces el promedio mundial. Las ciudades con mayores tasas son: Medellín, con 248 homicidios cada 100 mil habitantes, Cali 112, Guatemala 101,5, San Salvador 95,4, Caracas 76, Río de Janeiro 63,5, Bogotá 49,2 y San Pablo 48,5. En México los robos violentos se triplicaron entre 1990 y 1996. En esa capital, en 1990, se robaban 40 automóviles diarios. En 1996, la cifra pasó a 157 automóviles diarios.

La criminalidad y la violencia causan daños de todo orden, pero además tienen ingentes costos económicos para las sociedades. Las Naciones Unidas estiman que Brasil pierde anualmente, a causa de la violencia, cerca del 10% de su Producto Bruto, 80 mil millones de dólares. Según un estudio del Instituto de Estudios Religiosos y el BID (1999), la violencia le cuesta a Río de Janeiro 1.100 millones de dólares anuales, de los cuales 500 se utilizan en atender a las víctimas de asaltos y enfrentamientos con armas de fuego.

La criminalidad latinoamericana tiende a tener un definido carácter de "criminalidad juvenil". Gran parte de los delitos son perpetrados por jóvenes. Las investigaciones sobre las causas de la misma identifican múltiples factores de diversa índole.[2] Entre ellos, destacan claramente el tipo de familia a que pertenecen los jóvenes, el nivel educativo que tienen y su grado de inclusión en el mercado laboral.

Como ya se ha visto, la familia es una de las principales posibilidades que tiene una sociedad para la prevención del delito. Si, como está sucediendo en amplios sectores de la región, la unidad familiar se presenta desarticulada y precaria ante el embate de la pobreza y la inequidad, la sociedad está perdiendo el papel que podría desempeñar la familia en este campo.

Se ha observado en la región, e internacionalmente, una clara correlación entre grado de educación y criminalidad. Como tendencia, desde ya con sus excepciones, se considera que al aumentar el nivel educativo se reduce el delito. En América Latina, vastos contingentes de niños quedan, en los hechos, excluidos del sistema educativo al poco tiempo de iniciarse en él.

La debilidad del núcleo familiar que, entre otros aspectos, empobrece el rendimiento educativo del niño y su "capital social" (red de contactos, pertenencia a asociaciones, etc.) y la falta de preparación son dos factores que van a contribuir a que tenga limitadas posibilidades en un mercado de trabajo caracterizado por altas tasas de desocupación. Sus chances en él son limitadas.

En definitiva, se van conformando en muchos países de la región contingentes masivos de jóvenes de débil base familiar, excluidos del sistema educacional y del mercado de trabajo. Anomia y exclusión social son claramente factores de riesgo en cuanto a la asunción de conductas delictivas.

¿Son enfrentables el conjunto de problemas identificados? ¿Es posible encarar de modo concreto las debilidades que presentan las dos grandes estructuras formadoras de los recursos humanos de la región: familia y educación?

No es admisible ninguna declaración de impotencia al respecto; América Latina tiene enormes recursos potenciales de carácter económico y una historia plena de valores como para encarar problemas de este orden. Cuenta actualmente, asimismo, con un logro de gigantescas proporciones, la democratización de la región. Este desafío tiene que ser prioridad para las democracias establecidas en toda la región, con tantos esfuerzos y luchas de la población. Es lo que se espera de un sistema democrático.

---

[2] El tema es abordado en profundidad por Luis Ratinoff en "Delincuencia y paz ciudadana", BID, 1997.

Amartya Sen (1981) ha identificado cómo las grandes hambrunas masivas de este siglo se han producido bajo regímenes dictatoriales. En cambio, en la democracia, la presión de la opinión pública, de los medios, de diversas expresiones de la sociedad organizada obligan a los poderes públicos a prevenirlas.

Los Estados y las sociedades latinoamericanos se deben proponer amplios pactos sociales para fortalecer la familia y mejorar la situación educativa.

Las políticas públicas en la región deben tomar debida nota de la trascendencia de los roles que desempeña la familia y actuar en consonancia. En el discurso público usual en América Latina se hace continua referencia a la familia, pero en la realidad no hay un registro en términos de políticas públicas. Son limitados los esfuerzos para montar políticas orgánicas de protección y fortalecimiento a la unidad familiar, agobiada por el avance de la pobreza y la inequidad. Existen numerosas políticas sectoriales, hacia las mujeres, los niños, los jóvenes, pero pocos intentos para armar una política vigorosa hacia la unidad que los enmarca a todos y que va a incidir a fondo en la situación de cada uno, la familia.

La política social debería estar fuertemente enfocada hacia esta unidad decisiva. Es necesario dar apoyo concreto a la constitución de familias en los sectores desfavorecidos, proteger detalladamente los diversos pasos de la maternidad, respaldar las sobreexigencias que se presentan a las familias con problemas económicos en los trances fundamentales de su existencia, darles apoyo para erradicar el trabajo infantil y que sus niños puedan dedicarse a la escuela, desarrollar una red de servicios de apoyo a las familias (guarderías, apoyos para ancianos y discapacitados, etc.), extender las oportunidades de desarrollo cultural y de recreación familiar. Ello exige políticas explícitas, contar con instrumentos organizacionales para su ejecución, asignación de recursos, alianzas entre sector público y sectores de la sociedad civil que pueden contribuir a estos objetivos.

En el campo educacional se han hecho esfuerzos importantes, pero hay muchísimo que hacer frente a la magnitud de los déficit existentes. Por lo pronto, se requiere que la sociedad en su conjunto asuma la educación como una de las principales inversiones que un país debe realizar para cuidar su futuro y, por ende, se le dediquen los recursos correspondientes. A pesar de los avances, en numerosos países de la región el gasto en educación tiende a estar en el orden, o por debajo, del 4% del Producto Bruto. En algunos de los países que han "apostado" a la educación, de modo consistente, es muy diferente. En Noruega y Dinamarca es del 8,3%, en Israel el 9%, en Suecia el 8%, en Finlandia el 7,6%, en España el 6,2%. Se estima que los países desarrollados destinan 115.220 dólares, en promedio, para cubrir la formación de una persona desde el preescolar hasta concluir sus estudios en la universidad. En la Argentina, uno de los países más avanzados, comparativamente, de la región, la cifra es de 12.644 dólares. Ante realidades de este orden señala Birdsall (1994): "Los pobres han recibido un derecho: habrá educación universal. Pero sin recursos, la calidad de esa educación y, por consiguiente, el valor de ese derecho se han derrumbado".

Se debe continuar extendiendo las posibilidades de ingreso en el sistema educativo. Como se refirió, la participación en el preescolar, particularmente de la población humilde, es muy reducida. En la primaria todavía quedan sectores significativos, particularmente en las zonas rurales, que deben ser incorporados. En algunas de las áreas rurales sigue habiendo un sesgo discriminatorio hacia las niñas. En Guatemala, por ejemplo, en las áreas rurales, muchas niñas no llegan a la escuela, y dos de cada tres que la inician abandonan antes de completar el tercer grado. El 60% de la población femenina del país es analfabeta.

Las políticas públicas deben encarar vigorosamente el problema de la inequidad en la calidad de la educación impartida. Una estrategia maestra, para ello, es el fortalecimiento de la escuela pública. Debe jerarquizarse a los maestros, ejes de cualquier proceso de avance, revisar currículum, mejorar los medios didácticos y la infraestructura. Se requiere conformar una verdadera profesión docente, con salarios adecuados, oportunidades de crecimiento y capacitación, que pueda atraer a jóvenes valiosos. En diversos países de Europa occidental, por ejemplo, los maestros ganan sueldos mayores a los sueldos promedio de la economía, lo que indica la importancia que se le da a su trabajo. Puryear (1997) destaca, sobre la situación de los maestros en la región: "Se ha permitido el deterioro de la profesión docente. Los profesores de todos los niveles educacionales están generalmente mal formados, y peor pagados, y tienen pocos incentivos para la excelencia profesional y el perfeccionamiento. Los bajos salarios y las condiciones precarias han empeorado, particularmente el reclutamiento de nuevos profesores". Germán Rama (1993) reconstruye cómo evolucionó la situación:

"formar un buen cuerpo de maestros para todas las escuelas y un buen sistema de orientación y supervisión, enmarcado el todo en una ética de la función del maestro en la sociedad, llevó en algunas sociedades un esfuerzo de medio siglo. Políticas de ajuste económico que, sin proponérselo intencionalmente, pauperizaron a los maestros, dejaron de mantener y construir locales escolares y hacinaron a los niños, promovieron una profunda crisis de la profesión de maestro. Los mejores profesores buscaron ocupación en otra parte, los que quedaron se burocratizaron y dejaron de creer en lo que hacían –porque a través de las políticas públicas se desvalorizó ese noble acto de enseñar a los niños–, los jóvenes capaces no quisieron ir a formarse a los institutos normales y, en algunos países, es posible que en el futuro inmediato no haya jóvenes profesionales para sustituir a los antiguos, que se retiran o abandonan, y se vuelva a una enseñanza con maestros sin título".

¿Es imposible resolver estos problemas? Pareciera que sí existen vías efectivas para afrontarlos. En la misma región varios países han hecho esfuerzos continuados, con excelentes resultados. Costa Rica, país con recursos económicos muy modestos, ha considerado la educación como un gran proyecto nacional y una amplia concertación social apoyó su continuo fortalecimiento durante décadas. Tiene altos indicadores de rendimiento educativo. Entre otros aspectos, la calidad de sus escuelas fue uno de los principales factores que le ha permitido atraer, recientemente, inversiones tecnológicas de punta que saben que cuentan con un respaldo sólido en su sistema educativo. En 1997 modificó su Constitución para introducir en ella una cláusula que obliga a los gobiernos a invertir en educación no menos del 6% del Producto Bruto Nacional. Ello fue aprobado unánimemente por todas las fuerzas políticas. Uruguay, con significativos logros en educación, está procurando, sin embargo, llegar a la universalización del preescolar para el año 2000. El Chile democrático elevó considerablemente los presupuestos para educación, fortaleció la profesión docente, subió los salarios de los maestros en términos reales en el 80%, desde 1990 hasta 1998, e inició una política sostenida de mejoramiento de la equidad en educación.

Poner en práctica políticas agresivas y sostenidas de familia y educación generaría, asimismo, una serie de círculos virtuosos positivos que derivarían de las interrelaciones entre ambas. Familias más fuertes influirán en un mayor rendimiento educativo de los niños en las escuelas. Mejores niveles de escolaridad llevarán a una reducción de la maternidad precoz. Los resultados pueden alcanzar dimensiones como las que han señalado diversos estudios, que indican que una de las más productivas inversiones que puede hacer una sociedad es mejorar la educación de sus niñas. En América Latina se ha estimado que agregando sólo un año de escolaridad a las niñas pobres se reduciría la mortalidad infantil en un nueve por mil. A través de esa ampliación de su educación, se les estaría proporcionando un capital de conocimientos que les posibilitaría prevenir el embarazo adolescente, manejar mejor el período de preparto, el parto, el puerperio y mejorar la gestión nutricional.

El peso de la pobreza y la inequidad sobre los sectores humildes de América Latina está creando "situaciones sin salida" que es imprescindible enfrentar, a través de políticas como las referidas y de otras que aborden los planos trascendentales del empleo, la producción y diversos aspectos económicos. Es inadmisible que puedan seguir operando "círculos de hierro" como el que capta un informe sobre la familia de la CEPAL (1997). Señala que "según el país, entre el 72% y el 96% de las familias en situación de indigencia o pobreza tienen padres con menos de nueve años de instrucción". Ello significa que la pobreza lleva en la región a una limitada educación, que a su vez conduce a formar familias cuyos hijos tendrán reducida escolaridad, lo que influirá en mantener destinos familiares de pobreza intergeneracionalmente.

Se podrá argüir que no existen recursos para llevar adelante políticas de familia y educación renovadas. Es necesario, desde ya, hacer todo lo posible para que los países crezcan, mejoren su productividad y competitividad y se amplíen los recursos, pero al mismo tiempo se hace imprescindible mantener una discusión activa sobre prioridades. Este orden de discusión estimulará la racionalización en el uso de los recursos limitados. Además, se deben ampliar los recursos convocando ampliamente a toda la sociedad a participar activamente de políticas fortalecedoras de la familia y la educación. Diversas sociedades avanzadas del mundo cuentan, en ambos campos, con grandes aportes de la sociedad civil y de trabajo voluntario. Por otra parte, experiencias como las antes citadas de países pequeños de la misma región con recursos limitados, como Costa Rica y Uruguay, muestran que es mucho lo que se puede hacer si las prioridades están claras.

Fortaleciendo la familia y la educación se está mejorando el capital humano de la sociedad, palanca del crecimiento económico y el desarrollo social y base de la estabilidad democrática, pero incluso, más allá de ello, actuar en esta dirección no es sólo mejorar un medio, hace al fin último de toda sociedad democrática. La familia es una base fundamental para múltiples áreas de actividad, pero es sobre todo un fin en sí mismo, y esto también sucede con la educación. Fortalecerlas es dar un paso efectivo a las posibilidades de desarrollo de las potencialidades del ser humano, es dignificarlo, es ampliar sus oportunidades, es hacer crecer su libertad real.

Cada hora que transcurre en esta América Latina, afectada por los problemas sociales descriptos, sin que haya políticas efectivas en campos como éstos, significará más familias destruidas, o que no llegarán a formarse, madres adolescentes, niños desertando de la escuela, jóvenes excluidos. La ética, en primer lugar, la propuesta de la democracia y el ideario histórico de la región exigen sumar esfuerzos y actuar con urgencia para evitarlo.

Bibliografía

BANCO INTERAMERICANO DE DESARROLLO (1998), "Facing up to inequality in Latin America", en: *Economic and Social Progress in Latin America, 1998-1999 Report*, Washington.

BARKER, GARY y FONTES, MIGUEL (1996), "Revisión y análisis de la experiencia internacional con programas dirigidos a los jóvenes en riesgo. Resultados preliminares", en: *Grupo de Desarrollo Humano, Región de América Latina y el Caribe*, Banco Mundial.

BID (1997), "Violencia doméstica", Informativo especial.

BID-CEPAL-PNUD (1995), "Informe sobre la situación social de América Latina".

BIRDSALL, NANCY (1994), "Quality and inequality in Latin American Education", en: *Putting education first*, Conference, Washington, 15 de noviembre de 1994 (mencionado en Jeffrey Puryear, "La educación en América Latina. Problemas y desafíos", PREAL, 1997).

BIRDSALL, NANCY y LONDOÑO, JUAN LUIS (1997), "Asset inequality matters: an assessment of the World Bank's approach to poverty reduction", en: *American Economic Review*, mayo.

BOURDIEU, PIERRE y DARBEL, ALAIN (1969), "L'amour de l'art. Les musées d'art européen et leur public", París, Edition du Minuit.

BUVINIC, MAYRA (1997), "Violencia doméstica", en: *Notas técnicas*, Informativo especial BID, División de Desarrollo Social, BID, 1999.

BUVINIC, MAYRA; MORRISON, ANDREW R. y SHIFTER, MICHAEL (1999), "Violence in the Americas: a framework for action", en: Morrison, Andrew y Biehl, María Loreto (eds.), *Too close to home*, Inter-American Development Bank.

CABRILLO, FRANCISCO (1990), "El gasto público y la protección de la familia en España: un análisis económico", Madrid, Fundación para el Análisis y los Estudios Sociales.

CELADE-BID (1996), "Impactos de las tendencias demográficas sobre los sectores sociales en América Latina".

CEPAL (1997), "La brecha de la equidad", Santiago de Chile.

CEPAL (1997), "Panorama social de América Latina", Santiago de Chile.

COMISIÓN DE EMPLEO Y BIENESTAR SOCIAL DEL CONGRESO DE MÉXICO (1999), Informe mencionado por *The New York Times*, 18 de enero de 1999.

DAFOE WHITEHEAD, B. (1993), "Dan Quayle was right", en: *The Atlantic Monthly*, Nueva York, abril.

FUNDACREDESA (1999), "Informe sobre el crecimiento y desarrollo de la población venezolana", Caracas.

GOLEMAN, DANIEL (1995), "La inteligencia emocional", Javier Vergara Editores.

INDES-SIEMPRO (1999), Informe mencionado por *Clarín*, Buenos Aires, 8 de junio de 1999.

KATZMAN, RUBÉN (1992), "¿Por qué los hombres son tan irresponsables?", en: *Revista de la CEPAL*, núm. 46, abril.

———————— (1997), "Marginalidad e integración social en Uruguay", en: *Revista de la CEPAL*, núm. 62, agosto.

KLIKSBERG, NAUM (1999), "Prácticas de interacción y de pensamiento democráticas y autoritarias", en: *Revista Venezolana de Gerencia*, núm. 7, Universidad del Zulia, Venezuela.

LATIN BARÓMETRO (1998), "Encuesta 1998", Santiago de Chile.

LAVIN, S. (1994), "Principales tendencias, temas relevantes y estrategias en el desarrollo educacional de América Latina en la perspectiva de desarrollo humano". Preparado para UNESCO-PNUD, en: *Estrategias de desarrollo humano en América Latina: la perspectiva educacional*, Chile.

NAVARRO, VICENC (1999), "El olvido de la cotidianeidad", en: *Diario El País*, Madrid, 6 de febrero de 1999.

OCAMPO, JOSÉ ANTONIO (1998), "Conferencia en Asamblea Extraordinaria de la OEA", Bogotá, abril de 1998.

OIT, "Informe 1999", Ginebra.

PIRAS, CLAUDIA (1997), "Una herramienta para mejorar la educación: mayor poder para las escuelas", en: *Políticas de Desarrollo*, Boletín OCE, BID.

PROGRAMA DE LAS NACIONES UNIDAS PARA EL DESARROLLO, UNIÓN EUROPEA (1999), "Informe del Proyecto Estado de la Región", San José.

PURYEAR, JEFFREY (1997), "La educación en América Latina. Problemas y desafíos", PREAL.

RAMA, GERMÁN (1993), "Reforma Social y Pobreza", BID-PNUD, Washington.

RUPP, JAN C. (1997), "Rethinking cultural and economic capital. Reworking class", Hall, John (ed.), Nueva York, *Cornell University Press*.

SCHIEFELBEIN, ERNESTO (1995), "Programa de acción para la reforma educativa en América Latina y el Caribe", en: *Conferencia Anual del Banco Mundial para el Desarrollo*.

SEN, AMARTYA (1981), "Poverty and famines: an essay on entitlement and deprivation", Oxford, *Clarendon Press*.

THUROW, LESTER C. (1996), "Preparing students for the coming century", en: *Education Review*, The Washington Post, 7 de abril.

—————————— (1998), "Reportaje", en: *La Nación*, Buenos Aires, 21 de junio de 1998.

TOKMAN, VÍCTOR (1998), "El desempleo no se va de América Latina", en: *Clarín*, Buenos Aires, 18 de diciembre de 1998.

UNICEF (1995), "Menores en circunstancias especialmente difíciles", Caracas.

WILSON, J. (1994), "Los valores familiares y el papel de la mujer", en: *Facetas*, Washington, núm. 1, (mencionado por Katzman, R. (1997), "Marginalidad e integración social en el Uruguay", en: *Revista de la* CEPAL, núm. 62, agosto).

El Sistema Interamericano y los derechos humanos en la región[*]

Claudio Grossman[**]

Introducción

Grandes desarrollos han tenido lugar en la promoción y protección de los derechos humanos en la región. Los gobiernos en 34 de los 35 países del hemisferio son electos. El derrumbe de los regímenes autoritarios y la legitimidad de los sistemas de gobierno que respetan y confían en el libre albedrío de las personas no pueden ser exagerados.[1] Hay una drástica disminución de desapariciones, ejecuciones sumarias y otras formas de represión brutal que caracterizaron a los regímenes dictatoriales en la región, implementadas por éstos con el propósito de mantenerse en el poder.[2]

Aún quedan, sin embargo, serios problemas por resolver. La realidad nos muestra sociedades en transición, luchando por superar la herencia directa de dictaduras que han producido estructuras y tradiciones autoritarias profundamente arraigadas, además de una abismal pobreza para muchas personas. Mientras las elecciones son condición *sine qua non* para la democracia –y para la realización de los derechos políticos–, la democracia y los derechos humanos, sin embargo, requieren adicionalmente otros valores fundamentales que incluyen sociedades civiles poderosas; poderes judiciales independientes, justos y modernos; policías que cumplan con la ley; libertad de prensa; y ninguna persona por encima de la ley, independientemente de su nivel económico, político o social.

[*] Esta contribución es una elaboración a partir de los comentarios presentados en la Conferencia Internacional de Derechos Humanos, *"The Future of the Inter-American System in the Protection and Promotion of Human Rights"* en la Universidad de Leiden, Holanda (enero de 1998); en la Sociedad Americana de Derecho Internacional (ASIL), reunión anual, presentada en el panel *"Future of The Inter-American System for The Protection of Human Rights"*, Washington D.C. (abril de 1998) y en *"El Fortalecimiento del Sistema Interamericano de Derechos Humanos: Debate Actual"*, ponencia en el Congreso Internacional de Derechos Humanos frente al año 2000 (1998), realizado por el Instituto de Derechos Humanos de la Facultad de Derecho de la Universidad de Lomas de Zamora.

[**] Claudio Grossman es decano del Washington College of Law de la American University y miembro de la Comisión Interamericana de Derechos Humanos.

[1] Véase Thomas M. Franck (1992), *The Emerging Right to Democratic Governance*, 86 Am. J. Int'l L. 46

[2] Sobre la reducción de dictaduras y desapariciones, véase Claudio Grossman (1992), *Disappearances in Honduras: The Need for Direct Victim Representation in Human Rights Litigation*, 15 Hastings Int'l & Comp. L. Rev. 363.

En un hemisferio donde una gran proporción de mujeres es víctima de violencia doméstica, poblaciones indígenas encaran serias violaciones a sus derechos, millones de niños viven en las calles y la pobreza es generalizada, la democracia también debe posibilitar un dinámico proceso de expansión de los valores fundamentales haciendo que cada persona cuente.

Esta realidad tiene que ser tomada en consideración para debatir el futuro del Sistema Interamericano de protección de los derechos humanos, la combinación de normas sustantivas, mecanismos y órganos regionales que protegen los derechos humanos en el hemisferio.[3] Por consiguiente, este trabajo va a definir cómo funciona el sistema dentro de un contexto que incluye una compleja realidad de cambio y transición democrática. Paralelamente debemos reconocer que, mientras los derechos se aplican a todos por igual, un sistema que cubre sociedades industriales al igual que países en desarrollo requiere flexibilidad para enfrentar demandas de derechos humanos que provienen de realidades muy diversas, y la "distancia" entre Canadá y Ecuador no es mayor que la que existe entre Barbados y Haití.[4] Finalmente, en este trabajo se analizará qué función cumplen los órganos supervisores en la protección de los derechos humanos, los logros del sistema y sus posibilidades futuras.

Enfrentando los problemas de los derechos humanos en el hemisferio

En el contexto de este hemisferio y su realidad de progreso y desafío, el primer deber del Sistema Interamericano de protección de los derechos humanos es evitar el regreso a un sistema autoritario y reaccionar prontamente a situaciones que amenacen destruir los logros democráticos conseguidos. El segundo desafío es la expansión de los derechos y libertades.[5]

---

[3] El Sistema Interamericano de protección de los derechos humanos consiste básicamente en normas establecidas en la Carta de la Organización de los Estados Americanos (OEA). Véase Carta de la OEA, la Declaración Americana de Derechos y Deberes del Hombre, OEA/Ser. L.V/II.92 doc. 31 rev. 3 en 17 (1996) y la Convención Americana de Derechos Humanos (Pacto de San José), OEA-/Ser. L.V/II.92 doc. 31 rev. 3 en 25 (1996) junto con los correspondientes organismos de supervisión: Comisión Interamericana de Derechos Humanos, Inter-Am. C.H.R. OEA/Ser. L.V/II.95 doc. 7 (1997) y la Corte Interamericana de Derechos Humanos, OEA/Ser. L. V/II. 92 doc. 31 rev. 3 en 163 (1996), así como también los órganos políticos del sistema: el Consejo Permanente y la Asamblea General de la OEA.

[4] La disparidad entre situaciones económicas y políticas, sin embargo, no puede justificar la negación de la existencia de un Sistema Interamericano. Los derechos son universales aun si su protección específica requiere distintas metodologías en diferentes situaciones. Por ejemplo, las visitas in loco permiten enfrentar violaciones masivas y sistemáticas de los derechos humanos mientras que en general el procedimiento del sistema de casos es más apropiado para las violaciones individuales específicas.

[5] Los dos objetivos de eludir el regreso autoritario y promover la expansión de la democracia son hasta cierto nivel difíciles de distinguir. La identificación, dentro del sistema de estos objetivos, co-

Para enfrentar estos desafíos, el Sistema Interamericano utiliza varias técnicas. Por ejemplo, las regresiones –particularmente en el caso de crisis generalizadas y violaciones masivas y sistemáticas de los derechos humanos fundamentales– son atendidas por la Comisión Interamericana de Derechos Humanos por medio de visitas *in loco* seguidas por la publicación de informes sobre el país respectivo. Más aún, la Comisión informa a la Asamblea General de la Organización de los Estados Americanos (OEA) sobre este tipo de violaciones en el capítulo V de sus informes anuales.

Las visitas de la Comisión a un país determinado son el resultado de una invitación formal del país, como consecuencia de solicitudes de los órganos políticos de la OEA, o por iniciativa propia del país o de la Comisión. La visita por sí misma es un evento de gran visibilidad dirigido hacia la movilización de la opinión pública. En esta función, la Comisión tiene acceso a todo lugar que considere necesario, es frecuentemente seguida por la prensa y recibida por las más altas autoridades gubernamentales, además de entrevistarse con organizaciones e individuos de la sociedad civil.[6] Las visitas e informes de la Comisión son un poderoso incentivo para que los países consideren los efectos internacionales de sus políticas de derechos humanos. Por lo tanto, las visitas *in loco*, así como los informes sobre países, son instrumentos esenciales de la Comisión en los casos de violaciones masivas a los derechos humanos. Sin embargo, como el proceso de democratización sigue desarrollándose y disminuyen tal tipo de violaciones, se espera que estas visitas, si continúan realizándose, desempeñen un rol diferente, como sería la investigación de casos individuales o de categorías de derechos (por ejemplo, las condiciones de las prisiones).[7]

La Comisión también abre casos tanto por iniciativa propia como a petición de personas que reclaman que sus derechos, protegidos por la Convención Americana[8] o la Declaración Americana,[9] han sido violados. La eficacia de la apertura de casos en situaciones de violaciones masivas y sistemáticas de los derechos humanos es más limitada que las visitas *in loco*. Si se está en presencia de miles

---

mo dos categorías conceptuales es designada para proveer una herramienta de trabajo. Para ilustrar mejor, consideremos esta pregunta: ¿qué es lo que se garantiza al mejorar las condiciones de vida en una prisión, la anulación del deterioro de los derechos humanos o la expansión de la democracia?

[6] El encuentro con las organizaciones e individuos de la sociedad es particularmente beneficioso por el mutuo intercambio que se lleva a cabo —la Comisión toma contacto con grupos internos de la sociedad acrecentando su legitimidad y, por otro lado, el encuentro es una fuente valiosa de información para la Comisión–.

[7] La categoría de derechos lleva implícita cuestiones como la libertad de información, los derechos de la mujer, la libertad de prensa y las cuestiones referidas a los refugiados.

[8] Los países signatarios de la Convención Americana de Derechos Humanos son: Argentina, Barbados, Bolivia, Brasil, Chile, Colombia, Ecuador, El Salvador, Granada, Guatemala, Haití, Honduras, Jamaica, México, Nicaragua, Panamá, Paraguay, Perú, República Dominicana, Surinam, Uruguay y Venezuela.

[9] La Declaración Americana de Derechos y Deberes del Hombre fue adoptada en el año 1948. OEA-/Ser. L.V/II.92 doc. 31 rev. 3 en 17 (1996). Los países miembro de la OEA que aún no han ratificado la

de casos de desapariciones, por ejemplo, hay un quiebre del sistema jurídico de tales proporciones que es crucial movilizar lo antes posible a la opinión pública, así como también a la OEA. Con tal objeto y con el fin de utilizar los escasos recursos en forma eficiente, las visitas *in loco* deben ser la opción preferida en vez de la apertura de miles de casos que requieren el cumplimiento en el tiempo previsto de diversos procedimientos diseñados más bien para peticiones individualizadas que contemplan requisitos de confidencialidad. Tratar violaciones masivas y serias a los derechos humanos a través del sistema de casos trae a la memoria la pintura del muchacho holandés colocando sus dedos en algunos huecos de una represa, mientras toda la estructura se derrumba.

Frente a violaciones individuales a los derechos humanos –que no constituyen violaciones masivas y sistemáticas–, el sistema de casos es indudablemente un mecanismo poderoso, tanto para evitar regresiones como para obtener la expansión de los derechos. Los casos son particularmente efectivos porque desempeñan en primer término un rol preventivo y sirven como mecanismos de alerta: una violación puede ser el primer indicador del comienzo de un proceso que, de continuar, puede determinar regresiones hacia estructuras autoritarias. El tratamiento de casos es también un mecanismo importante para lograr la expansión de la democracia a través de la articulación de estándares regionales de derechos humanos, frecuentemente más protectores de estos derechos que las interpretaciones existentes en el derecho interno de cada país.

Las peticiones que alegan la violación de derechos son tramitadas a través de diferentes fases: inscripción, admisibilidad, determinación de los hechos, intento de solución amistosa e informes.[10] La Comisión es el único órgano que trata las peticiones si un Estado no ha ratificado la Convención Americana o no ha declarado su aceptación de la jurisdicción obligatoria de la Corte Interamericana –y sólo 20 lo han hecho–,[11] o si la Comisión decide no presentar el caso a la Corte. En esta situación –si un país no cumple con las recomendaciones de la Comisión–, ésta adopta un nuevo informe dando al país una nueva

---

Convención Americana de Derechos Humanos tienen la obligación de cumplir con los derechos humanos protegidos por la Declaración Americana. Los estados miembro de la OEA son: Antigua y Barbuda, Argentina, Bahamas (bajo el régimen de Commonwealth de Barbados), Barbados, Belice, Bolivia, Brasil, Canadá, Chile, Colombia, Costa Rica, Cuba, Ecuador, El Salvador, Estados Unidos, Granada, Guatemala, Guyana, Haití, Honduras, Jamaica, Nicaragua, Panamá, Paraguay, Perú, República de Dominica (bajo el régimen de Commonwealth de República Dominicana), República Dominicana, San Vicente y las Granadinas, St. Kitts and Nevis, Surinam, Trinidad y Tobago, Uruguay y Venezuela.

[10] Sec. 4, documentos básicos pertenecientes a los derechos humanos en el Sistema Interamericano, OEA/Ser. L.V/II.92 doc. 31 rev. 3 en 42-44 (1996). Los artículos 48 al 51 (sec. 4) de la Convención Americana de Derechos Humanos establecen el procedimiento para ser usado por la Comisión.

[11] Argentina, Bolivia, Brasil, Chile, Colombia, Costa Rica, Ecuador, El Salvador, Guatemala, Haití, Honduras, México, Nicaragua, Panamá, Paraguay, Perú, República Dominicana, Surinam, Uruguay y Venezuela.

oportunidad para su cumplimiento.[12] Al final del plazo otorgado para la implementación de las recomendaciones de la Comisión, ésta decide si publicar o no su informe.[13]

Si el caso es llevado a la Corte, la Comisión cambia su rol, de acuerdo con la Convención Americana –de juez pasa a ser demandante–, y busca activamente obtener la confirmación de sus descubrimientos fácticos y razonamientos jurídicos por la Corte. Una vez que el caso es llevado a la Corte, la Comisión designa a los demandantes originales como sus asesores legales. Esencialmente, en esta función y trabajando junto a la Comisión, los asesores argumentan, examinan testigos y presentan pruebas. La Corte escucha directamente a los peticionarios durante la fase de reparaciones.[14] Adicionalmente, la Corte emite Opiniones consultivas sobre tratados de derechos humanos en las Américas. Las Opiniones consultivas proveen interpretaciones legítimas de las normas de los tratados de derechos humanos y son por ello una guía válida para los Estados y organizaciones gubernamentales sobre el alcance de las obligaciones internacionales que derivan de dichos tratados.[15]

La Comisión utiliza el mecanismo de crear grupos de trabajo o relatores para enfrentar problemas de derechos humanos que tienen un "componente colectivo", como por ejemplo, derechos de la mujer, poblaciones indígenas, migración de trabajadores, condiciones en las cárceles y libertad de expresión. El propósito de la Comisión a través de sus grupos de trabajo es atraer la atención de la comunidad del hemisferio a situaciones colectivas, adoptar recomendaciones generales y/o proponer la adopción de declaraciones o tratados. En un hemisferio donde numerosos países se adhieren al derecho civil tradicional, estas iniciativas deben ser vistas como una manera de aplicar una "perspectiva del derecho civil" (legislativa) a la expansión de derechos o a la prevención de su deterioro.

---

[12] Art. 50, documentos básicos pertenecientes a los derechos humanos en el Sistema Interamericano, OEA/Ser. L.V/II.92 doc. 31 rev. 3 en 43-44 (1996). El artículo 50 de la Convención Americana de Derechos Humanos establece el procedimiento a seguir si un país no toma en cuenta las recomendaciones de la Comisión.

[13] La publicación puede tener lugar en el informe anual de la Comisión a la Asamblea General y/o como una publicación separada. Hasta este momento, la Asamblea General de la OEA, el órgano político al cual se envían los informes, no ha consentido en discutir el cumplimiento, así como tampoco ha tomado acciones en el caso de países que no implementen las recomendaciones de los informes de la Comisión. Como resultado, la única sanción del sistema es la publicidad negativa que resulte de la publicación de los informes por un órgano con la legitimidad de la Comisión.

[14] La Corte debería proveer a los solicitantes con plena autonomía y permitir a los demandantes presentar su punto de vista ante ella, sin necesidad de una aprobación por la Comisión.

[15] Véase el Artículo 64, Convención Americana OEA/Ser. L.V/II.92 doc. 6 rev. 1 julio, 1992: "Los Estados miembros de la Organización podrán consultar a la Corte acerca de la interpretación de esta Convención o de otros tratados concernientes a la protección de los derechos humanos en los Estados americanos. Asimismo, podrán consultarla, en los que les compete, los órganos enumerados en el capítulo X de la Carta de la Organización de los Estados Americanos, reformada por el Protocolo de Buenos Aires."

El futuro a la luz de la experiencia del sistema

La presencia de normas internacionales sobre derechos humanos y de procedimientos para su promoción y protección permitió la existencia de argumentos intelectuales, legales y éticos contra los regímenes dictatoriales. Numerosos individuos utilizaron los derechos y procedimientos del sistema regional de derechos humanos para denunciar gobiernos autoritarios y mantener vivos los ideales democráticos. Los informes sobre países y las visitas *in loco*, los mecanismos más importantes del sistema para enfrentar violaciones masivas y sistemáticas, tuvieron un rol similar –esta vez, en el nivel regional– al de las "Comisiones de la verdad" en el orden interno, informando oficialmente sobre violaciones a los derechos humanos. En aquellos países que permitieron las visitas *in loco*, ellas simbolizaron como mínimo el reconocimiento por estos gobiernos de la necesidad de mejorar su "reputación". En aquellos países que no permitieron las visitas *in loco* se crearon mejores condiciones para una mayor presión dirigida al cumplimiento de las normas de derechos humanos.

La transición de las dictaduras hacia la democracia en los años ochenta, una dinámica a la cual contribuyó la sola existencia de normas y procedimientos regionales de derechos humanos, también requirió un cambio en cuanto a las prioridades del sistema. Los casos individuales comenzaron a adquirir una importancia crítica,[16] como el mecanismo apropiado para tramitar peticiones en las que se denunciaban violaciones individuales a los derechos humanos, en lugar de la técnica "al por mayor" que caracterizó a las visitas *in loco*.

La Comisión ha empezado un ambicioso proceso para reestructurar el sistema de tratamiento de casos e incrementar su eficiencia. Con tal propósito, revitalizó las medidas cautelares y las peticiones de medidas provisionales a la Corte (en casos urgentes); estableció el registro de peticiones; introdujo el requisito de declaración de admisibilidad para nuevos casos; revisó su sistema de audiencias (por ejemplo, creando cámaras que informan al plenario); mejoró su capacidad investigadora usando las visitas *in loco* para obtener evidencia en los casos pendientes ante la Comisión; estableció el requisito de intentar una solución amistosa en cada caso; modificó su reglamento para proteger la confidencialidad de algunas etapas del procedimiento; elaboró criterios sobre qué casos llevaría a la Corte y consolidó la práctica de designar a los demandantes originales como asesores legales de la Comisión ante la Corte (Grossman, 1997). Este proceso de cambio todavía está desarrollándose: la Comisión ha anunciado una revisión de su reglamento para fortalecer aún más sus procedimientos.

---

[16] En los años noventa, la Comisión Interamericana de Derechos Humanos comenzó a dedicar la mayoría de sus recursos hacia el sistema en cuestión, revisando y construyendo en forma dinámica sus procedimientos y mejorando la calidad de sus decisiones.

Como resultado del énfasis puesto por la Comisión en los casos, se han salvado numerosas vidas a través de medidas cautelares y provisionales. Soluciones amistosas en casos con la Argentina, Colombia, Ecuador, Guatemala, México, Paraguay y Venezuela han derivado algunas veces en cambios legislativos para adecuar la legislación a las obligaciones internacionales, en reparaciones colectivas o individuales y en un rico cuerpo de jurisprudencia. La legitimidad de la Comisión ha sido también acrecentada por las visitas *in loco* efectuadas en los últimos tres años a México, Brasil, República Dominicana, Canadá y Estados Unidos, y en visitas sobre casos individuales a la Argentina, Brasil, Ecuador, Paraguay, México y República Dominicana.

La Comisión ha presentado nuevos casos a la Corte y este último órgano, con más casos contenciosos, cambió el énfasis de sus trabajos de opiniones consultivas a la tramitación de los mismos, decidiendo la existencia de responsabilidad estatal y proveyendo las reparaciones correspondientes (Buergenthal y Casell, 1989). La Comisión ha presentado 27 casos a la Corte[17] y 18 solicitudes de medidas provisionales en casos urgentes (Corte Interamericano de Derechos Humanos, 1997). Aún más, ha habido 16 solicitudes de opinión consultiva, una de ellas todavía está pendiente.

En sus trabajos, la Corte y la Comisión han ido desarrollando un rico cuerpo de jurisprudencia, que es crecientemente tomado en cuenta en el ámbito interno por las Cortes de los distintos países. Este desarrollo incluye interpretaciones sobre debido proceso, período razonable de detención, el concepto de tortura y trato inhumano o degradante, la ilegalidad de las leyes de amnistía, la violación como tortura, el concepto de desapariciones, el alcance de la obligación de asegurar el goce de los derechos por los Estados, la aplicación directa de algunas normas de la Convención, el requerimiento del agotamiento de los recursos internos en casos de derechos humanos, el peso de la prueba, su admisibilidad y los criterios para su valoración y las peculiaridades de la interpretación de los tratados de derechos humanos. Es de esperar que el impacto jurisprudencial de la Comisión y de la Corte se incremente en la medida en que sus decisiones se hagan más accesibles. Con tal propósito, se han iniciado proyectos dirigidos a sistematizar y diseminar la jurisprudencia de los órganos regionales.[18]

---

[17] Caso Velásquez Rodríguez, caso Godínez Cruz, caso Fairén Garbi y Solís Corrales, caso Aloeboetoe y Otros, caso Gangaram Panday, caso Maqueda, caso El Amparo, caso Neira Alegría y Otros, caso Caballero Delgado y Santana, caso Garrido y Baigorria, caso Genie Lacayo, caso Loayza Tamayo, caso Castillo Páez, caso Suárez Rosero, caso Paniagua Morales y Otros, caso Blake, Caso Benavides Ceballos, caso Cantoral Benavides, caso Durand y Ugarte, caso Bámaca Velásquez, caso Villagrán Morales y Otros, caso Castillo Petruzzi y Otros, caso Ricardo Baena y Otros, caso Indígenas Awas-Tingni, caso Pantoja y Otros, caso Cesti, caso Cayara.

[18] El Repertorio de Jurisprudencia del Sistema Interamericano de Derechos Humanos está siendo elaborado por el Centro de Derechos Humanos y Derecho Humanitario del Washington College of Law, American University, en Washington D.C., con el apoyo financiero del Ministerio

El proceso actual de los órganos del Sistema Interamericano, el cambio de sus prioridades, su énfasis en los casos y el fortalecimiento de la jurisprudencia enfrentan, sin embargo, serios desafíos. La aceptación de los informes de la Comisión por los Estados es, a falta de una mejor palabra, incierta. Esto se ve agravado por la actitud de los órganos políticos de la OEA –la Asamblea General y el Consejo Permanente–, los cuales hasta el momento no debaten de manera individualizada cada informe ni toman acción en los casos en que no se cumplen las decisiones de la Comisión y la Corte.[19] Esta actitud nuevamente se confirmó en ocasión del retiro de Trinidad y Tobago de la Convención Americana de Derechos Humanos el 26 de mayo de 1998 y del no reconocimiento por Perú de la competencia contenciosa de la Corte el 9 de julio de 1999.

Trinidad y Tobago ejecutó a Joey Ramiah (Caso Nº 12.129) el 4 de junio de 1999 y a Anthony Briggs el 28 de julio de 1999, a pesar de haber medidas provisionales de la Corte a favor de ambos y un informe de la Comisión en beneficio de Briggs. El retiro de Perú fue precedido por su anuncio del 1º de julio de 1999 de que no cumpliría con dos sentencias de la Corte, en los casos de Loayza Tamayo y Castillo Petruzzi y Otros. Perú pretende con su actitud no cumplir tampoco con las eventuales decisiones de la Corte en los casos de la expulsión arbitraria de tres jueces del Tribunal Constitucional y la revocación de la nacionalidad del señor Baruch Ivcher, asimismo en la pérdida del canal de televisión de su propiedad y los actos de persecución de que han sido objeto él y su familia. El Consejo Permanente, por iniciativa de Canadá, debatió las acciones de Perú. Sin embargo no parece probable que la OEA condene el incumplimiento de decisiones obligatorias de la Corte basadas en tratados libremente ratificados o desarrolle iniciativas dirigidas a asegurar su cumplimiento. De la misma manera, los cambios impulsados por los órganos no han sido fáciles, cuando una "intensa actividad diplomática" se despliega en su contra. Por ejemplo, la decisión de la Comisión de priorizar el sistema de casos requirió, a su criterio, un liderazgo diferente y, en conformidad con ello, una nueva Secreta-

---

de Cooperación para el Desarrollo del gobierno de Holanda. El Repertorio de Jurisprudencia del Sistema Interamericano de Derechos Humanos consiste en extractos seleccionados principalmente de decisiones, opiniones consultivas, resoluciones y opiniones separadas de la Corte Interamericana de Derechos Humanos. Los extractos son referenciados y analizados de acuerdo con las disposiciones relevantes de la Convención Americana de Derechos Humanos. El Repertorio busca contribuir a la uniformidad y transparencia de la jurisprudencia del Sistema Interamericano y generar una mayor difusión y un mejor entendimiento de este sistema de protección internacional de derechos humanos tanto en este hemisferio como en el resto de la comunidad internacional (Grossman, 1996).

[19] Aunque las decisiones de la Corte han sido generalmente implementadas, la Asamblea General, en el caso *Manfredo Ángel Velásquez Rodríguez v. Honduras*, cuyas reparaciones no eran cumplidas cabalmente por Honduras, no tomó acción alguna. Finalmente Honduras dio cumplimiento pleno a la decisión de la Corte en 1997.

ría Ejecutiva en el año 1995. Considerable tiempo y energía deberían ser invertidos por la Comisión para derrotar los intentos de frustrar sus aspiraciones de cambio.[20]

A menudo el conocimiento insuficiente del sistema es una razón para una movilización en su contra. A veces, la mera apertura de un caso es visto como un acto no amistoso y amenazante. Para algunos, las violaciones a los derechos humanos sólo pueden ser llevadas a cabo por dictaduras y, en consecuencia, una petición en contra de un gobierno elegido democráticamente es mal interpretada. Por otra parte, aún no se ha llegado a una situación en que los demócratas del hemisferio vean plenamente la vinculación que existe entre la negativa a cumplir con la decisión de un caso concreto en un país y la democracia y el estado de derecho en todas partes. De alguna manera, sigue vigente la tradición de ver la situación de un país como totalmente diferente de la de los otros (lo que conceptualmente debería haber sido desmentido por la ola generalizada de autoritarismos que sufrió la región). Excepto quizás en el caso de un golpe militar, no se ha desarrollado aún suficientemente la noción de que todos los países sirven como garantes del cumplimiento de la obligación de respetar los derechos humanos.

Contribuyendo a estos problemas, y también como expresión de lo que los gobiernos desean, tanto la Comisión como la Corte no tienen fondos ni personal suficiente para un adecuado cumplimiento de sus funciones. El personal permanente de la Comisión –sólo 14 abogados– cubre un hemisferio de 900 millones de individuos. En comparación, en Europa, 60 abogados supervisan el cumplimiento de la Convención Europea para 400 millones de habitantes. Con recursos limitados, la Comisión y la Corte tienen sólo dos o tres sesiones por año, siendo simplemente imposible tramitar apropiadamente el número de casos que se les presentan.[21] Más aún, la Comisión no tiene facultades para seleccionar su propio personal y, en consecuencia, no puede garantizar en todos los casos un alto nivel de profesionalismo en la administración de sus asuntos. Incluso, como el sistema es mantenido bajo una constante amenaza de "reforma",

---

[20] Ésta y otras iniciativas de reforma por la Comisión han tenido, sin embargo, éxito y reconocimiento gracias a la existencia de un sólido grupo de países amigos del sistema, resultado de un proceso de democratización existente en el hemisferio.

[21] Desde que violaciones masivas y generales de los derechos humanos continúan ocurriendo, la Comisión no se puede dedicar exclusivamente al sistema de casos. La Comisión debe dedicar parte de sus recursos a enfrentar estas violaciones en la forma más eficiente posible, mediante visitas *in loco*, informes sobre países e informes en el capítulo V de su Informe Anual a la Asamblea General. Como único órgano legítimo en el nivel regional que puede emprender estas funciones críticas –y el único que tiene la credibilidad para llevarlas a cabo–, sería una gran pérdida para los derechos humanos si no continuara cumpliendo con estas funciones. Las propuestas para transferir estas actividades a otros órganos, así como también la propuesta de crear un Alto Comisionado de Derechos Humanos en la región, no son aconsejables desde que *inter alia* es totalmente innecesario otro órgano compitiendo por muy limitados recursos.

sus posibilidades para movilizar apoyo en contra de violaciones masivas y generales o para asegurar reparaciones son reducidas desde que el propio sistema está "siendo revisado" y su propia legitimidad es puesta en duda.

La Comisión y la Corte pueden con toda seguridad realizar mejor sus trabajos, así como también los órganos políticos de la OEA. ¿Deberían declarar la admisibilidad de todos los casos? ¿Existen caminos para garantizar aún más la transparencia y los requisitos de debido proceso? ¿Pueden ser los procedimientos más coherentes y rigurosos? ¿Pueden ser los órganos más eficientes? ¿Deberían los demandantes actuar en forma independiente en casos frente a la Corte? ¿Se nombran siempre los mejores jueces y miembros de la Comisión? ¿Cómo garantizar que los pobres y los débiles tengan acceso al sistema? ¿Deberían los cuerpos políticos de la OEA desarrollar un mecanismo que asegure el cumplimiento de los informes y decisiones de la Comisión y de la Corte?

La mayoría de estas preguntas, si no todas, son enfrentadas tanto por los órganos regionales e internacionales como por los órganos judiciales de cada país. Algunas de las preguntas son inherentes a las funciones judiciales y semijudiciales, mientras que otras se encuentran en proceso de ser resueltas por los propios órganos a través de modificaciones reglamentarias y pueden ser objeto de la sana crítica que caracteriza a sociedades civiles ricas y democráticas. El cumplimiento por parte de los países y la función de garantizar el cumplimiento de los tratados de derechos humanos de los órganos políticos de la OEA van probablemente a incrementarse en la medida en que la democracia se desarrolle. La herencia oscura de las dictaduras y la existencia de casos en el marco de complejas situaciones de transición darán lugar a nuevos asuntos, los que en vez de ser el resultado de políticas sistemáticas de violación a los derechos humanos son característicos de democracias en expansión. No pueden excluirse sin embargo posibilidades de regresión, como lo demuestran las acciones de Trinidad y Tobago y de Perú. Frente a ellas es central promover y fortalecer la solidaridad democrática y la universalidad de los derechos humanos.

La discusión precedente del sistema nos revela la existencia de órganos de supervisión adaptándose a nuevas situaciones del hemisferio en una extremadamente compleja realidad, donde lo nuevo y lo viejo están entrelazados. También nos muestra que los órganos no están solos. Los intentos de desvirtuar su agenda han sido hasta ahora derrotados por una combinación de países y sociedades civiles crecientemente activos en el contexto del desarrollo democrático de la región. Al mismo tiempo hay serios problemas que, de no enfrentarse, pueden afectar la vigencia de los derechos humanos y de la democracia en la región. Si el sistema va a contribuir en forma más significativa para lograr justicia, evitar regresiones y promover la expansión de los derechos humanos, debería dársele en este momento y sin dilación el apoyo político y los medios económicos que requiere.

Bibliografía

BUERGENTHAL, THOMAS y DOUGLAS CASELL (1989), "The future of the Inter-American Rights System", en: *El Futuro del Sistema Interamericano de Protección de los Derechos Humanos*, IIDH, pp.554.

CORTE INTERAMERICANA DE DERECHOS HUMANOS (1997), "Medidas Provisionales-Compendio: 1987-1996", Serie EN 1, Corte Interamericana de Derechos Humanos, Informe Anual, OEA/Ser. L V/III.39, doc. 5, 21 de enero de 1997, pp. 157, 177, 299.

GROSSMAN CLAUDIO (1997), Palabras del Presidente de la Comisión Interamericana de Derechos Humanos en la sesión inaugural del 95º Período Ordinario de Sesiones de la CIDH, "El futuro del sistema Interamericano de Protección de los Derechos Humanos", pp.155-166.

——————————— (1996), "Hacia una nueva visión del Sistema Interamericano de Derechos Humanos", OEA/Ser. G.CP/doc. 2828/96, 26 de noviembre de 1996, p. 29.

Alteridad y violencia: el caso judío

*Manuel Tenenbaum**

Si se prescinde de las raíces coloniales criptojudías, la presencia hebrea en América Latina reconoce más de un siglo de antigüedad y se expresa hoy en comunidades altamente integradas a la sociedad general y al mismo tiempo celosas de conservar su tradición y cultura originarias.

El encuentro judío con nuestro continente puede resumirse en el doble esfuerzo, no exento de tensiones, por alcanzar simultáneamente la igualdad fáctica con la mayoría y el derecho a la desigualdad de su identidad minoritaria.

Los países latinoamericanos no discriminaron jurídicamente a los inmigrantes judíos y éstos –asquenazíes de Europa oriental y central y sefardíes del Cercano Oriente y de África del Norte– tuvieron la posibilidad de acceder libremente, en lo económico y en lo cultural, a los niveles que trabajo y talento les permitieron alcanzar.

Sin embargo, las tendencias homogeneizantes del pensamiento latinoamericano y los prejuicios ancestrales no dejaron de generar un cierto *continuum* de hostilidad hacia los judíos, cuya mayor intensidad se registró en la década de 1930 para atenuarse sensiblemente después de conocerse la realidad del Holocausto.

Los sectores más hostiles a la presencia judía tendían a enfatizar los rasgos diferenciales de su religión, cultura y costumbre. Consideraban a sus comunidades como un "cuerpo extraño", inasimilable y por tanto indeseable.

Por su parte, en los medios más proclives a no prejuzgar contra los judíos a menudo no se comprendía por qué, gozando de plenos derechos civiles y políticos en sus nuevas patrias, se empeñaban en mantener una identidad propia, sin renunciar a su idiosincrasia y a sus instituciones comunitarias.

Dentro de este contexto, para el componente judío de las sociedades latinoamericanas los fenómenos de violencia presentan una dimensión adicional, específica, que puede estar relacionada o no con cuadros de turbulencia social o pobreza, pero que responde siempre a un imaginario signado por la sospecha y el prejuicio.

¿Cómo se manifiesta la violencia antijudía? Se puede hablar de cuatro modalidades: 1) terrorismo crudo, como en el caso de los atentados contra la Embajada de Israel y la Asociación Mutual Israelita Argentina (AMIA) en Buenos Aires con un costo de más de cien vidas humanas; 2) agresiones físicas contra personas

* Director del Congreso Judío Latinoamericano

y sedes (amenazas telefónicas, golpizas contra individuos tomados por judíos, profanación reiterada de cementerios, embadurnamiento de edificios comunitarios generalmente con leyendas y símbolos nazis); 3) discriminación, sutil pero real, en ciertos niveles de empleo y participación social (la condición de judío suele exponerse con visos de generalización en situaciones negativas, calificándose sus conductas a partir de la prevención y la ignorancia sobre el carácter de su vida comunitaria), y 4) difusión de literatura difamatoria (la circulación de panfletos, folletos y libros groseramente antisemitas, incluida la negación del Holocausto, es constante; agregándose ahora una verdadera invasión neonazi en la Internet).

¿Qué impacto produce en las colectividades hebreas esta multiforme violencia antisemita? A raíz de los atentados en la Argentina y de los brotes neonazis en varios países del continente, la década de 1990 ha reinstalado en las comunidades judías un sentimiento subyacente de aprensión e incluso de angustia y hasta de temor. Las instituciones judías se han tenido que encerrar detrás de parapetos de seguridad, término y cometido que han pasado a ocupar un primer plano en las preocupaciones de sus dirigentes. Algunos opinantes han llegado a preguntarse si la violencia específica contra los judíos no está convirtiendo a sus sinagogas, escuelas y demás asociaciones en miniguetos *sui generis*. La nota dramática la pone la explicable inquietud de padres y madres cuyos hijos concurren a colegios y clubes de la colectividad. Su retorno sin novedad al hogar no es exactamente una rutina y se recibe con alivio.

Además, como los judíos constituyen una minoría con una larga historia de ser preferencialmente elegidos como "chivos expiatorios" de las más variadas situaciones conflictivas, hay en ellos un soterrado, casi nunca expresado, "miedo social". Cuando el sismógrafo se enciende en una sociedad, los judíos son los primeros en inquietarse, aunque el eventual temblor no tenga nada que ver con ellos. Las comunidades judías, por lo tanto, aparecen comprometidas en la lucha contra una doble violencia: la general, que afecta a todo el cuerpo ciudadano, y la especial, que aunque dirigida contra ellos agrede a la sociedad entera.

Conscientes de que el prejuicio y la discriminación corroen la vida nacional, destruyen los tejidos sociales y atentan contra la salud de las instituciones, es de suma importancia identificar las vías de acción para atenuar y erradicar estos males.

En la tradición judía existe el concepto de *tikún olam*: el deber de contribuir al mejoramiento del mundo.

Hay varias avenidas para trabajar en este sentido. Los mensajes desde el poder y centros de influencia ayudan a crear una cultura de respeto al otro, al conciudadano diferente, cuyo aporte específico enriquece y no debilita la vida nacional. La legislación antidiscriminatoria, surgida últimamente en Brasil, la Argentina, Uruguay, Costa Rica y otros países, ha demostrado también ser una poderosa herramienta para la defensa de las minorías, aunque su aplicación aún necesita un desarrollo jurisprudencial más profundo. Pero sin duda el gran instrumento en la lucha contra la discriminación es la educación, y los maestros de

nuestro continente son sus soldados. La formación de niños y jóvenes en ideales de fraternidad y solidaridad humanas y, sobre todo, en el respeto a la alteri-
dad constituye un ingrediente imprescindible para el sano desarrollo de nuestras
sociedades. Defender al discriminado y combatir el prejuicio no son favores que
se dispensan a la víctima eventual. Son actos que hacen a la salud y al progreso
general de los pueblos.

PARTE II

Experiencias de las comunidades judías
en la lucha contra la pobreza
en los sectores medios

La pobreza judía en América Latina: un desafío para las comunidades del continente

Bernardo Kliksberg

Un cuadro inquietante

Una familia judía completa fue encontrada viviendo en una plaza pública en Buenos Aires. Padre y madre, de edades medianas, pertenecían al enorme y creciente ejército de personas que en la Argentina y en todo el continente han buscado trabajo infructuosamente durante largos períodos y finalmente han renunciado a toda búsqueda desalentados. Ahora no figuran más en las estadísticas como desocupados porque directamente han dejado de formar parte de la fuerza de trabajo potencial. Todos los días un transporte de la Asociación Mutual Israelita Argentina (AMIA) lleva a una escuela de la comunidad a niños judíos que viven en una villa miseria. Son casos límite de un amplio proceso de deterioro social. Los pedidos a la comunidad por ayuda social se han multiplicado crecientemente en Venezuela. Las bolsas de trabajo formalizadas o informales se extienden en todas las comunidades. La crisis social, en pleno desarrollo en América Latina, no ha pasado sobre el judaísmo latinoamericano. Está atravesándolo y generando un silencioso proceso de angustias familiares y dilemas de supervivencia que está siendo encarado frontalmente por las instituciones judías. No hay lugar para mitos "dorados" sobre la situación de los judíos en la región. Una parte significativa y creciente de las comunidades ha quedado también atrapada en los agudos problemas sociales que recorren la región.

Entre 1980 y 1990 el número de pobres ascendió en América Latina en 60 millones, según la Comisión Económica para América Latina (CEPAL), y ha seguido aumentando. Se estima que cerca del 50% de los 500 millones de habitantes viven por debajo de la línea de pobreza. Todos los días alrededor de 10 millones de latinoamericanos en edad y con deseos de trabajar no logran encontrar trabajo, mientras otros 54 millones se dedican a empleos de baja productividad en el llamado sector informal de la economía, en situación de gran precariedad. La situación de las nuevas generaciones es muy preocupante. La tasa abierta de desempleo juvenil ha sido estimada en más del 20%.

El informe preparado por una comisión de personalidades convocada por la Organización de las Naciones Unidas (ONU), el Banco Interamericano de Desarrollo (BID) y la CEPAL, y presidida por Patricio Aylwin, ex presidente de Chile (1995), indica que la brecha social no se debe a la carencia de recursos potenciales, dadas las importantes riquezas naturales y la abundancia de materias primas estratégicas del continente. Entre las causas principales se hallan serios déficit de políticas, los altísimos grados de inequidad, la debilidad de las políticas sociales, el aumento de la desocupación y el descenso de los salarios reales.

Se suceden las advertencias sobre la situación. La cumbre hemisférica de presidentes del continente (Cumbre Presidencial de Santiago, Chile, 1998) resaltó en su declaración final que "superar la pobreza continúa siendo el mayor desafío confrontado por nuestro hemisferio". El secretario general de la CEPAL, José A. Ocampo (1998), ha señalado que "siguen aumentando los niveles de pobreza absoluta, los niveles de desigualdad no muestran mejoría y sigue aumentando el empleo en el sector informal". El presidente del BID, Enrique V. Iglesias (1999), ha destacado que "el proceso de cambio ha dejado sin resolver en la gran mayoría de los países un tema central: la pobreza crítica y la distribución desigual del ingreso".

¿Cómo ha afectado este cuadro a los cerca de 450 mil judíos que viven en América Latina? Éste es un tema que debería ser objeto de investigaciones sistemáticas para poder armar a partir de ellas políticas comunitarias adecuadas; están en marcha diversos esfuerzos al respecto. Entre los problemas clave que deberían estudiarse se hallan procesos como los siguientes, que parecen constituir parte de la vida cotidiana de contigentes crecientes de judíos de esta región.

Tendencias en la situación social judía

La caída de las clases medias

Vastos sectores de las clases medias de la mayoría de las sociedades latinoamericanas se han visto agudamente afectados por los procesos globales. Una investigación en Venezuela al respecto concluye que "la clase media representa actualmente el 13,65% de la población (representaba más del 20%) y ha ido perdiendo más y más de sus recursos" (FUNDACREDESA, FUNDAFUTURO, Cavendes, 1994). Un panorama en la misma dirección con toda clase de diversidades nacionales se plantea en numerosos países. Enrique V. Iglesias denomina al sector social resultante de estos desarrollos "los nuevos pobres", que están perdiendo sus *status* económicos y sociales. La base de algunas de las comunidades judías mayores de la región pertenece a sectores con estas características. En la Argentina, Uruguay y otros países, los judíos profesionales, pequeños y medianos comerciantes, pequeños industriales, cuentapropistas, y otros grupos, se han visto severamente impactados por el descenso global de los estratos sociales de los que forman parte. Así, las familias judías han puesto históricamente todos los esfuerzos en la profesionalización de sus hijos. Creían que el logro de títulos profesionales sería una garantía de ocupación y remuneración razonable y una posibilidad de ascenso social. Esa ilusión se halla hoy conmocionada. Se ha desenvuelto en la región lo que se denomina un amplio "proletariado de profesionales". Éste comprende desde la desocupación abierta que hoy castiga a quienes han elegido profesiones humanistas (filosofía, educación, letras, sociología, etc.) hasta las ingentes dificultades de trabajo de profesiones otrora ideales, como arquitectura y medicina. Los médicos jóvenes, hasta hace poco el ideal de una familia judía, se ven obligados en diversos países, ante un mercado de trabajo dominado por corporaciones, a desarrollar múltiples tareas simultáneas con remuneraciones muy bajas. Las referencias continuas en el humor popular a los "profesionales taxistas" ilustran las serias dificultades de las profesiones liberales como vía de ascenso.

La calidad de pequeño comerciante o industrial, antes también posibilidad de ingreso constante y de mejoramiento, con una fuerte presencia en las comunidades judías, ha pasado a ser una situación de alta precariedad. La Argentina tuvo así en años recientes récords de destrucción de pequeñas y medianas empresas. La cifra de quiebras y convocatorias de quiebras multiplicó las ya elevadas de años anteriores. Por otra parte, las perspectivas que ofrece el trabajo asalariado para profesionales, ex pequeños empresarios o para empleados, técnicos y otros oficios semejantes son dudosas. El primer problema es desde ya conseguir empleo ante las elevadas tasas de desempleo vigentes. Pero aun así, el empleo asalariado no asegura hoy en la región estar fuera de la pobreza. Hay una consistente tendencia a la caída del poder adquisitivo de los salarios en los últimos 15 años.

En busca de trabajo, numerosas personas han ingresado en la economía informal. Si bien heterogénea, muchos de los trabajos creados en ella son, según los ha caracterizado el Programa Regional de Empleo para América Latina y el Caribe (PREALC) de la Organización Internacional del Trabajo (OIT), trabajos inestables, sin apoyo tecnológico ni crediticio y sin protección social. Los ingresos de los informales tienden a ser comparativamente cada vez menores con relación a los puestos de trabajo de la economía formal. Según los cálculos de la CEPAL (1997), quienes trabajan en la economía informal ganan en promedio el 50% de los que se desempeñan en empresas modernas y, además, trabajan más horas.

El aumento de los judíos en situación de pobreza

El deterioro social de la región ha derrumbado muchos "equilibrios de supervivencia". Sectores débiles que se protegían de la pobreza a través del uso total y muy eficiente de ingresos mínimos, o que tenían en su favor los costos reducidos de los servicios públicos y una amplia oferta de servicios de salud y educación pública, han tenido pérdidas en todos esos campos. Diversos núcleos de las comunidades han experimentado este proceso. Entre ellos, ha afectado particularmente a los jubilados y pensionados. El valor real de sus haberes jubilatorios (que en muchos casos son un considerable porcentaje de sus ingresos totales) ha retrocedido drásticamente en la región. En algunos países, incluso esos ingresos mínimos les son pagados tardíamente. Asimismo, consumos básicos como la electricidad, el teléfono y el gas han subido fuertemente de precio. Simultáneamente, los servicios de salud pública han sufrido mermas considerables, mientras crecía su demanda por la crisis. Los gastos médicos, que son un rubro fundamental para la tercera edad, han aumentado al mismo tiempo que sus ingresos descienden.

A estas familias judías, que han pasado en diversos casos de una vida totalmente austera a dificultades de supervivencia, se suman parejas jóvenes que no encuentran ninguna inserción laboral. Éstas tienen una presencia cada vez mayor entre quienes, en número creciente, se acercan a las instituciones comunitarias pidiendo asistencia. Ellas y sus niños, que registran agudamente las carencias, tienen dificultades severas para satisfacer necesidades básicas diarias.

La creación de una periferia comunitaria pauperizada

Las pequeñas clases medias en agudo descenso y desde ya los sectores pobres se ven obligados por la situación a restringir los "costos de pertenencia a la comunidad". Crece así con fuerza una periferia judía distinta de la tradicional. Se hablaba de periferia en las comunidades para referirse principalmente a judíos con vínculos muy débiles con ellas, en proceso de asimilación o indiferentes. Hoy hay un grupo creciente de familias cuyo alejamiento está ligado a la crisis social descripta. El reflejo es directo en la escuela judía. Pagar las cuotas de una educación preescolar y primaria está fuera del alcance de muchas de estas familias. También se ven forzadas a prescindir del pago de mensualidades a los centros comunitarios y de realizar todo orden de contribuciones que formaban parte de sus tradiciones de pertenencia. Asimismo, la gravedad de la situación económica que atraviesan las lleva a otra restricción. Deben concentrar todo su tiempo y energías en la búsqueda de fuentes de sustentación y, por ende, no están en condiciones de aportar su activismo a las organizaciones comunitarias.

En la vida diaria de diversas comunidades judías del continente se observa el aumento de esta periferia judía involuntaria.

El riesgo de la polarización social

Según vienen advirtiendo diversos organismos internacionales (ONU, BID, UNICEF, entre otros), América Latina se ha convertido en el continente con mayores grados de inequidad del mundo entero. A esta situación múltiples análisis le atribuyen gran importancia al desempeño económico deficiente de la región frente al rendimiento exitoso de países que partieron de un nivel inferior en los años cincuenta o sesenta, como los "tigres asiáticos". Mientras éstos han tratado de disminuir las distancias sociales, en América Latina han aumentado. En Taiwan las distancias entre el 20% superior de la pirámide social y el 20% inferior eran en 1952 de 15 a 1, actualmente son de 4,2 a 1. En Corea son de 8 a 1 (en los países nórdicos son aun inferiores, no exceden de 5 a 1). En América Latina, en cambio, subieron fuertemente. Se han estimado en Brasil de 25 a 1, en la Argentina de 14,7 a 1. Ello constituye una tendencia definida. En 1970 el 1% de la población de Brasil tenía el 8% del ingreso total y el 25% de la población ubicada en el extremo opuesto el 16% del ingreso. En 1994, la situación era todavía mucho más regresiva. El 1% rico pasó a tener el 15% y el 25% más pobre el 12% (*The Economist*, 29/4/1995). En general, las distancias sociales de América Latina en su conjunto aparecen como las más elevadas de todas las regiones del globo. Una polarización de estas magnitudes, y en ascenso, ha impactado lógicamente de manera enérgica a la estratificación socioeconómica de las comunidades judías.

Fundadas todas ellas en el esfuerzo pionero de generaciones de inmigrantes que partieron de la nada y construyeron, al mismo tiempo que la base económica para sus familias, una red de instituciones ejemplar a nivel mundial, se caracterizaron por tener una amplia base demográfica de pequeña y mediana clase media. Hoy, como se ha visto, estas tendencias están sacudidas y la polarización que vive toda la estructura social está invadiéndolas intensamente. Como producto de ello, las distancias sociales vienen aumentando considerablemente en la estratificación de las comunidades. La destrucción del tejido social de mediana y pequeña clase media y la pauperización están creando una brecha social interna de magnitud. Ello puede tener múltiples consecuencias negativas en una vida judía que se ha singularizado en todo este siglo por sus pautas democráticas e igualitarias.

¿Cómo enfrentar el desafío social?

Elementos para la acción

Los problemas planteados deben tener la más alta prioridad para las comunidades del continente. Implican daños severos en la condición de vida de numerosas familias judías. Afectan a todos los núcleos generacionales: tercera edad, parejas, nuevas generaciones, niños, y a la estructura misma de la familia judía. El mandato bíblico es terminante en priorizar la protección a los desfavorecidos. Las instituciones comunitarias siempre han sido consecuentes en crear marcos de protección a los necesitados, pero ahora se necesita mucho más. Y no hay espacio para postergaciones frente a realidades tan apremiantes.

Se requiere, en primer término, fortalecer las políticas y los programas de solidaridad activa. Las asignaciones de recursos y el grado de actividad de las instituciones en esta área que siempre han abordado deben ahora multiplicarse al máximo. Debe conformarse una red de protección social comunitaria que permita identificar necesidades de asistencia con rapidez, produzca todas las sinergias posibles entre las instituciones para aprovechar al máximo los recursos humanos y materiales y cree un ambiente de apoyo fraternal que atraiga. Programas ejemplares, como el desarrollado por la AMIA de Buenos Aires en ayuda de la tercera edad, uno de los más acreditados del continente, son un referente muy valioso, como lo es el conjunto de su acción social. Un objetivo tope debe ser el de ayudar por todos los medios a la obtención de fuentes de trabajo. Las experiencias de la Alianza Solidaria y la Fundación Tzedaka de la Argentina, propulsando la generación de microempresas, dan orientaciones de gran relevancia para la región. Paralelamente debe asistirse en terrenos críticos como la salud. Recientes iniciativas del judaísmo venezolano, la creación por parte de las dos instituciones comunitarias centrales de organizaciones al servicio de la salud de la comunidad, un dispensario por la comunidad asquenazí (UIC) y una farmacia popular por la comunidad sefardí (AIV), son maneras muy concretas de activar la solidaridad. Éstas y muchas otras iniciativas que están surgiendo en comunidades de distintos países, como Brasil, México, Uruguay y Chile, deben mantener relaciones de intercambio estrecho para compartir búsquedas y soluciones.

Toda la amplia labor a realizarse debe efectuarse en el marco de las claras directivas que emergen de la religión y de la ética judías respecto de la solidaridad y que fueron profundizadas magistralmente por Maimónides. Anonimato, respeto profundo por el prójimo y trato totalmente digno deben ser normas obligadas. Toda ostentación, "ruido" o paternalismo en este terreno serían contradictorios con contenidos básicos del judaísmo y atentarían fuertemente contra la solidaridad. Por otra parte, la ayuda debe estar orientada hacia el logro de poner al otro sobre sus propios pies, para que luego pueda valerse por sí mismo.

En segundo lugar, deben adoptarse políticas y programas innovadores para impedir la extensión de la "periferia por pauperización" antes mencionada. Integración en la comunidad debe ser el mandato, más que nunca, en lugar de exclusión. El principio puesto en vigencia por los pioneros de la red escolar y asistencial judía en América Latina, "ningún niño judío puede quedar fuera de la escuela por razones económicas", debe llevarse a la práctica con toda fuerza. Al mismo tiempo, las instituciones en general deben adecuarse a las necesidades de la amplia población en dificultades, en lugar de esperar lo contrario. Activamente deben buscar métodos para que en definitiva, y en un clima de dignidad, ninguna persona quede fuera de los marcos comunitarios por imposibilidades económicas.

En tercer término, debe encararse el tema de la polarización social. Las comunidades han construido durante décadas democracias internas extendidas, con sus imperfecciones pero con importantes méritos. Las instituciones judías centrales del continente eligen a sus autoridades en elecciones directas y masivas. Hay un *accountability*, una rendición de cuentas clara, de los directivos a los miembros. La opinión pública judía tiene mucha influencia en el sentir de quienes los guían. Todo ello está basado en la creencia y la práctica firme del igualitarismo. El Talmud dice que Dios creó una sola pareja inicial, y no varias, para reforzar la idea de la igualdad de los seres humanos. Todos tenemos un origen común. Esta idea de igualdad que impregna en todos sus aspectos el judaísmo ha sido volcada en la democracia comunitaria. Puede ser fuertemente dañada por la polarización social si no es expresamente protegida y defendida.

Por último, corresponde señalar que las comunidades, a pesar de los esfuerzos muy exigentes que deberán desarrollar internamente frente a la pobreza judía, también tienen la obligación ética de aportar al problema social nacional. No pueden ser neutras o ajenas frente a la situación que describe el informe Aylwin: "Casi la mitad de los habitantes de América Latina y el Caribe [padecen] pobreza, falta de trabajo y marginación social, [ello] es un escándalo desde el punto de vista moral, un freno al desarrollo, una peligrosa amenaza a la paz social y a la estabilidad política". Así como históricamente las comunidades han sido defensoras de los derechos humanos, hoy les corresponde señalar la gravedad del tema social, sugerir propuestas y aportar iniciativas concretas.

Para el judaísmo, la pobreza no es un mal inevitable. Está escrito en el Deuteronomio (4:11): "Bien que no debe haber en medio de ti menesteroso alguno". La pobreza debe ser erradicada, es producto de las sociedades concretas. Hacerlo es en el judaísmo una obligación ética. No merece premios ni recompensas, es lo que corresponde. En el Levítico (25:35) se exige: "Cuando se empobreciere tu hermano y vacilare su mano junto a ti, habrás de sostenerle, fuere extranjero o residente y que viva contigo". La Biblia utiliza allí una palabra que implica que se trata de un mandato: "habrás". La insensibilidad frente a la pobreza es considerada una falta muy grave en el judaísmo. La voz profética se alzó repetidamente para censurarla y exigir a las comunidades judías y a cada una de las personas enfrentar la pobreza sin dilaciones ni subterfugios.

Este desafío, cooperar en la lucha contra la pobreza que aflige a América Latina en general y seguir fortaleciendo y profundizando los esfuerzos para encarar la pobreza judía, está abierto ante las comunidades judías de América Latina.

Bibliografía

CEPAL (1997), "La brecha de la equidad", Santiago de Chile.

CUMBRE PRESIDENCIAL DE SANTIAGO (1998), "Declaración de Santiago, Chile".

IGLESIAS, ENRIQUE (1999), "El papel de la educación y la cultura en el desarrollo", en: Iglesias, Enrique, Cambio y crecimiento en América Latina, 1988-1998. Ideas y acciones, BID, Washington D.C.

INFORME DE LA COMISIÓN LATINOAMERICANA Y DEL CARIBE SOBRE EL DESARROLLO SOCIAL (1995), PNUD, CEPAL, BID.

OCAMPO, JOSE A. (1998), "Conferencia en la Asamblea Extraordinaria de la OEA", Bogotá.

Alianza Solidaria: una red de protección social comunitaria en la Argentina

*Nora Blaistein**

> *Todos los hombres son responsables el uno por el otro.*
> Talmud
> *Hacer caridad y justicia social es más acepto al Señor que el sacrificio.*
> Proverbios, XXI, 3

Introducción

Una creencia profundamente arraigada en la sociedad argentina, y también en los miembros de la comunidad judía, es la de que no hay "judíos pobres" en el país y que los pocos que se encuentran en dificultades económicas son eficazmente atendidos por la propia comunidad.

Es posible que en las décadas pasadas la realidad haya aportado elementos que construyeron este imaginario colectivo; hasta hace algunos años había relativamente pocas personas y familias judías necesitadas y las instituciones comunitarias, básicamente la Asociación Mutual Israelita Argentina (AMIA), respondían en gran medida a las necesidades que se planteaban.

Pero, ¿cuán cierta es esta idea hoy?

Las profundas transformaciones económicas que se están dando, tanto en la Argentina como en otros países latinoamericanos, modifican día a día la vida social y el mundo cotidiano de las personas. La crisis económica agravó la situación de pobreza de los grupos más necesitados (pobreza estructural) y generó un nuevo grupo social que se ha dado en llamar "los nuevos pobres".

Este grupo social está conformado por aquellas familias y personas que pertenecen a la clase media pero que, como consecuencia de la crisis, están perdiendo sus empleos o sufriendo reducciones salariales, de un modo tal que comienzan a ser cuestionadas sus pautas de consumo y prácticas culturales, modificándose su cotidianidad.

Más intensamente a partir de 1994, la clase media del país está siendo fuertemente golpeada. Este proceso afecta enormemente a la comunidad judía de la Argentina puesto que la mayoría de ella se ubica dentro de las capas medias.

La aparición de esta nueva pobreza implica, por una parte, un aumento inédito de la cantidad de familias judías que están en situación de empobrecimien-

* Directora de Alianza Solidaria. Colaboración del equipo técnico de la organización: Rut Feller, Carina German, Mónica Gruszka, Rosa Ana Jait, Valeria Markiewicz.

to y, por otra, una serie de problemas diferentes que se suman a los que ya se derivaban de la pobreza estructural.

La situación plantea un enorme desafío a la comunidad. Resulta ahora insoslayable atender a un número mayor de personas, que además crece en forma constante, así como ofrecerles respuestas alternativas a las tradicionales ayudas dirigidas a la pobreza estructural, ya que éstas son insuficientes e inadecuadas para enfrentar el nuevo problema.

El fin de crear una red de protección social comunitaria que asuma la responsabilidad compartida del cuidado y la atención de la población afectada por el proceso descripto logró permear las fronteras de las instituciones –ideológicas, políticas, religiosas, etc.– para que sumen sus esfuerzos. Éste fue el origen de la Alianza Solidaria.

En el documento que se presenta a continuación se comenta más extensamente la problemática de la pobreza judía en el contexto socioeconómico de la Argentina, se detalla la respuesta que se diseñó e implementó a través de la Alianza Solidaria y por último se analizan los resultados y logros obtenidos hasta el momento, así como los desafíos para el futuro y las perspectivas del proyecto.

El problema y su contexto

Según datos oficiales, la población en situación de pobreza alcanzaba en mayo de 1998 a más de 3,5 millones de habitantes de la Capital Federal y el Gran Buenos Aires (GBA).[1] Entre esa fecha y mayo de 1999 la pobreza aumentó nuevamente: la población pobre creció del 24% al 27,2%, mientras que la afectada por la indigencia se incrementó del 5,3% al 7,4%. En valores absolutos, la pobreza y la indigencia afectan a aproximadamente 4.075.000 personas.

Los hogares con menores de 14 años tienen una incidencia de la pobreza mayor que el resto de los hogares: para mayo de 1999, uno de cada tres hogares con menores son pobres por ingreso. Alrededor de 1.160.000 niños del Gran Buenos Aires son pobres (el 43% de la población de esa edad), en tanto que casi 600 mil jóvenes de 15 a 24 años (el 28,3%) están por debajo de la línea de pobreza.

La frialdad de las cifras no debe ocultar el horror que esto significa, la pobreza no es un mal menor, la pobreza mata, esto es un hecho científico; trae consigo, además, "círculos viciosos"' de miseria, destrucción de la familia y degradación de la dignidad.

La pobreza es un fenómeno que se autorreproduce por una complejidad de factores que incluye la ocupación, la vivienda, el nivel educativo, el origen socioeconómico y el medio ambiente familiar y geográfico de las personas. En ausencia de

---

[1] La fuente oficial de información citada en este trabajo es el Instituto Nacional de Estadísticas y Censos (INDEC) y la Encuesta de Desarrollo Social, elaborada por el SIEMPRO de la Secretaría de Desarrollo Social nacional.

mecanismos correctivos, las actuales generaciones pobres transmiten a sus herede-
ros las mismas características (reproducción intergeneracional de la pobreza).

La perspectiva no es alentadora, se ha afirmado reiteradamente que en pobreza lo peor está aún por venir y se ha advertido que es por ello que las respuestas no pueden esperar y que las transformaciones necesarias deben producirse
antes de que sea muy tarde.

La lucha contra la pobreza es el gran problema que tiene por delante la humanidad. Las presentes diferencias económicas mundiales, tanto entre naciones
como en el interior de éstas –la vasta y extrema pobreza enfrentada al exceso de
riqueza–, marcan la necesidad de superar la falta de solidaridad de los ricos para
con los pobres y "combatir las diferentes muestras de egoísmo que se manifiestan tanto en el terreno espiritual como material [...] con el fin de inculcar la solidaridad mundial como ética suprema de supervivencia".[2]

La reducción de la pobreza y el alivio de los sufrimientos que conlleva no es
una cuestión de caridad. Existe total consenso, en la comunidad internacional,
acerca de que evitar su instalación y sus consecuencias es un tema de derechos
humanos básicos.

Cambios económicos y sociales en la Argentina: la nueva pobreza

Desde mediados de los años setenta, la Argentina ha sufrido cambios en su estructura económica de tal magnitud que han impactado sobre la vida social y el
mundo cotidiano de las personas, pero es en la última década del siglo cuando
se revela el mayor retroceso social del país en relación con cualquier otro período de su historia.

Es precisamente a partir de 1991, con la introducción del denominado "plan
de convertibilidad", que la Argentina inicia un profundo cambio en el desempeño de su economía que le permite romper años de estancamiento alcanzando
cifras de crecimiento de su producto cercanas al 35% en ocho años, pero este incremento de la producción fue acompañado del pertinaz aumento de los hogares en situación de pobreza. Este contraste hace más grave la situación de aquellas familias que se encuentran afectadas por la pobreza.

La explosión de la pobreza que se vivió en estos últimos años está ligada a
factores estructurales. Entre ellos se destacan la distribución muy desigual de los
efectos de la crisis económica, que a través de las políticas de ajuste ortodoxas,
han recaído especialmente en los sectores más desfavorecidos; las estructuras extremadamente asimétricas de distribución del ingreso; las debilidades de la política social; los ataques permanentes de ciertos sectores influyentes a la misma legitimidad de la inversión social.

[2] Club de Roma, Punta del Este, noviembre de 1991.

Por su relación más directa con el tema de la pobreza se destacan los siguientes factores:

Caída de los ingresos: Pese a que a principios de la década hubo un aumento de la productividad, ésta no se trasladó al bolsillo de la mayoría de la población ocupada y apenas sirvió para defender el escaso ingreso. Así, por ejemplo, el salario horario en términos reales tuvo una importante caída en relación con 1990. En términos absolutos, también con relación a 8 o 9 años atrás, ya hay un millón más de desocupados que no tienen ningún ingreso.

La tendencia en este aspecto sigue siendo desfavorable. Los sectores de más bajos recursos tuvieron una reducción muy marcada de sus ingresos en el período de mayo de 1998 a mayo de 1999; así, los hogares pertenecientes al 10% más pobre de la distribución tuvieron una caída, en ese lapso, del 13% de sus ya magros ingresos.

Aumento de la inequidad social: En la Argentina, la distribución del ingreso retrocedió. Es hoy más regresiva que la de 1989 que, a su vez, es más regresiva que la de 1985 y más negativa que la de 1974. De esta manera, hoy el 20% más pobre de los hogares recibe el 4,2% de los ingresos mientras que el 20% más rico se lleva el 51,6%.

Tan negativa es esta situación que en los años noventa se deterioró notablemente la participación en el ingreso de los segmentos más pobres de la población, a tal punto que el 30% más pobre está aun un 15% peor que en 1990.

Aumento del desempleo y precarización de la situación laboral: Según datos oficiales, en mayo de 1998 la tasa de desocupación para el Gran Buenos Aires era del 14%, y para el Conurbano del 15,8% de la población. Cabe destacar que el 35% de los desocupados tiene la escuela media completa.

La tendencia siguió negativa en el lapso de mayo de 1998 a mayo de 1999; así la tasa de desocupación de los pobres aumentó del 30,8% al 33,6%, en tanto que la tasa de desocupación general aumentó. Así en la estimación de datos no oficiales la desocupación abierta llega al 19%.

La precarización laboral es un fenómeno que agrava la situación, ya que disminuye los beneficios sociales de los que están trabajando. Así, actualmente el trabajo en negro aumentó hasta el 36%; esto, unido a la terciarización de los asalariados y al aumento de los contratos temporales (contratos basura) y empleos transitorios de los planes gubernamentales, significa que varios millones de personas no tienen ningún sistema de seguridad social ni podrán jubilarse en el futuro.

Otro dato que habla del deterioro de la calidad de vida de los que aún conservan el trabajo es el de la sobreocupación; así, en mayo de 1998 los sobreocupados, o sea aquellos que trabajan más de 45 horas semanales, treparon al 42,5%.

Aumento de la pobreza y deterioro de la calidad de vida de los estratos más pobres: En mayo de 1998, uno de cada cuatro (el 24,13%) de los habitantes de la Capital Federal y del GBA estaba por debajo de la línea de pobreza; entre ellos, el 10% son nuevos pobres.

Además, como consecuencia del desempleo y de la caída de los ingresos dentro de la categoría de los más pobres, creció la pobreza absoluta, o sea que no sólo se extendió la pobreza sino que también aumentó su intensidad. La disminución de los ingresos ya mencionada para el período de mayo de 1998 a mayo de 1999 explica el efecto cascada que se produjo en ese lapso: un número importante de hogares que ya eran pobres cayeron en la indigencia, mientras otros, cercanos a la línea de pobreza, se convirtieron en pobres.

Esta conjunción de aumento de la pobreza y desempleo tiene efectos catastróficos para la población que la padece, ya que la Argentina construyó, a través de los años, un sistema de protección laboral que, más allá de sus defectos y distorsiones, hizo del trabajo permanente y protegido la principal modalidad de participación en la actividad productiva, transformando al mercado de trabajo en la base de los mecanismos de integración social, política y cultural de las personas.

Dadas estas cifras de desocupación, es fácil reconocer que el sistema de protección se está desmoronando y que la población desocupada y gran parte de la ocupada en situación de precariedad se encuentran en estado de vulnerabilidad y con grave riesgo de caer en situación de exclusión social.

Características de la nueva pobreza[3]

En función de las intervenciones que se planteen realizar es importante considerar las características de los nuevos pobres. Éstos, a diferencia de los pobres estructurales, provienen de las capas medias de la sociedad y surgen precisamente por los impactos de estos procesos de retracción del Estado y cambios en el mercado de trabajo.

Son personas que gozaban de una relativa estabilidad laboral, con ciertas posibilidades de ascenso social. Sin embargo, a partir de los años ochenta y sobre todo luego de 1991, y con mayor intensidad desde 1994, han comenzado a experimentar un profundo malestar económico producto de la pérdida de empleos, las reducciones salariales y la falta de protección social (véase el cuadro 1).

Los nuevos pobres se parecen a los no pobres en algunos aspectos socioculturales como el acceso a la enseñanza media y superior, el número de hijos por familia, ciertas orientaciones culturales, los parámetros de exigencia en relación con los servicios públicos, etc., y a los pobres de vieja data en los aspectos de las crisis: el desempleo, la precariedad laboral, la falta de cobertura de salud, entre otros.

Con respecto a la percepción que estos nuevos pobres tienen de sí mismos, lo más significativo es que en general no se consideran como pobres, aun en casos donde objetivamente su situación es muy precaria. La distancia en las pautas de consumo y en las prácticas culturales respecto de los pobres crónicos es sustancial.

---

[3] Los dos apartados siguientes fueron adaptados de Lew N. *et al.* (1997), "Temas de agenda comunitaria: La nueva pobreza judía", Buenos Aires, JDC, abril.

CUADRO 1: *Algunos rasgos de los nuevos pobres*

- Heterogeneidad del perfil ocupacional
- Desocupación, subempleo y sobreempleo
- Cambio en pautas de consumo
- Invisibilidad
- Aparición y agravamiento de problemas de salud
- Deterioro en las relaciones familiares y personales
- Dificultades en la integración social

En este sentido, la no aceptación de la nueva condición puede manifestarse como una nostalgia constante por el pasado no pobre a través del ocultamiento de los signos que puedan mostrar su situación. Como consecuencia de ello, uno de los primeros síntomas de los nuevos pobres es el inicio del aislamiento social.

Como síntesis del proceso socioeconómico descripto y sus consecuencias, se podría decir que las reformas realizadas en el país en la transición a la economía de mercado han generado nuevas situaciones de vulnerabilidad para un sector creciente de la población, debilitando sus vínculos de integración social y económica por efecto del deterioro de las condiciones ocupacionales y de sus posibilidades de acceso al ingreso.

Como resultado de estos procesos, se empiezan a perfilar en la estructura social dos esferas diferenciadas de integración de la población, separadas por la calidad y la fortaleza de los vínculos de participación de sus miembros, tanto en la actividad productiva como en los sistemas de integración social, política y cultural.

Es de destacar que existe, en la actualidad, un consenso cada vez mayor entre los científicos sociales al hacer depender las situaciones de vulnerabilidad y de exclusión social de dos ejes de integración: el económico y el social. Por esto es que cualquier programa que intente aliviar las situaciones de pobreza y prevenir la exclusión debe atender a las poblaciones vulnerables considerando los dos ejes mencionados.

Desde esta perspectiva, es mucho lo que un programa social de una comunidad relativamente pequeña, como la judía, puede hacer en favor de la población socialmente vulnerable, atendiendo no sólo sus necesidades básicas sino favoreciendo la integración de las personas en la vida comunitaria.

El impacto en la comunidad judía

Como se mencionó anteriormente, los impactos de la crisis repercutieron sobre la población judía. Si bien no se disponen al momento de estadísticas o datos precisos que registren el impacto sobre este sector de la población, a partir de los trabajos realizados se pueden establecer algunas tendencias.

En un estudio realizado sobre padres de familia de la red escolar judía[4] se observó que una alta proporción de los jefes de familia judíos son comerciantes (el 52%), trabajadores autónomos o profesionales (el 25%). En los últimos años, el comercio fue una de las actividades fuertemente afectada por el proceso de reestructuración económica en tanto que las profesiones liberales perdieron gran parte de su clientela y se vieron forzadas a ejercer sus actividades en situación de dependencia y con menores ingresos que los que tradicionalmente habían percibido.

En relación con este mismo aspecto, si se analizan las tasas de desempleo discriminadas por ramas, durante el período 1985-1996, se observa el incremento sustancial de desocupados en los sectores de comercio y servicios, sobre todo a partir de 1992, año en que se comienza a registrar con mayor contundencia la crisis económica en el seno de la comunidad judeoargentina.

Otro estudio interesante[5] demuestra que la población judía que buscaba empleo entre los años 1993 y 1995 se refería a puestos de alta y mediana calificación: administrativos, secretarias bilingües, etc. (el 30%); vendedores, corredores y empleados de comercio (el 26%) y profesionales de alta calificación (el 13%). Estas cifras dan cuenta de un importante porcentaje de postulantes que pertenecen a la clase media.

Otra forma de estimar la magnitud de este problemas es a través de la demanda. El número aproximado de las familias que ya han acudido a las diferentes instituciones que prestan algún tipo de ayuda social es de 3 mil familias (aproximadamente 9 mil personas). De acuerdo con la experiencia de los profesionales del campo, la cantidad de personas que llegan a las instituciones son menos de la mitad de las que realmente requieren atención. Esto hace que la estimación de personas necesitadas en Capital Federal y Gran Buenos Aires sea de, como mínimo, 18 mil personas (6 mil familias) (véase el cuadro 2).

Pero, ¿de qué modo se ven afectadas estas personas de la comunidad judía por la nueva pobreza?

A las familias judías en situación de empobrecimiento les caben, por supuesto, las mismas características mencionadas para los nuevos pobres de la sociedad argentina en general. Sin embargo, el análisis de la experiencia acumulada en estos últimos años da algunos indicios de ciertos rasgos propios de estas familias.

Uno de estos rasgos particulares es la manifiesta renuencia a pedir ayuda. "Los sectores medios empobrecidos son mucho más renuentes que los estructurales a aceptar ser asistidos por la red de solidaridad social judía que se expresa a través de la AMIA. El orgullo de haber pertenecido a un sector social en donde

[4] Investigación realizada por Iaacov Rubel en 1986.
[5] Rofman, A. y Strier, L. (1995), "El desempleo estructural en la Argentina y su impacto sobre la comunidad judía de Buenos Aires. Diagnósticos y propuestas para enfrentarlo", Buenos Aires, JDC, agosto.

CUADRO 2: *Perfil sociodemográfico de las familias beneficiarias**

Datos demográficos
- Familias con hijos de hasta 19 años: 62%
- Familias con algún miembro mayor de 60 años: 46%
- Familias exclusivamente de mayores de 60 años: 25%
- Beneficiarios menores de 19 años: 28%
- Jefas de hogar con menores a cargo: 11%

Pobreza (% de hogares)
- Pobreza crónica e inercial: 8%
- Nueva pobreza: 40%
- En situación de riesgo: 48%

Empleo (% por hogares)
- Al menos un miembro ocupado: 29%
- Jefe/a de hogar en trabajo precario: 22%
- Jefe/a de hogar desocupado/a: 22%
- Al menos un miembro con jubilación o pensión: 26%

Ingresos
- Ingresos estables (incluidos hogares con jubilación/pensión): 55%
- Ingresos inestables: 33%
- Sin ingresos: 12%

---

* Análisis realizado sobre aproximadamente mil familias beneficiarias de la Alianza Solidaria.

la situación de seria carencia económica estaba excluida constituye una barrera cultural difícilmente franqueable para solicitar ayuda social."[6]

De acuerdo con el mismo informe, las personas acuden a pedir ayuda a la AMIA cuando ya se encuentran en una situación desesperada sin vislumbrar ningún horizonte. En el mismo sentido, esta sensación de vergüenza inhibe a muchos jefes de hogar a solicitar becas, no tanto en las escuela, pero sí en las instituciones sociodeportivas, alejándose directamente de dichos marcos.

También se visualizan problemas en la inserción comunitaria. Aun si la familia sigue permaneciendo en las instituciones de la comunidad –clubes, escuelas, etc.–, la situación de empobrecimiento lleva a otro tipo de exclusión por comparación con los pares. Para la mayor parte de las personas el descenso económico constituye un golpe muy fuerte para su autoestima y el no poder "seguir el ritmo" de consumo de sus amistades habituales. También sienten, en ocasiones, la discriminación de aquellos que les señalan explícita o tácitamente las diferencias: la ropa que no poseen, las salidas que no pueden realizar, etc. Todo ello las desestimula para seguir frecuentando los mismos espacios comunitarios (véase el cuadro 3).

[6] Lew, N. y Rofman, A., agosto de 1996.

CUADRO 3. *Claudia y David*

Claudia y David son un matrimonio con edades entre 39 y 46 años, padres de tres hijos de 18,14 y 11 años, que tenían un negocio de ropa desde 1985, ubicado en el centro de la Capital, en un local alquilado.

Vivían en un departamento propio de dos ambientes que, luego de nacer su primogénito, vendieron para mudarse a una vivienda más grande.

Sus hijos estudian y desarrollan sus actividades recreativas y sociales en el entorno de la comunidad judía.

A fines de 1994, el negocio comenzó a decaer, por lo que hipotecaron su casa para pagar la mercadería adeudada. Al mismo tiempo, cambiaron su coche por uno más antiguo. En 1995 empezaron a atrasarse en el pago del club, de la escuela (donde ya habían obtenido una beca del 50%), dejaron de pagar las cuotas de la hipoteca y las expensas.

A principios de 1996 les cerraron las cuentas bancarias, vendieron el auto para abonar parte de sus deudas, hasta que en marzo cerraron el negocio. Paralelamente, su hija de 14 años debió ser internada por una crisis asmática.

Para abonar las deudas de la hipoteca y las expensas, vendieron mal el departamento y con el remanente alquilaron otro más pequeño y compraron mercadería para volver a vender por las calles, como cuando empezaron. En esta actividad están siendo ayudados por su hijo mayor, quien con esfuerzo intenta continuar con los estudios universitarios.

Actualmente no pagan la escuela, dejaron de concurrir al club y no tienen seguro médico.

Por último, también se puede observar la disminución de tiempo disponible para actividades sociales y recreativas en aquellos que están sobreempleados o con múltiples empleos y, en el caso de los desempleados, la poca voluntad y ánimo para participar en tales actividades.

En definitiva, por las razones enumeradas, se da un aislamiento progresivo de la familia y el alejamiento de las instituciones comunitarias, lo que agrava su situación de vulnerabilidad ya que a la falta de integración económica se suma la ausencia de integración social.

Las respuestas desde las organizaciones comunitarias

La comunidad judía argentina posee una larga tradición en la conformación de redes de acción solidaria. En efecto, desde finales del siglo pasado, con la llegada de los primeros inmigrantes, fueron creándose una importante cantidad de instituciones de ayuda mutua basadas en el principio judaico de la *tzedaka* (justicia social) que cubrían casi todas las necesidades de los judíos en Buenos Aires. De este modo surgió la AMIA, con la finalidad de concentrar y organizar la asistencia a los más desvalidos. Hacia 1920 se crearon los Comedores Populares Israelitas Argentinos que hasta el día de hoy atienden a decenas de personas en situaciones críticas. El Hogar Israelita para Ancianos, el Bikur Jolim, el Hospital Israelita, la Asociación Israelita Sefardí Argentina (AISA) y otras tantas instituciones también vienen colaborando, desde hace años, en función de paliar la situación de aquellos miembros de la comunidad cuyos recursos no les permiten subsistir con dignidad.

Sin embargo, el profundo incremento de la pobreza dentro de la comunidad judía que se ha dado en el último decenio, con todas las graves connotaciones que hemos mencionado, parece exceder el tradicional esquema de ayuda pensado, evidentemente, para otra realidad socioeconómica. Es por ello que desde hace unos años han surgido en algunas instituciones nuevos proyectos que intentan hacer frente a la crisis.

La Alianza Solidaria: una respuesta innovadora

Propósitos, estrategias y población beneficiaria

Frente a la acuciante realidad descripta, más de 50 instituciones de la comunidad judía[7] de la Capital Federal y el Gran Buenos Aires –templos, clubes, escuelas, entidades culturales, entre otras– comenzaron a actuar espontánea y solidariamente tratando de atender a las nuevas necesidades.

Pero estos esfuerzos institucionales seguían resultando insuficientes, por lo que se requería una importante acción de coordinación que permitiera dar una respuesta ampliada, más orgánica y eficiente a la creciente demanda de ayuda.

Por este motivo, en septiembre de 1997, la AMIA, la Fundación Tzedaka, la AISA y el Joint Distribution Committee (JDC) enfrentaron en forma conjunta el desafío de diseñar y accionar una red de protección social comunitaria que asumiera la responsabilidad compartida del cuidado y la atención de la población más vulnerable, a la que aún no se le daba una respuesta eficiente y adecuada.

Para ello se constituyó un fondo económico que se utilizó como puntapié inicial para brindar la ayuda social requerida y para que, a la vez, promoviera la generación de nuevos recursos financieros y materiales para la sustentabilidad del proyecto. A partir de 1999, la Alianza Solidaria pasa a ser un programa de la Fundación Tzedaka, con la colaboración del JDC.

La Alianza, desde su creación, se fijó como objetivo mejorar la calidad de vida de la población judía en situación de pobreza y vulnerabilidad social de la Capital Federal y el Gran Buenos Aires. Para ello se propuso:

1. Aumentar la cobertura de los servicios sociales dirigidos a la población en situación de pobreza y vulnerabilidad social:
   1.1. Aliviar la satisfacción de las necesidades básicas de la población destinataria.

[7] En el año 1996 se realizó un relevamiento de las instituciones comunitarias que desarrollaban acciones sociales dirigidas a la población necesitada que arrojó la cifra de 53 organizaciones actuando en el campo social.

1.2. Fortalecer las capacidades, individuales y familiares, para lograr el autosostenimiento y un nivel de vida digno.

1.3. Prevenir la exclusión social de las familias en situación de empobrecimiento.

2. Implementar un modelo de funcionamiento interinstitucional, fundado en la solidaridad hacia los más necesitados, para mejorar la eficacia y la eficiencia de las acciones sociales:

2.1. Poner en funcionamiento una base de datos de beneficiarios y oferta de servicios sociales.

2.2. Instalar la colaboración y cooperación entre las instituciones como mecanismo regular para la prestación de servicios sociales y la generación de recursos.

2.3. Fortalecer la capacidad técnica y de gestión de las instituciones para la realización de acciones sociales.

La *población beneficiaria directa* de la Alianza son las familias judías en situación de pobreza y de vulnerabilidad social de la Capital Federal y el Gran Buenos Aires, sean éstas categorizadas como pobres estructurales, nuevos pobres o como familias en riesgo.[8]

Los *beneficiarios indirectos* son las instituciones comunitarias (de primer grado) que se asocian a la propuesta y los voluntarios que participan en el desarrollo de las actividades de la Alianza. A partir de la asunción plena de la responsabilidad del programa por la Fundación Tzedaka se establece una nueva "alianza", no ya entre las organizaciones que la crearon, sino con estas instituciones de primer grado y entre ellas.

La estrategia básica implementada fue la creación de Centros de Atención Social Solidaria (CASS), abiertos por la Alianza en asociación con una institución de base de la comunidad. Hasta el momento se han abierto siete centros en la Capital Federal y el Gran Buenos Aires (véase el cuadro 4).

Es de destacar la amplitud de las alianzas establecidas, ya que se incluyeron los distintos sectores de la comunidad: laicos y religiosos de distintas tendencias, sefardíes y asquenazíes, etc. En este sentido, la Alianza Solidaria es uno de los pocos programas, sino el único, que logra aunar esfuerzos de grupos comunitarios tan diversos tras un objetivo común.

Estos centros tienen su sede en la institución asociada, son coordinados por una profesional bajo cuya responsabilidad se encuentran la atención directa de los

---

[8] Categorías tomadas de Katzman, Rubén (1989), "La heterogeneidad de la pobreza. El caso de Montevideo", en *Revista de la CEPAL*, núm. 37, abril; SIEMPRO (1999), "Indicadores para el seguimiento de la situación social. 1er semestre de 1998", Buenos Aires, Presidencia de la Nación, Secretaría de Desarrollo Social, enero.

CUADRO 4: *Centros de Atención Social Solidaria*

- CASS *Agudat Dodim, con la Asociación Comunidad Sefardí de Flores "Agudat Dodim".*
- CASS *Devoto, con la Asociación Cultural Israelita de Villa Devoto.*
- CASS ORT, *con la Asociación* ORT *Argentina y la colaboración de la Comunidad Beith Israel y el Instituto Scholem Aleijem (Central).*
- CASS *Emanu-el, con la comunidad del mismo nombre.*
- CASS SIO, *con la Sociedad Israelita del Oeste.*
- CASS *Sur, con el Ente Coordinador de las Instituciones del Sur.*
- CASS *Jabad Lubavitch, con la Fundación Jabad.*

beneficiarios y la coordinación del grupo de voluntarios, quienes colaboran en el diseño, la implementación y la evaluación de las acciones de los CASS. Más adelante se explicará en detalle el funcionamiento de estos centros.

Modelo de gestión y atención

En los programas sociales, la forma de hacer las cosas es tan importante como las cosas que se hacen. Debido a que el proyecto se orienta a satisfacer a una población con vulnerabilidades y singularidades específicas, son fundamentales las condiciones particulares de entrega de servicios; también los procesos de gestión involucrados en la ejecución de los programas son cruciales, ya que la miríada de detalles de la ejecución importa tanto como la elección del mecanismo.[9]

Por estos motivos, no existe un límite definido entre el modelo de atención y el de gestión, porque el modo en que se lleva adelante la gestión tiene resultados directos sobre la calidad y el impacto de los servicios.

A continuación se presentan, sintéticamente, los principios y las características del modelo que implementa la Alianza, así como su justificación.[10] Estos rasgos actúan sinérgicamente, conformando un modelo donde cada uno de ellos cobra sentido en conjunción con los restantes.

Estos principios y características, tal como aparecen mencionados, pueden parecer "demasiado teóricos"; sin embargo, luego de más de dos años de experiencia, se puede afirmar que todos ellos tienen expresión real en la práctica cotidiana de la operación del proyecto. (En el ítem siguiente se expondrá, brevemente, su operacionalización en el circuito de atención a los beneficiarios.)

Descentralización: Esta característica está definida tanto por la ubicación geográfica de los Centros de Atención, ya que están localizados en lugares cercanos a

---

[9] García Huidobro, J. E., 1985 y Sojo, A., 1997.

[10] Es de destacar que aquí se enumeran rasgos en forma separada unos de otros sólo en función de su mejor comprensión, ya que en realidad sus límites no son definidos; se trata de características interdependientes entre sí, cuya autonomía es inexistente en la vida concreta del proyecto.

las familias necesitadas porque de este modo pueden captar la especificidad de las necesidades de cada comunidad, así como por la gestión descentralizada de recursos, ya que son las propias instituciones las que reciben el presupuesto asignado de acuerdo con sus necesidades y ellas mismas lo administran.

Participación: La descentralización, para ser efectiva, debe ir de la mano de la participación; al mismo tiempo, la participación requiere espacios de descentralización significativa. La participación real facilita la asignación de poder a las personas, en vez de perpetuar las relaciones generadoras de dependencia tan característica de los enfoques "de la cima hacia la base".[11]

Por este motivo, la Alianza pone especial cuidado en la relación con las organizaciones de base y los voluntarios. Así, la participación de beneficiarios y voluntarios tiene el propósito de abrir un espacio para el real protagonismo de la gente y no meramente el de reducción de costos (mano de obra barata), objetivo éste bastante usual en proyectos "seudoparticipativos".

Con esta base filosófica, el proyecto implementa la participación por medio de la horizontalidad fluida de todos sus protagonistas (beneficiarios, voluntarios, profesionales y dirigentes), así como por el desarrollo conjunto del diagnóstico de necesidades, la planificación y la evaluación de cada uno de los centros.[12]

Alianzas estratégicas: Estas alianzas se concretan tanto dentro de la misma comunidad judía, entre las instituciones de segundo grado (la AMIA, la Fundación Tzedaka y el JDC) y las de base (SIO, Agudat Dodim, etc.), como con instituciones gubernamentales y no gubernamentales del país e internacionales.

Por una parte, la conjunción de esfuerzos y recursos es indispensable para poder afrontar una problemática de tal magnitud y complejidad y hace más eficientes las acciones de cada una de las instituciones que conforman la Alianza y las enriquece. Por otra, dadas las características institucionales de nuestro medio, la Alianza colabora fuertemente en la creación de las condiciones de viabilidad y sustentabilidad del proyecto.

Una de las líneas que la Alianza ha venido impulsando fuertemente es la asociación con programas públicos, lográndose en el último año iniciar tres proyectos dentro de ese marco y con financiación compartida.

Accesibilidad/cobertura: Accesibilidad significa en este contexto facilitar el acercamiento de la gente, el contacto de la oferta con la demanda. En el proyecto, la accesibilidad está considerada en dos dimensiones: la geográfica y la cultural.

---

[11] Racelis, M., 1994.
[12] En varias investigaciones comparadas se ha demostrado que cuanto más cerca esté una organización de la población asistida, menor será el costo administrativo y mayores las posibilidades de control social de la comunidad sobre el funcionamiento del programa, con las ventajas que esto conlleva.

En función de la primera se han situado los Centros en lugares cercanos geográficamente a las zonas donde hay mayor concentración de las familias necesitadas y menor oferta de servicios.

La accesibilidad cultural se relaciona con algunas de las características de la nueva pobreza judía mencionadas anteriormente; por una parte, la renuencia de los mismos pobres a pedir ayuda al no poder asumir y aceptar su actual situación socioeconómica; por otra, la vergüenza que les significa acercarse a instituciones que tradicionalmente se identifican con los pobres, grupo al que sienten que no pertenecen.

El logro de una mayor accesibilidad se vincula a uno de los objetivos de la Alianza: alcanzar una mayor cobertura llegando a aquellas familias que nunca antes se acercaron a las instituciones.

Transparencia en la gestión (accountability): Toda la operatoria económica financiera está sujeta a auditoría permanente, lo mismo que los criterios para el otorgamiento de las prestaciones y su concreta aplicación. Esta auditoría se comunica tanto a los miembros de las instituciones financiadoras como a posibles donantes, voluntarios y público en general de modo de dar cuenta de la ejecución correcta de los fondos para los fines que fueron otorgados.

La transparencia en la gestión redunda en una mejor capacidad para captar recursos y en la construcción de la credibilidad del proyecto, necesaria para su supervivencia. Esta última condición es muy importante en la Argentina, donde los programas sociales son cuestionados permanentemente por el "clientelismo" que lleva a la aplicación de fondos a familias y personas que no los necesitan.

Eficiencia y eficacia: Se realizan acciones sistemáticas para el uso eficiente de los recursos, sean materiales o humanos. Aun cuando en proyectos relativamente pequeños los costos fijos y de gestión son altos en relación con los destinados a las prestaciones, la conducción de la Alianza ha determinado que las erogaciones administrativas no sean mayores del 15%.[13]

Otro elemento que se utiliza para el logro de la eficiencia es el funcionamiento en red con las instituciones que son parte de este proyecto, con otras de la misma comunidad y con organizaciones de la sociedad civil y gubernamentales.

En cuanto a la eficacia, este proyecto orienta su gestión por objetivos claramente fijados; si bien es difícil medir impactos en las intervenciones sociales, se realiza un seguimiento constante de las familias observando indicadores que permitan inferir los logros con una aproximación muy aceptable.

---

[13] Es de destacar que no estamos trasladando al proyecto el concepto unilateral de eficiencia y eficacia económica, ya que se reconoce que servicios sociales eficientes por sus funciones de integración social, son considerados ineficientes desde criterios puros de mercado. En este caso significa articular la eficiencia económica con solidaridad social.

Calidad de los servicios: Se ha probado, internacionalmente, la dificultad de brindar servicios de calidad cuando éstos son exclusivamente para los pobres[14] ("servicios pobres para pobres"). Para evitar esta tremenda injusticia y en respeto al principio de equidad, toda prestación que brinda el proyecto debe reunir las características de la calidad, tanto desde la perspectiva técnica como desde la satisfacción de los usuarios (beneficiarios y voluntarios).

Conjunción (mix) *de recursos voluntarios y profesionales:* Tanto la gestión como la prestación directa de servicios son realizadas por grupos de voluntarios coordinados por profesionales del área social. Esta conjunción, desde un enfoque técnico, aumenta la eficiencia del trabajo profesional (*leverage*) y, desde una perspectiva de creación de valores, aumenta el desarrollo de la solidaridad en el voluntariado, quienes así resultan beneficiarios indirectos del proyecto.

Integralidad: Este principio implica la atención de necesidades tanto biológicas y psicológicas como sociales, pero también significa satisfacer necesidades básicas –alimentos, medicamentos, vivienda–, realizar acciones de prevención de riesgos específicos y desarrollar capacidades individuales y familiares que construyan la autonomía de los beneficiarios.

Orientación a la familia: Se trata de tomar a cada individuo que se acerca dentro del marco familiar, sea para realizar el diagnóstico de necesidad como para desarrollar las acciones concretas de ayuda, ya que se considera a la familia como un recurso de excelencia para los procesos de promoción e integración social. En síntesis, la familia es considerada como unidad de diagnóstico y de intervención.

Funcionamiento en red: Por las mencionadas razones de eficiencia, viabilidad y los valores filosóficos que sustentan la acción de la Alianza (conjunción solidaria de esfuerzos), se articulan todas las instituciones integrantes de la Alianza con otras que dentro de la comunidad desarrollan acciones sociales (servicio social de la AMIA, departamento de acción social de la Fundación Tzedaka, proyecto Voluntarios en Red del JDC, entre otras) y con instituciones de fuera de la comunidad.

El funcionamiento de la red permite el intercambio de recursos de información, humanos, económicos, etc. Debido al crecimiento de este mecanismo, se diseñó recientemente, con apoyo del JDC, una red informática –Solired– que permite reunir información de las personas, los grupos y los recursos disponibles en las distintas organizaciones y los optimiza al hacerlos accesibles desde cualquier punto de la red, valiéndose de la interconexión de computadoras personales. En la figura 1 se presenta un esquema de la red institucional de la Alianza Solidaria.

[14] Grosh, M. y Atkinsons, A., en Sojo, A., 1997.

FIGURA 1: *Red institucional de la Alianza Solidaria*

El modelo de acción: los Centros de Atención Social Solidaria (CASS)

Como se mencionó anteriormente, los CASS son centros de atención social abiertos por la Alianza en asociación con una institución de base de la comunidad.

El proyecto aporta a los Centros la conducción profesional, los recursos financieros para las prestaciones otorgadas a los beneficiarios así como los programas específicos de acción. Las instituciones asociadas brindan la infraestructura edilicia e institucional y los recursos humanos voluntarios.

Se trata de una verdadera asociación donde cada miembro conserva su propia identidad, pero compartiendo ciertas características y acciones que le permiten formar parte del todo. Esto significa que si bien todos los CASS son parte de la Alianza tienen algunos rasgos distintivos de acuerdo con el tipo de institución, su trayectoria, las características de la población que forma parte de la comunidad, etc. En síntesis, cada CASS tiene rasgos particulares y rasgos compartidos.

Rasgos particulares: Cada CASS tiene una modalidad propia. Selecciona y organiza la entrega de servicios de acuerdo con sus necesidades y posibilidades. Para ello inicia sus actividades con un proceso participativo de diagnóstico de necesidades y diseño de los servicios.

Rasgos compartidos: Todos los CASS son coherentes con el modelo de gestión y atención de la Alianza y participan de una operación similar en cuanto al circuito de atención de los beneficiarios que se describe más adelante.

Para seleccionar las instituciones sede se tuvieron en cuenta los siguientes criterios:

- Localización geográfica
- Filiación/representatividad comunitaria
- Potencial institucional:
  - Motivación/interés de líderes y profesionales
  - Existencia de voluntarios
  - Experiencia en acciones sociales
  - Capacidad de gestión
  - Acceso a beneficiarios

Funcionamiento de los CASS, el circuito de atención

La llegada de la familia al CASS

La familia accede al CASS solicitando telefónicamente una entrevista. La entrevista de admisión es realizada por una profesional, quien orienta la anamnesis basándose en un formato de historia clínica social establecido, común para todos los CASS. La información queda registrada en un legajo familiar, que se va actualizando en forma continua.

Luego de realizado el diagnóstico y analizadas las posibles alternativas de ayuda, la coordinadora presenta el caso al denominado "grupo de admisión", conformado por voluntarios; el grupo y la coordinadora deben llegar *por consenso* a definir la/s prestación/es que se brindarán. Este consenso queda registrado en un formulario de acuerdo de prestaciones, que es firmado por la coordinadora y los voluntarios y que se adjunta al legajo.

Una vez definida la ayuda, la coordinadora cita a la familia y comunica claramente cuál es el tipo de prestación que se le ha otorgado y por cuánto tiempo. Cada vez que los beneficiarios acceden a un bien o servicio firman un recibo que también se agrega al legajo.

Es importante destacar que el registro sistemático y detallado de todas las acciones y acuerdos es un requisito en aras de la transparencia de la gestión y de la asunción de las responsabilidades y los compromisos adquiridos, tanto por el proyecto como por los voluntarios y los beneficiarios.

Un ejemplo simple: se decide otorgar a la familia una caja de comida mensual durante seis meses, momento en el cual se revaluará la situación. Al mismo tiempo, se les ofrece la posibilidad de que los niños concurran a la escuela de la comunidad; si la familia lo acepta, se comienzan a gestionar las becas en la escuela. Además de esto, la coordinadora realiza un seguimiento telefónico de la situación de la familia y, en caso de que lo considere necesario, los cita para una entrevista.

Se debe considerar que aunque existen normas generales que orientan la decisión sobre las prestaciones a otorgar, ellas no son de aplicación rígida. Esto se basa en la consideración de cada familia en su singularidad, con sus especificidades y necesidades diferenciadas. Aplicar normas estrictas puede resultar válido para programas de tipo asistencialista y cuando la cantidad de beneficiarios es de tal magnitud que resulta imposible realizar un diagnóstico en profundidad de la situación de cada familia, pero este procedimiento no sirve, de manera alguna, para apoyar a las familias en su desarrollo y promoción social.

Esta flexibilidad en las normas y los criterios puede llevar a una subjetividad riesgosa en el análisis de los casos; para evitarlo, se cuenta con el grupo de admisión y, principalmente, con la supervisión que, semanalmente, realiza el grupo de profesionales de los casos que se presentan.

La organización de los voluntarios

Cada Centro cuenta con una coordinadora profesional y un grupo de voluntarios, entre 10 y 70 según el CASS. Los voluntarios forman subgrupos por programa de atención, así se organizan, por ejemplo, el grupo de ropero, el grupo de farmacia, el grupo de alimentos, etc. Cada grupo se autogestiona y nombra un referente. Este referente los representa en el "grupo de admisión".

El grupo de admisión se reúne una vez por semana; allí, la coordinadora presenta los casos en forma sucinta[15] y recomienda las acciones a realizar para ayudar a la familia. En ese mismo momento se distribuyen las tareas y responsabilidades que implican las prestaciones acordadas entre los grupos de programas.

Además de los encuentros que cada grupo de programa decida realizar, todos los voluntarios son convocados regularmente por la coordinadora a una reunión general donde se comentan los avances y se analizan las dificultades del trabajo. En forma más sistemática, con el apoyo del proyecto de Voluntarios en Red del JDC, se realizan actividades de capacitación sobre temas específicos que son de interés de los voluntarios, como por ejemplo: relación voluntario/beneficiario, la confidencialidad en la acción social, entre otros.

---

[15] En resguardo de la confidencialidad debida a los beneficiarios, la profesional comenta cada caso con la menor información que se requiera para comprender la situación y poder tomar la decisión. Por esa misma razón, los nombres de las familias no se informan al grupo de admisión.

Prestaciones

El carácter *polifacético* de la pobreza exige intervenciones integrales, en tanto que su *heterogeneidad* requiere establecer prestaciones diferenciadas. Centrarse sólo en las manifestaciones de la pobreza conduce a desarrollar programas asistencialistas que si bien son imprescindibles, en términos de la supervivencia de las familias, no inciden en las causas del problema (véase el cuadro 5).

CUADRO 5: *¿Qué significa una caja de alimentos para una familia necesitada?*

La caja de alimentos es un *fin* en sí mismo:
• Cubre el 23% de los requerimientos nutricionales de una familia tipo con una dieta balanceada.
• Brinda la seguridad a la familia de que contarán con los alimentos básicos, lo que redunda en la generación de un clima hogareño menos angustiante.

La caja de alimentos es un *medio*:
• Es una vía de acceso a las familias necesitadas: permite iniciar el contacto de la familia con la comunidad y abre la oportunidad de trabajar con sus integrantes en otros aspectos como la orientación y organización familiar, la integración comunitaria, etc. Si una familia tiene necesidad de ayuda alimentaria, es muy probable que tenga otras necesidades insatisfechas.
• Representa para la familia la existencia de una comunidad capaz de protegerlos y contenerlos y, por tanto, disminuye la sensación de aislamiento en la que generalmente se encuentran.

Es cierto que, en gran medida, estas determinantes son de tipo estructural y su modificación no está al alcance de un programa social; pero, si se concibe a la pobreza no meramente como la falta o insuficiencia de ingresos y bienes, sino como la privación de capacidades adecuadas para la plena inserción social de las personas,[16] queda un importante margen de acción.

Así, se intenta que las acciones asistenciales sean conjugadas con intervenciones que enfaticen el logro de capacidades, destrezas y habilidades pertinentes para superar la privación mediante la inserción social, económica y política.

Las principales prestaciones que se brindan en los CASS son: asistencia en salud, caja de alimentos, orientación social, empleo, subsidios de emergencia, asesoramiento legal, integración comunitaria, ayuda en vivienda, ayuda y tratamiento psicológico.

Los CASS agregan otros servicios de acuerdo con sus necesidades y posibilidades, tales como ayuda escolar, microemprendimientos específicos, distribución de juguetes, muebles y electrodomésticos, etcétera.

[16] Sen, A., 1995.

Resultados[17]

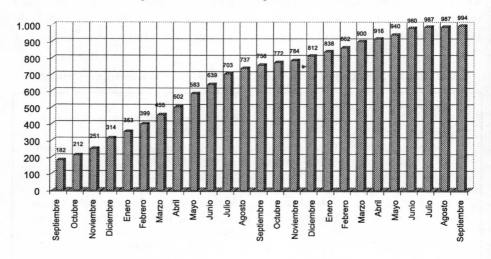

FIGURA 2. *Alianza Solidaria. Familias atendidas*
Septiembre de 1997 - septiembre de 1999

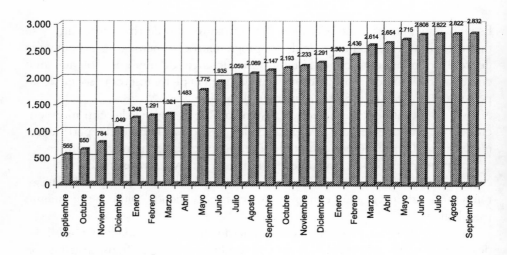

FIGURA 3. *Alianza Solidaria. Beneficiarios atendidos*
Septiembre de 1997 - septiembre de 1999

[17] Durante los meses de julio y agosto de 1999 se suspendieron las admisiones por cuestiones presupuestarias.

FIGURA 4. *Alianza Solidaria. Cantidad de prestaciones mensuales*
Septiembre de 1997 - septiembre de 1999

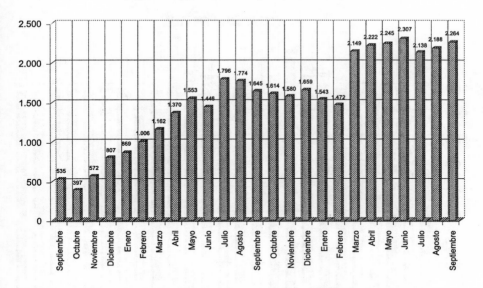

FIGURA 5. *Tipo de prestaciones (en porcentajes)*
Septiembre de 1999

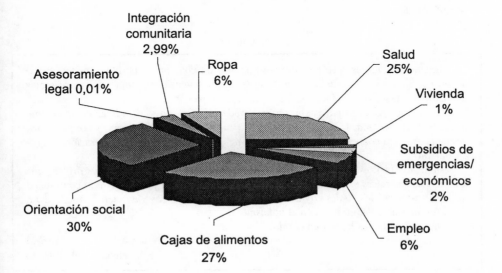

FIGURA 6. *Alianza Solidaria. Horas voluntarias por mes*
Septiembre de 1997 - septiembre de 1999

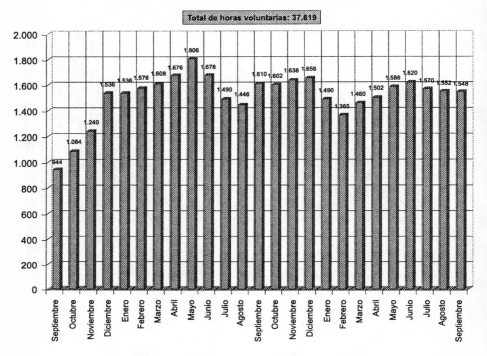

Además de los resultados cuantitativos que se pueden observar en las figuras anteriores, existe un sinnúmero de logros y resultados cualitativos de diferente clase y magnitud.

CUADRO 6

Cuando la vida nos lleva por caminos que nunca hubiéramos querido transitar, cuando uno se siente solo, perdido en un bosque y no encuentra ninguna señal para seguir avanzando, las ganas, las fuerzas, las esperanzas se pierden...

Yo no tengo palabras para expresar mi agradecimiento, no sólo en lo económico, sino a través de tu persona, Carina, por tu forma, tu manera de contenerme y porque a través de la Alianza conocí a personas como la Sra. Fanny, dignas de mi admiración y agradecimiento...

Ahora también estoy en un bosque pero no sola, estoy rodeada de otros árboles que también tienen raíces y frutos, raíces que me enorgullecen por pertenecer a la comunidad judía, y frutos por los cuales voy a luchar con todas mis fuerzas y a quienes enseño día a día a ser las raíces del mañana en el judaísmo.

En nombre de mis hijos y en el mío...

Patricia
Beneficiaria del CASS SIO

Con relación al impacto en los beneficiarios, aunque los cambios en la situación social de las familias son de proceso lento, desarrollado sobre la base de sucesivos logros casi imperceptibles, es posible registrar ya muchos casos en los que efectivamente estos cambios se produjeron. Una persona que, luego de obtener una beca de capacitación en computación, consiguió trabajo; una mujer que inició la lucha para llegar a un estado que le permitiera recuperar judicialmente la tenencia de sus hijos y la obtuvo; un padre de familia que había perdido toda esperanza y se encontraba inactivo volvió a construir un proyecto de vida y con coraje comenzó a desarrollarlo; una enferma de sida que retomó su tratamiento médico y psicológico; una anciano que ya no se siente solo ni desamparado porque tiene asegurados sus medicamentos y se integró a un grupo de tercera edad de la comunidad, entre cientos de casos que se podrían mencionar.

En cuanto a los voluntarios, los resultados observables son de gran importancia: han crecido en número y en capacidad de ayuda, han logrado también acrecentar su espíritu solidario y transmitirlo a otros que se encontraban más alejados. Un ejemplo de solidaridad ha sido una campaña de emergencia de alimentos que se organizó por primera vez en forma unificada por todas las instituciones comunitarias y que en menos de quince días logró recolectar más de 23 mil productos alimenticios (véase el cuadro 7).

En las instituciones donde se localizan los CASS se ha logrado que la acción social tenga un lugar más importante dentro de sus actividades cotidianas y, en algunos casos, su presencia ha permitido redefinir la misión de la institución;

CUADRO 7

De mi mayor consideración: Por la presente quiero hacerles llegar a Uds. mi mayor gratitud a la asistencia que me brindaron a mí y a mi familia en los últimos meses.

Como ya saben, al perder el trabajo me dirigí a vuestra institución para solicitarles ayuda. Fui atendido con la mayor calidez y cordialidad que en estos casos uno requiere.

Pese a la sensación de pérdida que se siente en esta situación, encontrarse con GENTE, con mayúscula, como Uds. reconforta y contiene. La ayuda por Uds. brindada es y se siente así, de corazón, viene del alma.

Por todo esto y muchas cosas más que realmente son difíciles de describir, sólo les puedo decir GRACIAS, MUCHAS GRACIAS POR LO QUE HICIERON CON MI PERSONA Y POR TODO LO QUE HACEN DESINTERESADAMENTE POR TODOS LOS QUE NECESITARON, NECESITAN O NECESITARÁN.

Por mi parte les agradezco toda su ayuda, ahora que tengo trabajo puedo caminar solo, pero eso no implica que no cuenten conmigo para lo que necesiten. Nuevamente ¡muchas, muchísimas gracias!

Oscar
Beneficiario del CASS SUR

P.D.: Desearía que el beneficio de la caja de alimentos que Uds. me han otorgado, se lo entreguen a otra flia. que en este momento lo necesite más que nosotros.

en otros, ha conseguido convocar a nuevos miembros o establecer una relación más estrecha con organizaciones de la comunidad con las que anteriormente no tenían contacto.

Desafíos

Evidentemente, además de los logros mencionados existieron dificultades; como todo proyecto que se inicia y que involucra a varias instituciones, su puesta en marcha resultó compleja. Pero más allá de los detalles de la gestión, persisten algunas cuestiones de fondo que son los verdaderos desafíos que debemos enfrentar. Entre ellos, caben mencionar:

a) Crear respuestas adecuadas para los "nuevos pobres", así como estrategias de prevención para que las familias en situación de vulnerabilidad social no caigan en el círculo de la pobreza.

b) Consolidar la red institucional.

c) Lograr la sustentabilidad económica.

d) Mantener y acrecentar el voluntariado.

e) Aumentar la cobertura.

Para finalizar, y retomando las conclusiones del estudio de la pobreza judía realizado por el JDC, es importante recordar que hasta ahora la pobreza judía aparecía, en todo caso, como un problema residual, producto de circunstancias accidentales y más de tipo personal, solucionable con la solidaridad de los más pudientes.

Sin embargo, como se ha mencionado al inicio de este documento, la situación de empobrecimiento por la que se ven afectadas numerosas familias judías no constituye un hecho casual ni pasajero, se desprende de una situación global por la que atraviesa la Argentina. Obviamente, la solución a esta situación no depende de programas comunitarios, pero en ese contexto las redes sociales y el papel de las comunidades, como es el caso de la judía, son centrales para reforzar los vínculos sociales y evitar la caída en situaciones de exclusión.

El punto es que hasta el momento la percepción de estos cambios no parece hacerse visible y la idea de que "no hay judíos pobres" sigue presente en muchos sectores de la comunidad y, las más de las veces, a los propios afectados les cuesta darse cuenta de esta situación, ya que se autoculpan por sus padecimientos y no se sienten dignos si solicitan ayuda.

Por todo lo mencionado es que la respuesta que se está construyendo desde la Alianza parece ser una alternativa posible para enfrentar el problema. Su cercanía a la gente, su capacidad para atender en su singularidad a cada una de las familias, la posibilidad de abrir un espacio de participación a los voluntarios y beneficiarios parecen ser orientaciones apropiadas para promover la integración social de los más necesitados. Sin embargo, los desafíos planteados siguen vigentes. El camino recién se inicia.

Bibliografía

ALIANZA SOLIDARIA (1999), "Informe de Gestión", Buenos Aires, septiembre.

BARBEITO, ALBERTO y LO VUOLO, RUBÉN (1992), "La Modernización Excluyente, Transformación Económica y Estado de Bienestar en Argentina", Buenos Aires, UNICEF-CIEPP-LOSADA, Ed. Losada, octubre.

CASTEL, ROBERT (1997), "La metamorfosis de la cuestión social. Una crónica del salariado", Buenos Aires, Ed. Paidós.

CORNIA, G.; JOLLY, R. y STEWARTT, F. (1987), "Ajustes con rostro humano", ed. Siglo XXI.

GARCÍA HUIDOBRO, JUAN EDUARDO (1985), "Programas sociales solidarios y de educación popular", en: *Aspectos metodológicos de las políticas de desarrollo social*, ILPES-APSAL-ISUC.

GROSH, M. (1992), "From Platitudes to Practice: Targeting Social Programs in Latin America", vol. I: Synthesis, Washington D.C., Banco Mundial, División Recursos Humanos, septiembre.

KATZMAN, RUBÉN (1989), "La heterogeneidad de la pobreza. El caso de Montevideo", en: *Revista de la CEPAL*, núm. 37, abril.

KLIKSBERG, BERNARDO (comp.) (1994), "Pobreza, un tema impostergable. Nuevas respuestas a nivel mundial", México, CLAD-CFE-PNUD, Ed. Fondo de Cultura Económica, 2ª reimpresión en español.

LEW, NORMA et al. (1997), "Temas de la Agenda Comunitaria: La Nueva Pobreza Judía", Buenos Aires, JDC, abril.

MINUJIM, A. y KESSLER, G. (1995), "La nueva pobreza en Argentina", Buenos Aires, Ed. Planeta.

NOVACOVSKY, IRENE y CARPIO, JORGE (1997), "La cuestión social de los noventa: una nueva institucionalidad para las políticas sociales públicas", ponencia presentada en la Conferencia Internacional sobre Pobreza y Exclusión Social, San José, Costa Rica, FLACSO-UNESCO-UTRECET, 28-30 de enero.

SEN, A. (1995), "The political economy of targeting", en: Van de Walle y Nead (eds.), *Public spending and the poor. Theory and evidencie*, Baltimore y London, J. Hopkins University Press.

SIEMPRO (1999), "Indicadores para el seguimiento de la situación social. 1er semestre de 1998", Buenos Aires, Presidencia de la Nación, Secretaría de Desarrollo Social, enero.

SOJO, ANA (1997), "La política social en la encrucijada: ¿opciones o disyuntivas?", en: *Cuadernos de Políticas Sociales*, Buenos Aires, SIEMPRO, Secretaría de Desarrollo Social, núm. 1.

Nuevos escenarios para un compromiso permanente: la acción social de la AMIA, comunidad judía

Ana E. Weinstein*

Un poco de historia

La presencia judía en la Argentina data de mediados del siglo pasado, teniéndose registro de una primera institución creada en 1862. Es algunos años más tarde que se concreta, sin embargo, la comunidad judía organizada, cuando mediante la participación y decisión de representantes de diferentes sectores se crea, en 1894, la Asociación Mutual Israelita Argentina (AMIA), que en ese momento nace con el nombre de Jevra Keducha.

Por su misión, relacionada con los aspectos más trascendentes de la identidad judía, la AMIA ocupó un lugar central en la creciente presencia judía en el país. Se fueron afiliando a ella importante número de inmigrantes que a lo largo de las décadas fueron llegando a la Argentina desde los países de Europa oriental y otros del viejo continente.

Sus objetivos fundacionales estaban relacionados con el mantenimiento de la vida judía, la observancia ritual, la educación y, como elemento estructurador, la ayuda a los necesitados. En los primeros años, esas necesidades estaban vinculadas principalmente a los requerimientos de los inmigrantes, la protección a las viudas y huérfanos, pero muy rápidamente las actividades asistenciales se fueron extendiendo con la misma vitalidad y dinamismo con que se fue complejizando la diversidad de necesidades y actividades de la población judía.

Con la llegada de los sobrevivientes del Holocausto, a fines de la década de 1940, culmina el proceso inmigratorio judío a la Argentina. Se calcula que en esos años hay alrededor de 300 mil judíos en el país, el 85% radicado en Buenos Aires y el otro 15% en las más de 50 ciudades y centros rurales del interior del país.

Al esfuerzo de la generación de judíos inmigrantes se le suma el sostenido empuje que le inyectan las generaciones siguientes, que en el marco del proceso de desarrollo económico de la Argentina de los primeros 60 años del siglo generan el crecimiento y el fortalecimiento de la estructura institucional de la comunidad judía, al mismo tiempo que difunden una presencia cada vez mayor en los estratos socioeconómicos medios de la sociedad.

* Directora del Centro de Documentación e Información sobre Judaísmo Argentino Marc Turkow de la AMIA, y de la Federación de Comunidades Judías de la Argentina.

La AMIA, como institución central y articuladora de la vida judía organizada en la Argentina, fue acompañando este crecimiento y desarrollando actividades y programas educativos, culturales y religiosos adaptados a esas realidades. También en el ámbito de la asistencia social la AMIA desarrolló servicios y programas acordes con las necesidades de los diferentes momentos históricos y sociales de la comunidad.

Cambios en el contexto

Las tendencias que a partir de los años setenta comenzaron a cuestionar en el mundo el rol del Estado como regulador de la economía también empezaron a tener influencia en la Argentina, en su estructura económica y, por ende, en la sociedad toda.

Tal como sucedía en el resto de los países de América Latina, también en la Argentina fue cobrando creciente vigencia la idea de que los mecanismos del mercado debían regular el sistema sin la presencia protectora del Estado. La implementación de estas políticas económicas, potenciadas por la internacionalización de la economía y el significativo avance tecnológico, produjo a partir de los años ochenta cambios sustanciales con un alto impacto en la estructuración del sistema social.

Las reglas del juego y la situación que impuso el nuevo modelo globalizado, vertiginosamente agravada a partir del comienzo de la década de 1990, eran escenarios no conocidos para la población en general y para la clase media en particular. El deterioro de las condiciones de vida para un número cada vez más grande de personas de este estrato era un hecho totalmente novedoso para la visión de desarrollo y crecimiento social con la que se habían manejado hasta ese momento. De una estrategia de desarrollo basada en la presencia de un Estado benefactor, con crecimiento del consumo interno y expansión de actividades de la pequeña y mediana empresa industrial o comercial, se pasó a un modelo de ajuste estructural.

A pesar del crecimiento económico que se dio en algunos de los campos de la economía argentina, no hubo sin embargo una generación de empleo que pudiera estabilizar lo sucedido en los otros sectores de la economía. Muy por el contrario, produjo su retracción masiva y consecuente empobrecimiento.

Las consecuencias más inmediatas de este esquema de desarrollo estuvieron vinculadas con un significativo aumento de la desocupación (llegó al 18,4% en 1995) y una redistribución del ingreso que favoreció marcadamente a los sectores de más altos recursos. Produjeron, entre otros impactos, una pérdida masiva de fuentes de trabajo y una acentuada regresión en los ingresos.

El proceso de empobrecimiento afectó fundamentalmente a amplios sectores de la clase media, a familias que tradicionalmente estaban menos expuestas a la pérdida de su nivel socioeconómico por su calificación profesional, su estabilidad laboral y sus redes de contactos sociales e institucionales.

La situación en la que se vieron inmersos estos "nuevos pobres" implicó para ellos una nueva realidad a la que les costaba adaptarse y para la que no encontraban vías conocidas de solución. También para las instituciones asistenciales se plantearon nuevos escenarios para los que se necesitaba diseñar estrategias de acción adecuadas.

Los nuevos escenarios para el trabajo social de la AMIA

Si bien no existen trabajos abarcativos de relevamiento socioeconómico de la comunidad judía en la Argentina, investigaciones realizadas en los años ochenta estiman que la población judía se ubicaba en el 75% en los estratos medios (entre medio-alto, medio-medio y medio-bajo) de la sociedad. Los drásticos cambios socioeconómicos antes mencionados tuvieron un impacto directo en la forma de vida de una parte muy relevante de la comunidad judía.

Al panorama del contexto general es necesario agregar una dificultad que afectó en forma particular, durante 1998, a la comunidad judía. Durante ese año se cerraron los dos bancos considerados como bancos comunitarios, en función de su intensa vinculación con marcos institucionales judíos. Esta situación afectó en forma directa el funcionamiento de muchos de los proyectos y programas asistenciales de la comunidad judía y en forma indirecta a muchos particulares en su actividad económica.

De los datos obtenidos a través de los diferentes programas y actividades del Departamento de Acción Social de la AMIA (DAS), es posible consignar algunas de las particularidades de la comunidad judía y las formas que adoptaron los cambios socioeconómicos de los últimos años.

Impacto en función de la actividad ocupacional

Población con actividad comercial y en pequeñas y medianas empresas

Más del 50% de los hombres judíos y el 30% de las mujeres estaban insertos en la década de 1980 en la actividad comercial y de pequeña y mediana empresa.

Este sector se vio fuertemente afectado por el cierre de miles de establecimientos que no pudieron competir con las grandes cadenas de comercialización en su nivel de tecnificación, su capacitación en estrategias de comercio o su acceso a líneas de crédito.

Vale la pena remarcar, en este sentido, una circunstancia agravante de esta realidad: la tradicionalmente fuerte presencia judía en el sector textil, de marroquinería y de peletería, ramos de la economía que han sido especialmente afectados por la apertura de la importación. En toda la cadena productiva de estos ramos, desde la elaboración y venta de telas, cueros o pieles, hasta la confección, comercialización y distribución de las prendas, había un alto involucramiento de industrias y comercios judíos que no pudieron subsistir.

Profesionales autónomos

Más del 25% de la población judía económicamente activa estaba conformado en los años ochenta por profesionales autónomos.

Este sector, tradicionalmente bien posicionado por la buena calidad de sus servicios frente a los más deficientes que brindaba el Estado, también se ha visto fuertemente afectado por la privatización y centralización de servicios. En especial, fueron afectados los adultos medios o avanzados, que quedaron marginados del sistema al no poseer aptitudes laborales adecuadas para un mercado tan complejo en lo tecnológico como selectivo en sus requerimientos.

Algunas situaciones que se pueden remarcar en ese rubro se vinculan con el área de la salud, donde la práctica privada ha decrecido en forma notoria debido al ingreso en el mercado de las megacoberturas médicas y a la reducción del poder adquisitivo de sus pacientes. Éstos prescinden de sus servicios, muchas veces para volver a recurrir a los que el Estado, aunque en forma más precaria, brinda gratuitamente.

Otros ejemplos se relacionan con la actividad contable administrativa o la arquitectónica, en las que existe la tendencia a marginar a muchos profesionales adultos mayores para reemplazarlos por jóvenes con mayor capacitación, dispuestos a trabajar horarios más extensos y por salarios más bajos. Estos campos de la actividad, entre otros, concentraban a muchos profesionales de la comunidad judía.

Impacto en función del género: las mujeres

Un número significativo de mujeres, además de aquellas que se ven afectadas por formar parte de los sectores recién mencionados, han salido al mercado laboral en busca de trabajo, empujadas por la necesidad de aportar a la economía familiar o por ser ellas jefas de hogar.

Es éste un universo vulnerable, porque es discriminado en la selección, en sus retribuciones y por su limitada capacitación.

Estas circunstancias se ven agravadas cuando se trata de mujeres de 40 años o más, con poca preparación técnica y operativa, que en general nunca trabajaron, que salieron hace tiempo del mercado de trabajo o que carecen de la estructura de soporte para dejar a sus hijos.

Al mismo tiempo, son las mujeres las que se adaptan mejor a cualquier tipo de tarea, aceptan salarios menores o condiciones más adversas, factor que les abre algunas posibilidades en el mercado.

Impacto en función de la edad: los jóvenes menores de 25 años

Tradicionalmente, para las familias judías la educación de los hijos ocupa un lugar muy relevante y los niveles alcanzados son superiores a los de la sociedad general. Este aspecto incide de alguna manera en la búsqueda de empleo cuando, priorizando la continuidad de sus estudios, a los estudiantes universitarios les resulta muy difícil encontrar trabajo ya que la carga horaria que imponen hoy las empresas les impide combinar ambas actividades.

En el caso de la búsqueda del primer empleo, se suma a esto la inexistencia de acuerdos abarcativos de pasantías y otras estrategias que permitan a los jóvenes obtener la experiencia que las empresas solicitan.

Efectos sociales

Las consecuencias de estas complicadas situaciones tuvieron también efectos en la vida social, familiar y comunitaria de los afectados por los cambios económicos antes mencionados. Algunos de estos efectos se detallan seguidamente.

Anomia social e inestabilidad emocional

Los cambios acelerados en su constitución estructural, el descenso social y la ruptura definitiva de los, hasta ese momento, conocidos patrones de comportamiento de las demandas del mercado produjeron en los afectados una sensación de anomia social e inestabilidad emocional, de pérdida de su autoestima, de su identidad y una paralización en su capacidad de recuperación. Vieron trastrocados los códigos de progreso, sustento económico y lugar en la sociedad, y para recomponerlos se requiere una gran voluntad y fuerza anímica, y muchas veces ayuda y orientación terapéuticas.

Desestructuración familiar

Cuando las principales fuentes de ingreso familiar desaparecieron, en la población afectada, junto con la pérdida del sustento, se fue desencadenando un complejo proceso de erosión familiar, de desestructuración de la vida cotidiana y de los proyectos personales de cada uno de sus integrantes. Las problemáticas observadas por los profesionales del DAS dan cuenta de la emergencia de patologías sociales poco detectadas con anterioridad, relacionadas con el incremento de los procesos de violencia familiar, derrumbe ético e incluso marginalidad social, situaciones que requieren una rápida asistencia.

Desorientación operativa

A diferencia de los pobres estructurales, que por su situación terminan conociendo las estrategias operativas para obtener asistencia de las instancias estatales o comunitarias judías, los "nuevos pobres" no tienen conocimiento operativo o se resisten a hacer pública su nueva realidad. En general, poco o casi nada preparados para asumir el alto impacto de los cambios económicos, los afectados no siempre pueden pensar en posibles estrategias de acción que los ayuden a evitar la pérdida de sus ahorros, el embargo de sus bienes o el desmoronamiento total de su economía. El adecuado asesoramiento y la orientación profesional suelen ser recursos válidos para amortiguar estos procesos.

Cambios socioculturales

La continuidad de los hábitos sociales y culturales se vio seriamente afectada en las familias judías empobrecidas que se vieron obligadas a replantear sus prioridades, a decidir sobre la educación, los amigos, el tiempo libre, la vestimenta, los hábitos culturales y domésticos. Para ajustarse a su nueva situación y estabilizar su economía, intentaron modificar el orden de prioridades, renunciando a actividades placenteras o reduciendo la calidad de su elección. Al mismo tiempo, estas renuncias suelen profundizar la desestructuración familiar, fomentar la desvalorización personal y cortar lazos de solidaridad social. Para evitar que este delicado equilibrio, este interjuego permanente, se rompa, muchas veces requieren ayuda y orientación profesional.

Desvinculación institucional

Producto de la incidencia de muchos factores concurrentes, la participación institucional también se ha visto afectada para muchas familias de la comunidad judía. A la dificultad de seguir pagando las cuotas de afiliación a los clubes, los costos de membrecía a las sinagogas o los aranceles a las escuelas se suman factores más subjetivos vinculados con la incomodidad que les causa no poder sostener los gastos implícitos en esas pertenencias o el hecho de poner en descubierto sus carencias.

El Departamento de Acción Social (DAS) de la AMIA

Tal como lo vino haciendo en los diferentes momentos de su desarrollo, la AMIA continúa con su importante tarea en el área del trabajo social. En función tanto de los significativos cambios socioeconómicos descriptos, como del análisis y la evaluación de las tendencias futuras, se van adaptando y estructurando respuestas a las problemáticas planteadas. A través de su Departamento de Acción Social (DAS) se van implementando diferentes proyectos y programas que van al encuentro de las necesidades de la población demandante.

En la tradición judía, hacer justicia es asumir el compromiso comunitario de ser solidario con los más pobres y atender las necesidades de sus miembros ancianos y desprotegidos. En función de este precepto, y en su carácter de institución protectora y contenedora, en el DAS de la AMIA la atención de la demanda se hace desde la interpretación cultural de que *dar ayuda es un acto de justicia*.

Propósitos y objetivos del DAS

a) Satisfacer las necesidades básicas de la población destinataria.
b) Fortalecer las capacidades individuales y familiares para lograr el autosostenimiento y un nivel de vida digno.
c) Evitar la exclusión social de las familias en situación de riesgo social.
d) Brindar herramientas y posibilidades para ayudar a mejorar su calidad de vida.

Estrategias de acción

El DAS abarca una amplia gama de aspectos sociales y divide su trabajo en tres áreas diferentes:

a) Trabajo Social
b) Centro de Desarrollo Ocupacional y Laboral (CODLA)
c) Centro de la Tercera Edad

En todas sus áreas cuenta con profesionales capacitados en diversas disciplinas, por medio de los cuales en cada caso los solicitantes son atendidos en función del tipo de demanda y de problemática que plantean.

El Departamento estructura su accionar utilizando y combinando los recursos humanos, financieros y tecnológicos que le permiten producir una variedad de servicios que dan respuestas creativas, eficientes y adaptadas a la demanda.

En su accionar, los ejes operativos están basados en los criterios de:

a) *Integralidad*: atención a las necesidades biopsicosociales en forma integral, buscando la prevención de riesgos.
b) *Participación*: impulsando, a través de la ayuda, el involucramiento de los beneficiarios, buscando que sean protagonistas de sus cambios para incentivarlos a salir adelante por sus propios medios.
c) *Orientación familiar*: tomando a la familia como unidad de diagnóstico y de intervención.

Modalidad operativa

En la actualidad, el DAS brinda ayuda económica y asistencia a más de 5 mil personas. Todos los casos que se presentan espontáneamente, o derivados de otras entidades asistenciales, son atendidos por su equipo de asistentes sociales, los que realizan la entrevista de admisión y la visita al domicilio.

Del Informe de Gestión del DAS de junio de 1999 surge que en los primeros seis meses del año se atendieron en el servicio un promedio de 357 casos por mes, de los cuales 70 son casos que llegan al servicio por primera vez, casi el doble de lo que se recibía en años anteriores.

De acuerdo con las características del pedido, las personas pueden ser encauzadas en la misma admisión dándose por solucionado el caso, aunque, como sucede la mayoría de las veces, los profesionales realizan un estudio exhaustivo y contenedor de la situación. Se trata de ir al origen de las cuestiones, entender los motivos profundos que llevan a una persona o a una familia a la situación de crisis. El objetivo no es sólo sacarlos del paso, sino tratar de otorgarles algunas herramientas para mejorar o solucionar su estado. Enmarcados en el pensamiento de "enseñarles a pescar y no regalarles el pescado", la atención está centrada en la búsqueda de una mirada integral a la situación.

Caracterización de las problemáticas

Si se toma como base a las familias atendidas por el DAS de la AMIA, podemos caracterizar las problemáticas de acuerdo con los siguientes factores:

a) Carencia de ingresos por:
  - Ausencia total de medios de subsistencia.
  - Insuficiencia de medios para afrontar las necesidades básicas de la vida.
b) Falta de vivienda o dificultades para mantenerla debido a:
  - Desalojos.
  - Imposibilidad de pagar el alquiler.
  - Deudas de expensas y/o servicios y/o impuestos.

c) Falta de trabajo por:
 - Desocupación total.
 - Ocupación parcial en trabajos precarios (esporádicos y mal remunerados).
d) Problemas de salud física o mental por:
 - Carecer de coberturas médicas.
 - Imposibilidad de afrontar los costos de internaciones geriátricas, psiquiátricas o de rehabilitación.
 - Requerimientos de prótesis y/o elementos ortopédicos.
e) Tratamientos psicopedagógicos por dificultades de aprendizaje.

Estas necesidades, en forma individual o combinada, son las que con mayor frecuencia presentan las familias que se acercan al DAS.

En la mayoría de los casos, el pedido se resume en una necesidad de dinero que generalmente es usado para cubrir gastos de necesidades básicas, como el pago de deudas vinculadas con la vivienda (desde expensas o impuestos atrasados hasta hipotecas vencidas), la subsistencia diaria o la atención médica.

Del Informe de Gestión del DAS surge que en los primeros seis meses del año 1999, de un total de 1.500 familias asistidas, recibieron subsidio económico un promedio de 1.050 familias por mes. Los otros casos que no demandan subsidio económico están vinculados con programas especiales que se estructuran a partir de las carencias de determinados grupos. Se asocian necesidades de diferente índole, apuntando a la eficiencia de la prestación. De esta manera, se trata de evitar tanto el deterioro de las condiciones como la incorporación de los participantes a los programas de ayuda directa. En estos programas especiales se enmarcan los cursos para cuidadoras de ancianos y su contratación, la intermediación en el alquiler de vivienda compartida, los equipos de orientación familiar para la resolución de conflictos y las capacitaciones para ayuda entre pares.

Una mención especial merece la demanda de puestos de trabajo. La importancia de este aspecto puede constatarse en la constante afluencia de pedidos de empleos que llegan al Centro de Orientación y Desarrollo Laboral (CODLA) del DAS. El alto nivel de desocupación, de alrededor del 16%, provoca una presencia cotidiana de personas que presentan sus solicitudes de empleo para ser ingresadas en la base de datos de la Bolsa de Trabajo. El informe del CODLA del año 1998 registra casi 4 mil búsquedas de empleo en las más variadas áreas de actividad.

Los asistidos

En la población de asistidos por el DAS de la AMIA podemos encontrar dos universos diferenciados. Por un lado, aquel que puede denominarse como "pobres estructurales", integrado por personas que poseen necesidades básicas insatisfechas debido a factores de muy diverso origen y de difícil remoción. Pertenecen a un sector que afronta una situación de agudo retraso social y se ubica marginalmente con respecto al conjunto de la comunidad. Son en particular personas de avanzada edad, sin medios de vida, con problemas de salud, con bajo nivel de educación y marcada carencia de vínculos familiares. Esta población ha venido recibiendo ayuda de la institución, y la AMIA le continúa brindando asistencia, reemplazando muchas veces los servicios de acción social y médica del Estado.

Por el otro, están las familias o personas que por sus características pueden ser incluidas en el sector que la última categorización del Instituto Nacional de Estadísticas y Censo (INDEC) denomina "empobrecidas". A diferencia de lo que sucedía en décadas anteriores, son ellas las que cada vez con mayor frecuencia se acercan al DAS para solicitar ayuda. Son personas que por su educación y por la historia personal de sus miembros se ubican en un nivel sociocultural que no condice con su actual realidad económica. El desequilibrio originado por este desfasaje las pone en una situación de grave riesgo económico y psicológico. Detrás de su pedido manifiesto, cada una de estas familias esconde una problemática latente y profunda, que sale a la luz expresada en la ruptura de lazos familiares, la violencia explícita o los problemas de conducta y aprendizaje en los niños y jóvenes.

Programas del Departamento de Acción Social (DAS) de la AMIA

Área Trabajo Social

Los programas que la AMIA está desarrollando a través del área de Trabajo Social del DAS se presentan a continuación.

Programas de ayuda para vivienda

Subsidios de ayuda directa

- Aportes de dinero para cubrir necesidades de vivienda:
    para pago de gastos de alquileres,
    ayudas para abonar deudas de expensas comunes,
    ayudas para abonar deudas de servicios y/o impuestos.

Instalación en viviendas protegidas

- Hospedaje de ancianos y familias en viviendas donadas o cedidas a la AMIA.
- Atención y cuidado de los hospedados.

Intermediación de viviendas

- Gestiones de intermediación en el alquiler de habitaciones en casas de familia entre personas que ofrecen parte de sus viviendas para poder mejorar sus ingresos y quienes proviniendo de una población más desprotegida, ancianos o jóvenes que vienen del interior del país, buscan por distintas razones esta modalidad de alojamiento. En el período de enero a octubre de 1998 se atendieron 542 personas y se ocuparon el 68,81% de las viviendas ofrecidas.

Programas de ayuda para la salud

Subsidios de ayuda directa

- Gestión y aportes de dinero para cubrir pagos de tratamientos médicos y/o psicológicos.
- Gestión y pago de internaciones geriátricas y/o psiquiátricas.
- Para la adquisición de prótesis ortopédicas.
- Para la adquisición de medicamentos.
- Para abonar total o parcialmente tratamientos de reeducación y/o rehabilitación (escuelas diurnas, internados, centros de día).

Gestiones ante servicios médicos

- Gestiones de intermediación que buscan optimizar la relación con los servicios de atención médica y psicológica de la comunidad judía y general, para la derivación de los casos sociales, con aranceles de nomenclador o en forma gratuita.

Programas de servicios a domicilio

Prestaciones que mejoran la calidad de vida de los ancianos, alivian a los familiares y evitan la internación:

- Distribución de viandas con comida caliente, entregadas cotidianamente en las casas de los asistidos.
- Asistencia con personal especializado derivado del curso de cuidadoras para la atención de necesidades de enfermería e higiene personal.
- Presencia de personas de compañía derivadas del curso de cuidadoras para tareas recreativas (lecturas, paseos).

Programas de cuidadoras

Tienen como objetivo servir de facilitadores entre los pedidos que se reciben para la atención de personas necesitadas de compañía y el personal especialmente capacitado para su cuidado.

Cursos de capacitación para cuidadoras

- Organización de capacitaciones integrales para el aprendizaje de estrategias y métodos para la contención domiciliaria, el acompañamiento psicoterapéutico y la atención de adultos y adultos mayores autoválidos o dependientes. Responde a la necesidad laboral de un grupo de mujeres de entre 45 y 65 años que en general carecen de experiencia y/o conocimiento para competir en el mercado laboral. Las postulantes reciben nociones de primeros auxilios, información sobre aspectos médicos, psicológicos y sociales del adulto mayor y de su entorno.
- Intermediación entre los solicitantes y las cuidadoras para lograr una mejor coordinación entre las necesidades de la persona a cuidar y el perfil de las postulantes.
- Seguimiento y supervisión de la tarea realizada.

Programas de ayuda voluntaria

Ayuda entre pares

- Entrenamiento de personas asistidas por el DAS para ayudar a otras necesitadas en la realización de diversas tareas.

Voluntarios en Red

- Inclusión de voluntarios convocados a través del Programa del JDC para la colaboración en tareas administrativas del DAS.

Programas de apoyo familiar. Prestaciones profesionales sin subsidio económico

Centro de crisis y resolución de conflictos

Tiene por objeto intervenir en casos de confrontaciones personales, tratando de mejorar las vinculaciones individuales y familiares en aquellas relaciones humanas en las que se produzcan interrelaciones antagónicas o conflictivas. El profesional trabaja en el proceso de mediación buscando situaciones alternativas y nuevas opciones que superen las diferencias y acerquen las semejanzas a fin de lograr un acuerdo beneficioso para ambas partes.

Metodológicamente se opera a partir de:

- la presencia de un profesional del DAS que actúa como mediador neutral,
- la evaluación del profesional para ayudar a definir el conflicto,

- el análisis de los aspectos vinculares del conflicto y sus consecuencias,
- la aplicación de técnicas de mediación y negociación que favorezcan un posible acuerdo entre las partes en conflicto,
- la facilitación de una mejor comunicación entre las partes,
- seguimiento y monitoreo,
- capacitación permanente,
- control y supervisión del equipo profesional.

Coordinación institucional

El abordaje de las problemáticas sociales requiere una estrategia de coordinación con otras instancias asistenciales del orden oficial, privado y comunitario. Para optimizar la tarea, el DAS se ocupa de:

- coordinar el trabajo en conjunto con los demás departamentos de la AMIA y otras instituciones asistenciales y fundaciones de la comunidad judía,
- coordinar y trabajar juntamente con instituciones gubernamentales de acción social, obras sociales de los gremios y servicios médicos privados, instituciones del Tercer Sector,
- interrelacionarse con ámbitos judiciales.

Área CODLA: Centro de Desarrollo Ocupacional y Laboral

En el marco de los servicios sociales de la AMIA, a partir de los años setenta, se creó una Bolsa de Trabajo como un programa más del DAS, a través de la cual se intentaba brindar, como solución más digna a los que acudían en busca de ayuda, la posibilidad de autosustentarse y progresar.

La bomba que el 18 de julio de 1994 produjo 86 víctimas y destruyó el edificio de la AMIA golpeó en forma particular el sector de la Bolsa de Trabajo, ya que fallecieron quienes allí trabajaban. El doloroso impacto de tal pérdida, junto con la evaluación de las nuevas condiciones del mercado, generaron un cambio estructural en esa área.

EL CODLA comenzó a funcionar en marzo de 1995, con todos sus servicios abiertos a toda la sociedad y procurando operar como una oficina de empleo profesionalizada, que tendría como principal cliente al empresario y por ende brindaría la posibilidad de ofrecer empleo y herramientas concretas para evitar que los desocupados se convirtieran en nuevos casos sociales.

Propósitos y objetivos

a) Brindar una solución al problema de desempleo.
b) Capacitar y asesorar en forma personalizada a los desocupados.

c) Mejorar las posibilidades de conseguir un empleo.

d) Brindar herramientas concretas que posibiliten la inserción laboral.

Estrategias

a) Funcionar como nexo entre la oferta y la demanda laboral, brindando al empleador un servicio que le ofrece importantes ventajas competitivas frente a otras opciones disponibles en el mercado.

b) Brindar al empleado asesoramiento específico, capacitación y herramientas tecnológicas, utilizando recursos profesionales propios del área o a través de alianzas estratégicas con organismos oficiales e instituciones del tercer sector que permiten hacer uso de recursos humanos y financieros externos.

Programas de búsqueda de empleo

Bolsa de Trabajo

- Intermediación laboral y asesoramiento.
- Recepción diaria de solicitudes y currículum de postulantes.
- Asesoramiento personalizado con los postulantes que acceden a una entrevista laboral.
- Servicio gratuito de recepción de los pedidos de personal por parte de los empresarios.
- Incorporación de los datos al banco de datos computarizado.
- Selección de postulantes de acuerdo con el perfil solicitado.
- Seguimiento de la evolución del caso.

Durante 1998, más de mil personas solucionaron su problema de desempleo gracias a la intervención directa del CODLA. De un total de casi 4 mil personas que se acercaron a la AMIA, más del 25% logró insertarse laboralmente. Aquellas personas que carecían de conocimientos básicos para la búsqueda fueron derivadas a las diferentes alternativas de capacitación y asesoramiento con que cuenta el CODLA.

El número de pedidos de personal efectuado por las empresas en el primer semestre del año 1998 fue casi el 40% superior al del mismo semestre del año anterior. A partir del mes de junio disminuyó notablemente la cantidad de pedidos de personal por parte de las empresas con relación a años anteriores.

Los perfiles más buscados son: administrativos, personal contable y del área de sistemas para cubrir puestos de niveles jerárquicos medios y bajos. Se exige dominio de computación, conocimientos de inglés y experiencia previa. La franja de edad más solicitada es la que va de los 20 a los 30 años.

Entre los postulantes, el 40% de los que buscan trabajo, muchos de ellos con calificación profesional, lo hacen en el área administrativo-contable, el 35% son búsquedas de jóvenes para trabajos iniciales de poco requerimiento en su capacitación y estudiantes universitarios con limitaciones horarias, el 12% son de profesionales o técnicos. Del universo de postulantes, el 20% completaron estudios primarios, el 37% tienen secundario completo y el 14% son profesionales recibidos. En lo que hace al género, el 61% son mujeres y el 39% hombres, y en su distribución etaria, el 17% son menores de 20 años, el 33% tienen entre 21 y 30 años y el 32% entre 31 y 50 años.

Centro de capacitación

Además de cumplir con la función básica de conectar a las empresas con los postulantes, el CODLA es un centro de capacitación laboral y profesional que establece alianzas estratégicas con diferentes organismos para la organización de cursos y capacitaciones. Así lo hizo con el Ministerio de Trabajo, la Secretaría PYMES de la Presidencia de la Nación y otros.

Curso sobre microemprendimientos

- Capacitación y asesoramiento para la correcta evaluación de la factibilidad de proyectos económicos y emprendimientos autónomos.
- Aporte de información financiera que le facilite su gestión empresaria.

Taller para ejecutivos de venta

- Entrenamiento y capacitación a vendedores sobre temas de marketing, calidad total, comunicación, etcétera.

Inserción laboral para jóvenes

- Capacitación para el primer empleo, que brinda herramientas concretas para tornar eficiente la búsqueda laboral, transmitiendo conocimientos sobre la elaboración del currículum, el manejo de una entrevista laboral, etcétera.

Reinserción laboral para adultos

- Asesoramiento sobre las formas de mejorar la empleabilidad, favorecer el posicionamiento laboral y conocer las características del mercado de trabajo.

Reconversión laboral

- Capacitación en herramientas específicas que faciliten la inserción en el mundo empresarial.
- Entrenamiento para una mejor adaptación a los requerimientos del mercado.

Asesoramiento a empresas familiares

- Capacitación y asesoramiento específico y personalizado a empresarios y gerentes, con objeto de ayudarlos a obtener las herramientas necesarias para la solución de sus principales problemáticas.

En los diferentes cursos organizados durante 1998 por el CODLA, casi 240 personas recibieron capacitación y asesoramiento laboral.

Área de centros sociorrecreativos para la tercera edad

Propósitos y objetivos

El área tiene como propósito coordinar y articular las actividades de los centros sociorrecreativos para adultos mayores que funcionan en la comunidad judía, convirtiéndose en el nexo central de una red que los interrelaciona.

Estos centros recreativos, que desarrollan sus actividades en clubes sociodeportivos, sinagogas o centros comunitarios, tienen como objetivos:

a) prolongar la etapa activa de los ancianos,
b) favorecer el desarrollo, descubrimiento y mantenimiento de las capacidades generales (físicas, intelectuales y sociales) de los socios,
c) promover la autoestima y la de los que los rodean,
d) ayudar a conectarse con sus pares para compartir la soledad, encontrar compañías y aprender a reemplazar los vínculos familiares posiblemente perdidos o deteriorados.

Metodología

En Jofesh, el centro recreativo de la AMIA, y en los otros centros, aun teniendo las modalidades particulares que les imprime la institución en la que se desarrollan, la metodología de trabajo se basa en:

a) una programación que contempla las necesidades de los socios y la ocupación de su tiempo libre,

b) el diseño de experiencias de trabajo que permitan descubrir y desarrollar las potencialidades de los participantes,

c) la realización de actividades en un clima cordial y ameno, donde son respetados los tiempos y ritmos individuales,

d) la organización profesional de la tarea mediante la participación de los coordinadores.

Modalidad operativa

Las actividades se desarrollan diariamente y tienen que ver con la expresión artística e intelectual, el aprendizaje y el acontecer cotidiano. Además de actividades especiales relacionadas con las festividades judías y argentinas, se organizan encuentros con otros centros de la red y con los de otros circuitos oficiales y privados.

Funcionamiento de la red de centros

Desde el Área de Centros Recreativos del DAS se desarrolla una tarea de coordinación y articulación general que permite la optimización de los recursos humanos, de docentes y capacitadores. Desde esa centralidad, ofrece a todos los socios de la red:

a) capacitación profesional para los coordinadores,

b) supervisión de la tarea,

c) jornadas de encuentro y seminarios,

d) un banco de datos con información sobre profesionales y docentes especializados y entrenados para trabajar con adultos mayores,

e) recursos técnicos: materiales gráficos, videos, películas,

f) participación en actividades conjuntas: encuentros corales, encuentros deportivos, etc.,

g) asesoramiento en la organización y realización de proyectos compartidos,

h) apoyo económico a centros recreativos del Gran Buenos Aires,

i) asesoramiento para la puesta en marcha de nuevos centros en zonas geográficas donde no funcionan todavía.

Proyectos del Departamento de Acción Social de la AMIA

El análisis de los indicadores que se obtienen a través del servicio social de la AMIA permite plantear que la pobreza judía, ya sea estructural o la nueva pobreza, no es un problema residual, producto de circunstancias accidentales, sino que es un problema que se desprende de una situación global por la que atraviesa el país, inserto en una crisis de orden estructural, que va en aumento y que representa un verdadero desafío a la creatividad para poder enfrentarla.

El estudio de las problemáticas que presenta este universo hace prever que en el futuro esta situación, lejos de mejorar, se verá agravada. Como consecuencia del incremento del nivel de empobrecimiento, se incrementarán las dificultades laborales, de asistencia sanitaria y vivienda, crecerán las demandas sociales y asistenciales de la población añosa (65 años en adelante), con aumento cualitativo y cuantitativo de las crisis familiares.

Con el conocimiento y la experiencia de más de 100 años trabajando por el bien común, el DAS de la AMIA ha desarrollado una serie de proyectos tendientes a potenciar nuestras redes de contención con programas creados en función de la problemática vigente en el seno de la comunidad judía de la Argentina.

Si bien la desocupación golpea a todos los sectores, existen grupos específicos con mayores dificultades para insertarse laboralmente: los jóvenes que buscan su primer empleo, los trabajadores de edad, las mujeres, los desocupados con limitaciones para la reinserción y quienes se desempeñaban por cuenta propia.

La propuesta de la AMIA, comunidad judía de la Argentina, es:

a) desarrollar proyectos dirigidos a los sectores más golpeados, intentando *evitar la cronicidad de los casos sociales,*

b) implementar programas dirigidos a la *capacitación tecnológica de adultos,* respaldando *cambios concretos* que faciliten su participación activa en *procesos de competitividad* de mayor relevancia y complejidad,

c) alentar el *protagonismo activo de cada persona* acompañando sus *iniciativas,*

d) atender las necesidades de la población infantil desarrollando programas especialmente pensados para los *niños,*

Teniendo en cuenta los enunciados anteriores, los proyectos propuestos son:

a) Proyecto Autoempleo
b) Proyecto Comedores Escolares
c) Proyecto Capacitación

Proyecto Autoempleo para mujeres jefas de hogar

¿Por qué?

a) Solamente en la Capital Federal, de 1.137.220 hogares, 325 mil son uniparentales que están a cargo de mujeres, lo que representa casi el 30%. El 90% de las que son madres vive con sus hijos y sólo el 30% de ellas recibe ayuda económica de los padres de sus hijos.

b) Las mujeres son un sector vulnerable, víctimas de la discriminación laboral. Tienen mayores dificultades para encontrar trabajo y, si lo consiguen, perciben sueldos un 28% menor que el de sus pares varones. Este porcentaje se acrecienta en las universitarias, que ganan un 47% menos.

El Proyecto Autoempleo abarcará dos líneas simultáneas de trabajo:

Gestión y otorgamiento de préstamos especiales para mujeres jefas de hogar

¿Para qué?

Para la compra de aquellos elementos que les permitan llevar adelante un trabajo autónomo, como herramientas (máquinas de coser), implementos (materia prima) o tecnología (computadoras).

¿Cuánto?

Préstamos renovables de montos limitados, que variarán en función de las necesidades, a devolver en cuotas fijas.

¿Cómo?

a) Combinando el préstamo con la asistencia técnica necesaria para la correcta administración del negocio.

b) Brindando cursos de capacitación que desarrollen conocimientos ya adquiridos para convertirlos en proyectos de trabajo.

c) Capacitando para el desarrollo de nuevos conocimientos y habilidades en planificación y organización operativa, marketing, organización administrativa, estudio de mercado y otras áreas conectadas.

¿Para quién?

El punto clave en el desarrollo de este proyecto son los criterios de selección para la asignación de préstamos.

Se formará un Comité de Admisión integrado por profesionales especializados que considerará las siguientes condiciones:

a) mujeres jefas de hogar, aunque el hombre forme parte de él (discapacitado, enfermo físico o mental, con problemas de adicción, etc.),

b) mujeres que por sus características no tienen posibilidades de acceder al mercado formal de crédito,

c) mujeres que pertenecen a niveles socioeconómicos bajos o empobrecidos,

d) mujeres que deban hacerse cargo de su propia subsistencia y/o de su familia (hijos pequeños, discapacitados, padres mayores),

e) mujeres con capacidad para desarrollar un proyecto propio y con ciertas habilidades para llevar adelante las tareas deseadas,

f) mujeres con cierto grado de autonomía para poder continuar en forma independiente la tarea emprendida,

g) mujeres con capacidad para comprender y realizar operaciones matemáticas contables básicas,

La evaluación se centrará en las capacidades de un proyecto autónomo de la demandante más que en su formación educativa, evaluándose:
- a) capacidad de organización y planificación concreta y abstracta (mediante un test específico),
- b) grado de honorabilidad, ya que la continuidad del programa y la incorporación de nuevas beneficiadas dependerá de la devolución de los préstamos en tiempo y forma.

¿De dónde proviene la demanda?
- a) Casos sociales del DAS de la AMIA, para evitar su cronicidad.
- b) Casos sociales derivados por otras instituciones comunitarias de Capital Federal, Gran Buenos Aires e Interior.
- c) Demandantes que se acercan por primera vez, para evitar que se conviertan en casos sociales.

Asesoramiento especializado y supervisión

Como parte integral del proyecto se prevé asesoramiento y supervisión periódicos, realizados por profesionales especializados para el seguimiento personalizado.

Capacidades operativas de la amia para afrontar el proyecto

- a) El *know how* del proyecto.
- b) La estructura edilicia y los recursos humanos y físicos para su desarrollo.
- c) La población demandante.
- d) Los profesionales y especialistas para la capacitación, supervisión y asesoramiento.

Proyecto Comedores Escolares

¿Por qué?
- a) Porque en cumplimiento de la Convención sobre los Derechos del Niño debemos mejorar su calidad de vida y satisfacer sus necesidades básicas para que todos los niños tengan la oportunidad de alcanzar plenamente sus potencialidades.
- b) Según UNICEF, la supervivencia, la protección y el desarrollo de los niños son imperativos de carácter universal y forman parte integrante del progreso de la humanidad.
- c) Se han detectado más de mil familias cuyos niños concurren a la Red Escolar Judía que se encuentran por debajo de la línea de pobreza y conforman un grupo de riesgo. Muchas de ellas reciben ayuda del DAS de la AMIA y de otras instituciones comunitarias.

¿Para qué?

a) Para que tengan igualdad de oportunidades, considerando que la alimentación es primordial en el desarrollo físico y psíquico.

b) Para brindarles a los niños no sólo un presente digno sino también un futuro con posibilidades de crecimiento personal, integración social y progreso.

¿Para quién?

Para 2 mil niños de todo el país que se encuentran en situación de emergencia y que representan el 10% de la población de la Red Escolar Judía.

¿Cómo?

Brindándoles una vianda de alimentos balanceados entregada en cada establecimiento escolar, que cubre las necesidades básicas de proteínas, vitaminas y nutrientes para la edad de crecimiento físico e intelectual.

Proyecto Capacitación

Los programas de capacitación propuestos estarán dirigidos a aquellos sectores que más duramente sufren el efecto de la discriminación laboral por pertenecer a grupos excluidos y carecer de las herramientas básicas requeridas para formar parte del mercado laboral actual.

La experiencia acumulada en las capacitaciones que se han venido realizando a través del CODLA o en el marco de programas específicos será capitalizada e incorporada en la programación de los proyectos futuros de entrenamiento, previendo una permanente actualización en las metodologías didácticas, los contenidos y el uso de soportes tecnológicos.

Capacitación para el cuidado de personas mayores

El creciente envejecimiento poblacional creó mayores necesidades de atención especializada en adultos mayores, ancianos y enfermos, generando una demanda de personal entrenado para su cuidado.

Este curso tiene por objeto convocar a mujeres con necesidad de encontrar trabajo y con capacidad para recibir entrenamiento para la atención y el cuidado de esa población.

El programa busca solucionar así las necesidades de inserción laboral de una población determinada y, al mismo tiempo, satisfacer la demanda de ayuda especializada para la atención de ancianos y/o enfermos.

En muchos casos, los cambios socioeconómicos y el alto índice de desocupación originaron situaciones de marginación y aislamiento, tanto para las familias que tienen que hacerse cargo del anciano como para las personas sin posibilidad de autovalerse, por lo cual es necesario recurrir a los servicios de estas cuidadoras para solucionar su situación.

Al mismo tiempo, para algunos de los casos sociales atendidos por el DAS y como una de las formas de brindar ayuda directa, la AMIA los provee de esta atención.

Dirigido a: mujeres mayores de 45 años que, necesitadas de un ingreso, buscan una ocupación para solucionar sus distintas problemáticas y que por su edad, género o falta de experiencia tienen serias dificultades de inserción laboral.

Objetivos:
   a) Formar personal capacitado para el cuidado de enfermos y personas mayores.
   b) Tornar viable la inserción laboral a personas que permanecieron largo tiempo fuera del mercado de trabajo.
   c) Aumentar el protagonismo, la valorización y la autoestima.
   d) Prevenir y/o evitar la dependencia asistencial.
   e) Prevenir la internación del anciano o enfermo en instituciones de cuidados crónicos, quedando éste en su medio natural.

Metodología: formación teórica, con actividades grupales de reflexión y prácticas en instituciones geriátricas y centros de recreación de la tercera edad.

Asesoramiento a PYMES y empresas familiares

La competitividad y la complejidad de los mercados actuales obligan a profesionalizar la gestión de las pequeñas empresas para potenciar las fortalezas y moderar las debilidades. Este sector de la producción es el más duramente golpeado por la crisis y es el que carece en mayor medida de elementos para competir con las grandes corporaciones.

Dirigido a: dueños, gerentes, directores y personas en general que participan en pequeñas empresas o están vinculados patrimonialmente a ellas.

Objetivo: poner al alcance de los participantes la información pertinente para cubrir sus necesidades operativas y de capacitación en el análisis de datos para su eficiente aprovechamiento.

Metodología: exposición de la temática en una secuencia especialmente diseñada, trabajo con bibliografía especializada, utilización de método de casos y videos, trabajo en pequeños grupos de discusión.

Inserción laboral

La franja etaria de menores de 25 años es la que presenta mayor dificultad para la inserción laboral, con cifras que casi duplican el nivel de desempleo general.

Dirigido a: menores de 25 años sin experiencia laboral, en proceso de iniciar su búsqueda de empleo; universitarios recién recibidos.

Objetivo: incorporar herramientas para incrementar la empleabilidad y favorecer el posicionamiento laboral. Conocer las características del mercado de trabajo.

Reinserción laboral

A medida que se prolonga el tiempo de desempleo aumentan las dificultades para volver a ingresar en el mercado laboral. Intervienen diferentes factores, desde la falta de actualización tecnológica hasta las consecuencias que trae aparejadas la falta de un empleo como organizador de lo cotidiano, que llevan al desocupado a un proceso de aislamiento social que dificulta aún más la búsqueda.

Dirigido a: personas que, por estar desvinculadas del mercado de trabajo, tienen dificultades para volver a incorporarse.

Objetivo: ampliar las redes de búsqueda de empleo, confeccionar una estrategia de búsqueda, adquirir aptitudes, conocimientos y habilidades y detectar necesidades de capacitación.

Computación

La permanente actualización informática ya no es una opción para las empresas y las grandes corporaciones, sino que se ha convertido en una imposición ineludible del mercado.

Dirigido a: desocupados que buscan aumentar sus posibilidades de inserción y carecen de conocimientos de informática o tienen conocimientos muy elementales.

Objetivo: manejar fluidamente programas utilitarios de diferente complejidad.

Reconversión laboral

Dirigido a: profesionales de carreras humanísticas que tienen dificultades de incorporación en el restringido y competitivo mercado laboral actual; profesionales del área comercial o ejecutivos de ventas desempleados que, por no responder al perfil de búsqueda actual (menores de 35 años, con dominio de inglés y computación, título universitario, etc.), tienen serias dificultades de reinserción.

Objetivo: incorporar conocimientos teóricos y técnicos para su posible reconversión.

La AMIA, a través de su Departamento de Acción Social en sus diferentes áreas de trabajo, realiza una permanente evaluación de los indicadores sociales del contexto general y de las necesidades particulares de la comunidad judía. En función de ellos, diseña y desarrolla diferentes programas de acción. En el contexto comunitario judío ejerce un rol estructurador desde el cual lidera o comparte proyectos de trabajo.

En ese mismo sentido, mantiene contactos con organismos del Tercer Sector estatales, oficiales y privados, a los que asesora y capacita en la formulación e implementación de proyectos sociales.

Aun en las circunstancias difíciles que marcan la realidad del país y de la comunidad judía, el Departamento de Acción Social de la AMIA continúa profundamente comprometido con el sentido de justicia que conlleva la posibilidad de brindar ayuda al prójimo.

La acción social y política de la comunidad judía de San Pablo

Vera Mindlin Bobrow* y Alberto Milkewitz**

Introducción

Desde el inicio de la historia del país, la sociedad brasileña fue influida por el modelo de relación metrópolis-colonia. Esto promovió una tendencia al inmovilismo y a esperar que la solución de los problemas sociales y económicos viniesen siempre de las esferas política superiores, desde la corona portuguesa hasta los posteriores gobiernos en general. La conciencia de que también a la sociedad civil organizada cabe buscar soluciones para sus problemas es una experiencia reciente. Para muchos en la sociedad brasileña, y particularmente en la comunidad judía, tal vez bajo la influencia de ejemplos del exterior, se ha despertado la noción de que es necesario contribuir con los organismos gubernamentales para la solución del grave e inhumano problema de la exclusión social.

La comunidad judía de nuestra ciudad trae consigo un largo y sufrido aprendizaje de experiencias traumáticas, vividas en regiones pobres e inhóspitas de Europa, a través de los inmigrantes llegados a partir de la segunda mitad del siglo XIX. Otras ondas migratorias provenientes del Oriente Medio, que vinieron al país a partir de los años cincuenta, trajeron también su vivencia comunitaria específica. Estas dos ondas migratorias vivieron en sus países de origen una vida colectiva ejemplarmente organizada, en contraposición a la omisión de las autoridades locales con relación a su supervivencia física, cultural y espiritual.

En este contexto, los judíos de San Pablo, asquenazíes y sefardíes, han construido un sistema unificado, diversificado y extensivo de servicios y organizaciones que operan en distintos contextos. Respetando las diferencias de origen, las líneas religiosas y la diversidad, la comunidad se constituye como una (y no como sucede en otros lugares en que los judíos se organizan como varias "comunidades"). El cementerio, las primeras escuelas, guarderías infantiles, sinagogas, en fin, las instituciones necesarias para la protección de los inmigrantes, fueron creadas por los

* Vera Bobrow fue durante dos gestiones seguidas director ejecutivo de la Federación Israelita del Estado de San Pablo, organización central de la comunidad. Actualmente ocupa la presidencia del Consejo Deliberativo, órgano máximo de la citada institución.

** Alberto Milkewitz ocupa el cargo de director ejecutivo de la Federación Israelita del Estado de San Pablo en esta década, siendo el profesional que ha permanecido por más tiempo en ese cargo.

pioneros de la comunidad judía en San Pablo. Juntos, los judíos han fundado organizaciones como la Unión Brasileña Israelita de Bienestar Social (UNIBES), la mayor obra social de la comunidad y considerada un modelo de funcionamiento en San Pablo;[1] el Hogar de Ancianos Golda Meir,[2] prestigiado entre los mejores en su categoría en la ciudad; el Centro Israelita de Atención al Menor (CIAM),[3] que construyó en las afueras de San Pablo la Aldea de la Esperanza, un centro que reúne las mejores características de un *kibutz* preparado especialmente para portadores de deficiencias; la Oficina Abrigada de Trabajo (OAT),[4] que ofrece a portadores de deficiencias la posibilidad de trabajar fabricando productos de primera calidad; el comedor popular Ten Yad,[5] que garantiza alimentación *kasher*, de acuerdo con las reglas dietarias judías, a un número creciente de miembros pobres de la comunidad, incluso a aquellos que por diversos motivos no pueden trasladarse, y el Hogar Infantil de la Congregación Israelita Paulista.[6]

Es propio de la tradición judía educar al individuo en su sentido de responsabilidad para con el prójimo, independientemente de quién sea el otro. Por lo tanto, los judíos de San Pablo, desde que asumieron su nueva y definitiva nacionalidad brasileña, vienen ejerciendo actividades dedicadas a la promoción social de los más desfavorecidos. La acción social de la comunidad judía de San Pablo no se da en el vacío. Cabe aquí resaltar el magnífico trabajo asistencial desarrollado por organizaciones de la sociedad brasileña que atienden a la población en el área de la salud, como las Santas Casas de la Misericordia y otras organizaciones en el área de la asistencia social, educación y otras.

Todo Brasil y San Pablo en particular entraron en el *boom* del trabajo voluntario. Hoy, miembros de la comunidad de todos los niveles sociales y diferentes creencias asumen compromisos de solidaridad con el prójimo. Jóvenes y adultos entran en contacto directo con la miseria, el hambre y la falta de esperanzas.

Creemos que los brasileños saldrán enriquecidos de esta experiencia, pues están asumiendo responsabilidades, están actuando y no apenas exigiendo de las autoridades una acción oficial e independiente.

En este nuevo escenario de desenvolvimiento, de responsabilidad asumida, la comunidad judía está apta para contribuir con su vivencia y formación. Es lo que hemos hecho, porque queremos que Brasil supere lo más rápido posible las dificultades que viene enfrentando. La participación de la sociedad civil es imprescin-

---

[1] União Brasileira Israelita de Bem-Estar Social (UNIBES): unibes@netpoint.com.br

[2] Lar Golda Meir: goldameir@datacesmt.com.br

[3] Centro Israelita de Atendimento ao Menor (CIAM): www.ciam.dialdata.com.br ciam@sti.com.br

[4] Oficina Abrigada de Trabalho (OAT) da Comunidade Shalom: www.shalom.org.br shalom@shalom.org.br

[5] Refeitório Assistencial Ten Yad: www.tenyad.org.br tenyad@tenyad.org.br

[6] Lar das Crianças da Congregação Israelita Paulista (CIP): www.cip-sp.com.br larcip@cepa.com.br

dible para la superación de los problemas sociales y económicos que golpean a nuestra población. No podemos sacrificar una generación más de brasileños.

Presentación del contenido

Este artículo presenta, en forma breve, una visión general de la comunidad judía paulista y su entorno, los fundamentos para las nuevas posiciones, que vienen adoptándose en la última década, en la forma de pensar de los dirigentes de la comunidad y en algunos de los programas y acciones, a través de los cuales la colectividad participa en la vida social y política brasileña, así como otras propuestas originales con las que se atrae a los jóvenes y a los que están distantes del espacio comunitario. Finalmente, el trabajo se cierra con algunas reflexiones sobre las perspectivas para el futuro.

Al hablar sobre una comunidad se debe ser cuidadoso. Aun ocupando y habiendo ocupado cargos representativos en la dirección de las organizaciones centrales de la comunidad, las ideas expuestas son de responsabilidad de los autores. Los méritos de los programas desarrollados en la comunidad son de decenas de instituciones y centenas de activistas, voluntarios y profesionales que sería imposible mencionar.

Con una comunidad con dirigentes activos como los paulistas –ciudadanos de San Pablo– no se puede ser exhaustivo y el espacio limitado obliga a elegir apenas los aspectos más relevantes. Tampoco es posible agotar en pocas líneas las desafiantes oportunidades de creación y crecimiento que abren las cuestiones comunitarias y la integración de los judíos a una sociedad brasileña que se pretende democrática. Así, serán dadas aquí apenas algunas *pinceladas* para entrelazar ideas y realizaciones que *pinten* a la comunidad judía paulista para el lector. Lejos estamos de creer en desarrollos lineales en el pensamiento o en la acción. Apenas por una cuestión de claridad expositiva preferimos presentar primero algunas nuevas posiciones e ideas que circulan en la comunidad judía paulista y seguir ciertos programas y acciones que de ellos devienen.

La comunidad judía paulista y su entorno[7]

La ciudad de San Pablo, en el sur de Brasil, es una megalópolis con más de 17 millones de habitantes, en un país con más de 160 millones de personas. San Pablo es única en Brasil por su tamaño, poder económico y variedad cultural. La ciudad es conocida por su extensión, tráfico intenso y problemas de polución

---

[7] Se puede ampliar en Milkewitz, Alberto, "The Jewish Community of San Pablo", Brasil, Jerusalem Letter, Jerusalem Center for Public Affairs, 1991.

ambiental. Desde los puntos de vista industrial, comercial y financiero es la mayor ciudad y estado de Brasil.

San Pablo es una ciudad caleidoscópica, poblada por personas de origen africano, cuyos abuelos vinieron al país como esclavos, junto a descendientes de portugueses, españoles, italianos y de otros países europeos, japoneses (San Pablo tiene la mayor colonia japonesa del mundo), árabes (con quienes la comunidad judía tiene buenas relaciones), una importante colonia coreana, más de 2 millones de brasileños venidos del nordeste del país, y alrededor de 75 mil judíos, la mayor comunidad organizada de Brasil, y numéricamente la segunda de América del Sur, siendo Buenos Aires la primera. La mayoría de los judíos paulistas pertenece a las clases media y alta, mas también los hay en las clases más necesitadas, en una ciudad en que buena parte de la población es de clase baja.

Las más de cincuenta organizaciones afiliadas a la institución central, la Federación Israelita del Estado de San Pablo (FISESP),[8] trabajan en áreas como religión, educación, servicio social, cultura, política, captación de recursos, juventud, prensa, deportes, e incluyen un gran hospital, un hogar de ancianos y un cementerio. Algunas organizaciones están involucradas en varios sectores, otras en pocos.

Por la importancia que San Pablo tiene en Brasil y por su enorme tamaño y población, la comunidad judía trata con autoridades a nivel municipal y provincial, y frecuentemente también mantiene contactos con el gobierno federal.

Como en todo el mundo contemporáneo, mantener a la juventud dentro de la comunidad es un tema difícil. Existen varios movimientos juveniles sionistas tradicionales, un número variable de grupos e iniciativas para universitarios, un enorme centro comunitario, organizaciones que promueven actividades en el tiempo libre de los jóvenes, además de diversas iniciativas independientes desde el punto de vista institucional.

Fundamentos para las nuevas posiciones

Veamos algunas ideas que se vienen gestando colectivamente en la comunidad judía paulista y que determinan nuevos caminos que sus entidades, programas y acciones vienen tomando.

Fortalecimiento de la participación en la vida nacional

Respetados la identidad, los valores y los aspectos específicos de los judíos, debe ser fortalecida la participación de las organizaciones judías en la vida nacional,

---

[8] Federação Israelita do Estado de San Pablo (FISESP): www.fisesp.org.br fisesp@idish.com.br

especialmente en aquellas instancias que generan posibilidades de cambios positivos para toda la sociedad brasileña. Los voluntarios y profesionales que dirigen en los últimos años la comunidad judía paulista así lo entienden. Si se pretende fortalecer el judaísmo, no se puede estar indiferente a lo que sucede en el Brasil contemporáneo. Es preciso hacer todos los esfuerzos y cambios posibles para construir una sociedad brasileña más justa para todos. Es necesario fortalecer la sociedad civil y el pluralismo de posiciones políticas. En este contexto, el papel de la asistencia social debe ser entendido como *tzedaka*, "justicia social", y no como caridad o filantropía. La búsqueda de un Brasil más equilibrado a través de la redistribución de los recursos es una *mitzvá*. Éste es un asunto en que la comunidad no actúa para defender apenas sus intereses, al contrario, es la lucha por el bien de todos, sin importar raza, credo, origen étnico. Tal vez sea la perspectiva más judía posible en nuestros tiempos y explica por qué la comunidad se envuelve y actúa en Consejos de ámbito nacional y lucha por leyes como la que regula el sector asistencial.

Kol Israel areyvim ze la ze significa que todo el pueblo judío es responsable unos por los otros. Ser responsables unos por los otros no se restringe a preocuparnos sólo por el pueblo judío. El derecho a una sociedad justa es para todos, o no es un derecho.

Cambio de foco con jóvenes: inserción en el mercado de trabajo

Cada vez más claramente existe la noción de que en áreas como juventud estudiantil, o con los que ya están profesionalmente encaminados, se debe trabajar en direcciones diferentes de las que se venían siguiendo.

La comunidad tiene una larga tradición de servicios dirigidos a la juventud, para el fin de semana, los feriados, las vacaciones. Los jóvenes no reclaman actividades recreativas de la comunidad; las que hacen eso, por motivos obvios, son las familias. Los movimientos juveniles, particularmente los sionistas, fueron fundamentales para las comunidades y para Israel. Tenían un alto contenido ideológico, que –hasta el renacimiento del moderno Estado de Israel y por varias décadas después– la mayoría de los judíos consideraba relevante. En los tiempos actuales, cuando las ideologías en general y las sionistas en particular están en descrédito, en esta época de globalización e informática, con un Estado de Israel con la mayoría de las características de los Estados modernos, y frecuentemente más fuerte que las comunidades distribuidas por el mundo, con los judíos viviendo en democracias con diversos grados de evolución, el atractivo de los movimientos juveniles sionistas ha bajado. A ello se agrega el hecho de que la comunidad ha creado para los jóvenes otros espacios que no exigen un compromiso ideológico explícito, en verdad se trata de ideologías enmascaradas; y también la sociedad brasileña ofrece, a cualquier joven consumidor, incluso a los judíos, una enorme variedad de atractivos.

En este contexto, es mínima la posibilidad de una comunidad como la paulista de vencer la competencia con la sociedad mayor.

Quien tiene responsabilidad institucional por atraer a los jóvenes judíos, y se preocupa por mantener su judaísmo, se pregunta qué esfuerzos comunitarios pueden dar un resultado objetivo. A partir de la lectura de la realidad actual viene creciendo en San Pablo la propuesta de un cambio del foco de trabajo comunitario, que deje de encarar apenas las actividades para el tiempo de ocio de los jóvenes para ocuparse de aquello que parece ser una de las mayores preocupaciones y dificultades de la juventud en la década actual, la inserción en el mercado de trabajo. La comunidad debe estar, piensan algunos dirigentes en San Pablo, junto a los jóvenes en aquello que más les interesa y abandonar la inercia y la monotonía de preocuparse sólo por la vida social de ellos.

Ayuda comunitaria para enfrentar los cambios en el mercado de trabajo

En Brasil la situación económica y social se ha agravado debido a la retracción del Estado y del mercado, lo que provoca profundas dificultades, pérdida de empleos, reducción de los sueldos. Los mercados se agitan permanente, rápida y radicalmente. En pocos sectores existe estabilidad. Hay una reorganización de los mercados mundiales –globalización–, cambios estructurales en el área laboral, aumento de la competencia entre empresas, encogimiento y fusión de organizaciones que intentan mantenerse en el liderazgo, informatización de todos los sectores, incluso el de servicios, lo que disminuye rápidamente el número de cargos disponibles. El mercado de trabajo se vuelve cada vez más difícil y diferente de lo que era. Estas dificultades son agravadas por la falta de protección gubernamental.

Así ha surgido también aquí la categoría de los "nuevos pobres", que vienen de los sectores medios de la sociedad y que tenían, hasta hace poco, ingresos relativamente estables. Son adultos capacitados que tienen una historia y patrón de vida de clase media (profesionales liberales, comerciantes, autónomos), que se ven enfrentados a la disminución de sus ingresos y caen en el desempleo, subempleo, sobreempleo (número exagerado de ocupaciones menores). Tienen dificultad de mantener el estilo de vida de sus familias, y así se ve fuertemente afectada su autoestima. Se ven obligados a cambiar sus hábitos de consumo, se deterioran las relaciones familiares y personales. Con el estrés aumentan los problemas de salud, se dificulta la integración social, particularmente en el sistema comunitario. Personas que se criaron con referencias más estables, que creían que era suficiente ser honestas, trabajadoras, conocedoras de su trabajo, enfrentan el mercado en una situación tremendamente competitiva y con fuerte retracción para la contratación. La mayoría de los que entran hoy en el mercado pasarán seguramente por varias ocupaciones diferentes de la elegida originalmente y estarán poco preparados para ellas.

La comunidad ya no considera más el empleo una responsabilidad puramente personal y particular. Entiende que también corresponde a la organización comunitaria ayudar a sus miembros en la difícil inserción o reinserción en este agitado mercado, no solamente de los jóvenes, sino de todos. Esto es vital para mantener el vínculo de muchos de sus miembros con la comunidad. La comunidad ya tuvo experiencia con este tema cuando precisó ayudar a los sobrevivientes después del Holocausto. Hoy, las circunstancias son otras. No hay un cataclismo ni una tragedia tan evidentes. Pero igualmente tiene que colaborar.

Familias que hasta hace poco tiempo tenían una situación aparentemente estable y mantenían un estilo de vida de clase media, ahora precisan ayuda para mantenerse o para levantarse después de una ruda caída. Cabe a las organizaciones comunitarias crear un sistema eficaz de apoyo y orientación para superar la crisis actual y atender a las necesidades de empleo de la población atendida. La comunidad está consciente de su responsabilidad de motivar a las personas que perdieron sus empleos a adaptarse a las nuevas posibilidades de ocupación profesional. El mercado cambió y todos saben eso. Es necesario identificar las nuevas opciones y redirigir a aquellos que cuentan con la organización comunitaria para su orientación y encaminamiento profesional.

Inserción de los profesionales liberales en la comunidad

Por muchos años, la comunidad no tuvo éxito para atraer a los profesionales liberales al trabajo voluntario. Algunas comunidades tienen la experiencia, muchas veces amarga, de ver a sus miembros preferir el ambiente de la sociedad mayor para ofrecer su *know how* y alejarse del trabajo comunitario judío. No es el caso desarrollar aquí un tema tan extenso como éste, por el cual pasa toda la cuestión de la inserción judía en el mundo gentil, su aceptación y el grado de modificaciones exigidas y aceptadas por ambas partes. En San Pablo hemos hecho la experiencia de llamar a profesionales liberales a ofrecer sus servicios en el contexto de la Federación con el *status* de voluntarios. Estos profesionales, por su formación, acaban teniendo una visión más abierta e, incentivados por la Federación, actúan dentro y fuera de la comunidad judía.

Activismo social visible en la sociedad brasileña

La comunidad, a través de sus organizaciones y principalmente a través de su representante, la Federación Israelita del Estado de San Pablo, viene participando cada vez más de acciones transformadoras de la sociedad brasileña. La Federación, en su carta de intenciones –"La misión de la Federación"–, afirma su filosofía de actuar en la comunidad mayor –"Participar activamente de la vida nacional"– y es esto lo que se está haciendo en los últimos 10 años. Ejemplos claros son la participación de la comunidad judía en la campaña contra el hambre liderada por el sociólogo brasileño Herbert de Souza "Betinho", fallecido en agosto de 1997. En esta campaña de alcance nacional, la comunidad judía de San Pablo fue considerada una socia ejemplar en el sentido de la cantidad de donaciones y principalmente en el mantenimiento de la ayuda. Cuando muchos grupos ya no colaboraban más, la comunidad judía continuaba enviando sus donaciones.

En 1998, en ocasión del agravamiento de la sequía en el nordeste del país, la comunidad se movilizó y cooperó significativamente para disminuir los sufrimientos de los hermanos brasileños del norte y del nordeste de Brasil. En 1999, la organización judía de beneficencia y defensa de los derechos humanos, B'Nai B'Rith,[9] promovió una campaña para enviar a las poblaciones necesitadas del nordeste canillas para los filtros de agua que habitualmente son utilizados en la región. Así se garantiza que las personas beban agua pura evitando gran número de enfermedades.

Vale mencionar aquí también una actitud muy evidente de algunos miembros de la comunidad, en general profesionales liberales cuyas edades oscilan entre 40 y 50 años, que personalmente se identifican con programas de promoción social de niños, jóvenes y adultos, y participan de los directorios de organizaciones no gubernamentales. Estos individuos, además de contribuir con la solución de problemas que afectan a toda la sociedad brasileña, son una manifestación de que los brasileños judíos se abren para toda la sociedad con determinación y actitud de solidaridad. Esta postura no es inhibida y sí estimulada y respetada por la organización comunitaria. Estos judíos están en la primera línea de un nuevo modelo de relación con la sociedad integral.

Programas y acciones a partir de las nuevas posiciones

Habiendo formulado brevemente las ideas que circulan en la comunidad judía de San Pablo, veamos algunos de los programas y acciones concretas que estos conceptos han generado.

Consejo Nacional de Asistencia Social (CNAS): acción político-social

Tal vez la forma más visible y transparente de participación de la comunidad judía brasileña en la sociedad sea a través de su representación oficial en el Consejo Nacional de Asistencia Social (CNAS), que resulta de la implementación de la Ley Orgánica de Asistencia Social (LOAS). Si bien no es la única forma, por ser de las más visibles merece ser conocida y entendida.

---

[9] Associação Beneficente e Cultural B'Nai B'Rith: www.bnai-brith.org.br / bnaixxv@ibm.net

La LOAS tiene por atribuciones aprobar, acompañar, fiscalizar y evaluar la Política Nacional de Asistencia Social (PNAS) y los recursos para su implementación por medio del Fondo Nacional de Asistencia Social (FNAS).

El gobierno de Collor vetó totalmente la LOAS. En 1991, durante el gobierno de Itamar Franco fue sancionada, con algunos cortes. Así, el primer CNAS tomó base el 4 de febrero de 1994, con la elección de los consejeros de la sociedad civil en la citada asamblea. Junto a los representantes de los respectivos ministerios (Secretaría de Asistencia Social, Ministerio de Bienestar Social, al que respondía el CNAS, Ministerio de Educación y Deportes, Ministerio de Salud, Ministerio de Trabajo, Ministerio de Hacienda, Secretaría de Planeamiento y Presupuesto de la Presidencia de la República) estaban los representantes de los municipios y los representantes elegidos de la sociedad civil. Acompañando a organizaciones como la Central Única de los Trabajadores (CUT) y la Confederación Nacional de los Obispos Brasileños (CNOB), estaba la representación nacional de la comunidad judía brasileña, Confederación Israelita de Brasil (CONIB), que cuenta con el apoyo destacado de la comunidad de San Pablo, la de mayor relevancia en el panorama nacional.

El CNAS hace público el debate de la cuestión de la asistencia social con la perspectiva crítica que la LOAS le imprime. Éste no es un camino fácil. Se trata de un espacio de interlocución y debate entre representantes del gobierno y de la sociedad civil, donde ambos frecuentemente no coinciden. Y aun haciendo este diálogo más difícil, ocurre que tampoco los sectores, gobierno y sociedad civil, son homogéneos en su posición. De esta forma, el CNAS es un laboratorio de la democracia brasileña, dentro del cual la comunidad judía tiene su lugar.

Facilitación a los jóvenes de las primeras prácticas en empresas

Después de tratativas iniciadas en 1998, la Federación Israelita firmó un convenio con una organización de amplio reconocimiento en el mercado, el Centro de Integración Empresa Escuela (CIEE). Por este acuerdo están siendo colocados en las filiales de la Federación puestos de atención a los interesados en obtener una pasantía, prácticas de adiestramiento profesional. Ahí, los jóvenes pueden obtener su pasantía, a través de un formulario que completan en su escuela, sinagoga, club. En Brasil, el tener pasantías oficialmente reconocidas, es una exigencia formal para recibir el título de la carrera que se está estudiando y para ser admitido luego en un futuro cargo. El CIEE es una organización no gubernamental, reconocida por las universidades brasileñas y por un gran número de empresas estatales y particulares. Hasta el presente colocó más de dos millones de estudiantes para pasantías. Estos puestos de atención serán instalados en algunas de las organizaciones más frecuentadas por la juventud. Dicho proceso estará siendo acompañado por la promoción de *workshops* sobre temas como proceso selectivo, formación de emprendedores, inteligencia emocional, resolución de problemas. El CIEE promoverá visitas organizadas a empresas que ofrecen a los jóvenes el conocimiento directo y realista del trabajo. El convenio también promoverá visitas a centros universitarios, facultades e instituciones de estudio profesional, facilitando el contacto directo entre los jóvenes y los profesionales del mercado. Este contacto pretende ayudar a superar los preconceptos rígidos sobre la elección de las profesiones y prepararlos para un nuevo modelo de mercado. Una novedad que se inicia con este acuerdo entre el CIEE y la Federación Israelita de San Pablo son las pasantías en organizaciones sin fines lucrativos.

Empleo y readecuación para el nuevo mercado

La comunidad está intentando preparar a sus miembros para los cambios en el mercado de trabajo promoviendo cursos de readecuación profesional y capacitando mejor a los que entran al mercado. Un papel fundamental ha sido asumido por la Congregación Israelita Paulista,[10] la mayor sinagoga de orientación liberal de San Pablo, que mantiene hace años una bolsa de empleos. En los últimos años, impulsada por el Foro de Dirigentes del Área Asistencial de la FISESP, la Congregación ha creado cursos especiales para readecuar a las personas a las nuevas características de los mercados.

Otras propuestas intentan crear estructuras para apoyar a nuevos pequeños negocios, así como para asesorar a las familias con dificultades económicas. Así está siendo preparado un cuerpo de voluntarios (empresarios, profesionales liberales especializados en cuestiones inmobiliarias, jurídicas, comerciales e industriales), que en un sistema innovador estarán orientando a jefes de familia con dificultades económicas y profesionales. Dentro de este contexto y con la expectativa de facilitar a todos el acceso a las posibilidades que la comunidad ofrece, está siendo lanzada una guía con todo lo que la comunidad y su red asistencial brinda. También está en curso una experiencia de una agenda encartada en los vehículos de prensa escrita con mayor impacto en la comunidad, que contiene los servicios y productos que miembros de la comunidad pueden vender, especialmente aquellos que no han constituido empresas o tienen empresas unipersonales, de artesanos y otros servicios autónomos.

Profesionales liberales participantes en la comunidad con su especialidad

La comunidad judía de San Pablo abrió un espacio innovador para que los profesionales actúen voluntariamente contribuyendo con su capacidad profesional. Ha sido grande el número de adhesiones de psicólogos, psicopedagogos, fonoaudiólo-

[10] Congregação Israelita Paulista: www.cip-sp.com.br / cip@cip-sp.com.br

gos y abogados que se adhirieron a este modelo de contribución de trascendencia comunitaria. Muchos judíos aislados encontraron su camino alternativo para relacionarse con la comunidad judía y, a través de ella, con la comunidad toda.

En la actualidad, funcionan sistemáticamente los siguientes programas:

a) Psicología (psicoterapia para niños, adolescentes, adultos, familias, parejas)
b) Psicopedagogía
c) Fonoaudiología
d) Abogacía

El programa Psicología atiende a niños y jóvenes derivados por las escuelas, así como adultos, a través de tratamiento individual, de pareja o familiar.

Psicopedagogía es otro programa que ofrece apoyo para las diversas dificultades escolares y de aprendizaje.

Fonoaudiología ofrece ayuda a personas que sufren dificultades del habla.

Abogacía brinda asesoramiento jurídico para personas que llegan a través de los servicios sociales de la comunidad y que precisan ayuda en diferentes causas frente a la justicia.

Ayuda activa en la villa miseria de Paraisópolis en San Pablo

Puesto de Orientación Familiar (POF)

En 1993, cumpliendo con los criterios de la Secretaría Provincial del Niño, la Familia y de Bienestar Social, la Federación Israelita del Estado de San Pablo inauguró el Puesto de Orientación Familiar (POF). Este puesto atiende a la población necesitada que reside en la comunidad de Porto Seguro, en Paraisópolis, que es un sector de una villa miseria (favela) localizada en la región de Morumbi, barrio residencial de San Pablo. Porto Seguro es una región con límites geográficos claros que facilitan el trabajo de la comunidad. El POF atiende a 150 familias, a las que se suman otras 150 que viven en aglomeraciones vecinas.

La población atendida está formada por personas venidas de otros estados de Brasil, predominantemente analfabetas o semianalfabetas, con ingresos inestables, y familias encabezadas especialmente por mujeres. La escolaridad no supera el nivel primario y hay un gran índice de deserción escolar. La Federación eligió esta región como área para sus esfuerzos porque ya actuaba una de sus filiales, la Congregación y Beneficencia Sefardí Paulista Beit Yaacov.[11] En el POF, profesionales y voluntarios apoyan, orientan y encaminan a las familias para la utilización de los recursos disponibles en el barrio y en la ciudad, desarrollando

---

[11] Congregação e Beneficência Sefardi Paulista: byaacov@zaz.com.br

actividades en varias áreas como arte y recreación infantil, talleres de teatro y circo, cursos de alfabetización, dactilografía, artesanía, refuerzo escolar, informática, promoción de actividades para la generación de renta familiar, cursos de profesionalización, grupos de charlas sobre asuntos de interés femenino. La propuesta de trabajo del POF se orienta especialmente al apoyo de la familia y la escolaridad, y a capacitaciones que permitan la inserción inmediata en el mercado de trabajo.

En las proximidades se localiza el Hospital Israelita Albert Einstein,[12] que presta sus servicios médicos de primera calidad a toda la enorme población que allí vive.

Hospital Israelita Albert Einstein en la comunidad

En la misma área de Paraisópolis, el Hospital Israelita Albert Einstein desarrolla su programa "Einstein en la Comunidad", dirigido por su Departamento de Voluntarias. El programa, iniciado en 1998, tiene gran alcance en el área de promoción social y salud. Atiende hoy cerca de 8 mil niños. La población necesitada es atendida de manera ambulatoria. Paralelamente, el Hospital Albert Einstein desenvuelve talleres de lactancia materna, salud bucal, cuidados de higiene y nutrición. Así, la Sociedad de Beneficencia Israelita Brasileña Hospital Albert Einstein cumple con el precepto de *tzedaka* –justicia con solidaridad–. Además de este centro de atención dentro de la *favela*, el hospital mantiene un Departamento Pediátrico Asistencial desde hace más de treinta años.

Perspectivas para el futuro

¿Qué nos depara el futuro? Brasil atraviesa una profunda crisis que puede ser interpretada de diversas formas. Una visión positiva lleva a entenderla como cambios que conducirán definitivamente a una mayor estabilidad con una distribución más justa de los recursos entre todas las camadas sociales. La crisis afecta duramente a las organizaciones socioasistenciales, sin fines lucrativos, filantrópicas. Las escuelas de la comunidad tienen un porcentaje muy alto de becarios y los cambios en las leyes brasileñas afectan mucho y muy directamente los presupuestos escolares y aumentan el costo de las mensualidades, con su repercusión inevitable en el número de alumnos matriculados. El diálogo entre la sociedad civil y las autoridades gubernamentales no es fácil, especialmente cuando estas últimas toman sus decisiones urgidas por la búsqueda de ajustes inmediatos en las cuentas nacionales. ¿Qué organizaciones sobrevivirán en el Tercer Sector? ¿Qué organizaciones judías conseguirán dar continuidad a su trabajo de ayuda al prójimo y defensa de los derechos de los desfavorecidos? Nuestro compromiso actual es

---

[12] Hospital Israelita Albert Einstein: www.einstein.br / fac@einstein.br

adaptarnos a las nuevas reglamentaciones de la ley y dar continuidad a las actividades que están en curso. Pero apoyaremos las iniciativas de las demás organizaciones filantrópicas nacionales, en el sentido de dialogar con los órganos gubernamentales en la búsqueda de soluciones que posibiliten el mantenimiento de la colaboración entre la sociedad civil y el Estado, de valor inestimable para la superación de las desigualdades sociales y la inclusión de todos los brasileños en el proceso de construcción de la nueva sociedad a la que todos aspiramos[13].

[13] Agradecemos a Marcelo Maghidman por su lectura y sugestiones.

La pobreza en Chile y en el judaísmo local: sueños, realidades y esperanzas

*Elimat Y. Jasón**

> *La pobreza no viene por la disminución de las riquezas,*
> *sino por la multiplicación de los deseos.*
> Platón, *Las Leyes*

La pobreza no es un problema que posea aristas moderadas o sensatas, mucho menos razonables. Posee, eso sí, muchas dimensiones, todas ellas discrepantes, disconformes, hostiles, diría yo. Hay una realidad que no admite panegíricos ni peroratas fustigantes. Entonces, seamos meridianamente claros: no es posible erradicar en forma automática la pobreza de un país; menos, por decreto. Acometer una tarea tal es riesgosa en extremo y, cuando algunos gobernantes de ancho corte populista la han emprendido, ha conllevado desolación y desconsuelo a muchos.

¿Cuál es el motivo central? Es indudable que no existe un único factor que incida en esta dolorosa plaga que remece y produce estragos devastadores y descontrolados a la humanidad. Los factores que la condicionan son múltiples. Pequeño es aquel país cuya meta sea exclusivamente avanzar para erradicar su pobreza; grande es aquella nación que lucha para incrustarse dentro de los problemas educacionales, de salud y de vivienda y buscar una terca mejoría, pues son ellos, vivencialmente, los factores que la generan.

En Chile se considera hogar indigente aquel que, con sus ingresos regulares, no logra cubrir el costo de una Canasta Básica de Alimentos (CBA) para cada uno de sus miembros. Esta CBA, lógicamente, no se ha mantenido estática a lo largo del tiempo, sino que ha sufrido los cambios que la modernidad y los avances sociales del país ameritan.

Bajo dichos parámetros, caen dentro de la denominación de hogares pobres aquellos que no alcanzan a cubrir dos veces el costo de la CBA. Para hacerlo más generalizado, podemos afirmar que un hogar urbano promedio requiere un mínimo de 280 dólares mensuales para pretender ubicarse en el segmento fuera de la pobreza. Por otra parte, justo es recordar que para un hogar rural el promedio es de 188 dólares mensuales.

Los hogares indigentes en Chile alcanzaron en 1992 el 9%, vale decir, se alcanzó una notable disminución en las brechas sociales de casi 5 puntos porcen-

* Presidente del Comité Representativo de las Entidades Judías de Chile y vicepresidente del Congreso Judío Latinoamericano.

tuales con respecto a 1990. Asimismo, podemos decir que la pobreza en el país cayó entre esos años en más de 7 puntos porcentuales. Logros notables a nivel latinoamericano, mas aún insuficientes.

Entre 1990 y 1996 no se divisaron cambios significativos en el ensombrecedor panorama que azota a millones de seres humanos y que se sitúan entre brechas de indigencia y pobreza. Dicho en números:

	1987	1990	1992	1996
Indigentes	16,8%	13,8%	9,0%	6,0%
Pobres no indigentes	27,8%	26,3%	23,7%	21,0%
Total de pobres	44,6%	40,1%	32,7%	27,0%

Hoy en día se supone que la pobreza alcanza los límites del 19,3%. Sin embargo, el problema radica básicamente en la relación existente entre pobreza y crecimiento económico y saber hasta qué punto los pobres se benefician realmente de este último.

Un crecimiento económico delata una mayor recaudación de impuestos y, consecuentemente, un mayor crecimiento del gasto social. *Lo realizado ha demostrado que el crecimiento económico se notó gradualmente en varios estratos de la pobreza, no así en los indigentes. Hay, pues, una tarea inmediata, urgente y justa.*

Ello, sin desmentir que el crecimiento económico en Chile se ha repartido entre los diferentes estratos, básicamente entre los niveles pobres e intermedios, siendo su impacto significativamente menor en el grupo de los indigentes.

La crisis asiática ha golpeado a todos los países latinoamericanos, pero especialmente a aquellos cuyo comercio con Asia es prioritario. A la así llamada "crisis asiática" hay que agregar cañonazos aviesos y colosales que golpearon a la población en sus flancos más débiles: *el fenómeno del Niño, el fenómeno de la Niña, y la quebrantada y desfalleciente crisis de Rusia, que aún no terminan con su efervescente malestar.*

Si bien se esperaba que para fines de 1999 –mi modesta opinión es que la crisis se prolongará más allá del fin de milenio– los países del sudeste asiático empezaran a recuperarse, ello no se verá cristalizado en América Latina, toda vez que se espera un crecimiento generalizado del 0,6%, lo cual es totalmente desastroso para los proyectos sociales en curso, tomando en cuenta que Chile ha crecido en las últimas dos décadas más del 6% en forma sostenida.

Por otra parte, el precio del cobre ha caído a niveles extremadamente críticos, llegando a su peor momento, ya que es *posible compararlo con el que estaba vigente hace más de tres décadas.* Así, durante casi todo el primer semestre de 1999 la libra del metal rojo se cotizó a menos de 67 centavos de dólar, pero luego hubo un repunte que marcó los 80 centavos de dólar.

El cobre, que con entera justicia había sido denominado anteriormente y con la ampulosidad latina como el *"pan de Chile"* y que había llegado a constituir más del 80% de los ingresos del país, en la actualidad no representa más del 40%, toda vez que las exportaciones no tradicionales se han diversificado en forma por demás extraordinaria.

Para ser más claros: *las exportaciones chilenas llegaron en 1998 a cerca de los 16 mil millones de dólares; pueden caer radicalmente, afectando todos los programas sociales del gobierno.*

Con un crecimiento sostenido habrá, a no dudar, más equidad y eficiencia en los servicios públicos. *Equidad significa financiar imperativamente programas sociales contra la pobreza.*

En 1992, el gasto social correspondió al 66% del gasto público total, que llegó a más de 5.500 millones de dólares. Los segmentos de educación y salud acumularon el 21% y el 17 % del gasto total, respectivamente, mientras que vivienda llegó a menos del 9%.

En resumen, podemos concluir que la pobreza es un problema en suspenso en Chile. Hay muchas tareas pendientes, mas debemos coincidir en que el crecimiento económico debe tener como factor primordial la superación de la pobreza; que el aumento del gasto social debe llegar a superarla, algún día. Sin embargo, tomando en cuenta los estimados de 1999, el gasto social no aumentó.

Ello me lleva a recordar las palabras de Ezer Weitzmann, el actual presidente de Israel: "Quisiera estar vivo para ser el hombre más feliz del mundo cuando Israel tenga un presupuesto en que lo asignado a la educación supere lo asignado a la defensa".

Con todo, hay que agregar que Chile va adelante en el desarrollo humano en toda América Latina; que, a ese mismo nivel, los servicios de educación, salud, vivienda, equipamiento y saneamiento básico son altamente favorables en el país. Los indicadores sociales de Chile son los mejores en toda la región, toda vez que recientemente los investigadores del Programa de Desarrollo Humano de la ONU ubicaron a Chile, por cuarto año consecutivo, en el primer lugar en avance humano en América Latina.

El país ocupó el lugar número 34 entre 174 naciones encuestadas, destacando cómo Chile ha podido incorporarse en forma más vigorosa a la globalización económica en democracia y con niveles de integración social superiores al resto del continente. Chile superó a la Argentina (39), Uruguay (40), Costa Rica (45) y Venezuela (48), países que también se cuentan entre los llamados países de "alto desarrollo humano" en la región, por cuanto combinan factores de calidad humana –educación, salud y equidad en la distribución del ingreso– con logros económicos.

Es verdad que los avances tecnológicos pueden haber mejorado la vida de muchas personas en todo el mundo, pero también están ampliando la brecha entre ricos y pobres. Un pequeño ejemplo para graficar lo anterior: la compra de una computadora le costaría a un ciudadano de Bangladesh los ingresos de 8 años; un estadounidense promedio pagaría el salario de un mes.

Pese a ello, Chile se encuentra en un umbral donde los avances se hacen cada vez más difíciles y cada peldaño hacia las alturas requiere un mayor empuje y un mayor esfuerzo.

La cobertura de la educación básica supera el 95%, la media ya está superando el 70% y la superior, el 20,8%; más del 90% de los partos cuentan con atención profesional; el agua potable alcanza al 98% de las viviendas particulares; las redes de alcantarillados cubren más de 80,9 de cada 100 viviendas y casi 90 de 100 acceden a la red de alumbrado público. Además, la esperanza de vida de un chileno ha crecido a 72 años para los hombres y 78 años para las mujeres.

Siguiendo con los indicadores humanos del PNUD, podemos afirmar que tanto Chile como la Argentina tienen una cobertura del 100% en el acceso a servicios sanitarios (México, el 81%; Colombia, el 76% y Brasil tan sólo el 55%).

En torno de la mortalidad infantil, Chile saltó del lugar 61 en el quinquenio 1970-1975 al primer lugar en el quinquenio 1975-1980, posición que ha mantenido hasta el presente, pasando de más de 100 muertes de niños antes del primer año de vida, por cada mil nacidos vivos, a 12,7 muertes proyectadas por la CEPAL para el quinquenio 1995-2000. Este avance es producto de una combinación de políticas tales como la inversión en alcantarillado y agua potable, que a su vez han disminuido la frecuencia de enfermedades infecciosas. El aumento de la atención profesional del parto y los esfuerzos que se han hecho por abatir la desnutrición infantil han sido también de gran importancia. Por último, el ingreso familiar, la mejor educación y los avances en materia de reducir la extrema pobreza o indigencia ayudan, entre otras cosas, a bajar este índice.

Chile posee la segunda tasa más baja de analfabetismo de la región, con el 4,5%, superada solamente por la Argentina (4%), en tanto que Brasil muestra aún un altísimo nivel que alcanza el 17%. Finalmente, en este ámbito, el PNUD atribuyó a Chile un ingreso per cápita de 12.730 dólares en 1997, vale decir, 2.800 dólares más de lo que tenía en 1995. Hoy en día, el ingreso per cápita de Chile es de 13.228 dólares, siendo el de Sierra Leona, también según el *ranking* del PNUD, el más bajo del mundo con 410 dólares.

Los niveles de pobreza actuales, medidos con indicadores de ingreso per cápita de los hogares y el costo de una canasta básica de alimentos, han disminuido en los últimos 10 años desde 5,5 millones de personas en 1987 a 5,2 millones en 1990, a 4,3 millones en 1992, a 3,9 millones en 1994, a 3,3 millones en 1996 y en 1999 a un poco más de 3 millones.

Sin embargo, según la CEPAL, el porcentaje de hogares pobres es menor en Costa Rica, en la Argentina y en Uruguay, y más alto en México, Brasil, Venezuela, Colombia y Bolivia. Hoy en día, las condiciones de pobreza serán más duras y complejas de superar. Pese a ello, justo es reiterar aquí las palabras del presidente Eduardo Frei al inaugurar la Legislatura el 21 de mayo de 1999: "Este incremento –del salario mínimo– se ha traducido, para los trabajadores de menores ingresos, en la posibilidad real de alcanzar un mayor nivel de consumo de bienes básicos. Por ejemplo, hoy el monto del salario mínimo permitiría adquirir 108 kilos de pollo; en marzo de 1990, sólo permitía comprar 35 kilos. Si hoy el salario mínimo alcanza para 290 litros de leche, hace nueve años alcanzaba sólo para la mitad. En fin, el salario mínimo equivale hoy a 160 kilos de pan, en tanto que en marzo de 1990 alcanzaba para 110".

Por ello, reitero: superar la pobreza no es un proceso lineal ni irreversible. Hay aún, desgraciadamente, muchos bolsones de pobreza urbana y rural que no han sido destruidos y allí radica la mayor empresa para los años venideros, años duros, exigentes, plenos de sacrificios, pero, tenemos fe en ello, menos azarosos y ultrajantes.

El rol del Estado antes del golpe, o antes de 1973, era "benefactor"; durante el gobierno militar –1973-1990– era "subsidiario"; hoy, en democracia, posee el rol de "integrador".

La pobreza judía en Chile

Alrededor del 10% ha estado buscando trabajo durante los últimos 12 meses, de los cuales un 24% lo hacía en los sectores más pobres del Gran Santiago. El 62%, es decir, los dos tercios de los hogares, se ubicaron dentro de la *capacidad media*, en tanto que un cuarto de ellos (el 25%) en la *capacidad alta*. El 2% se autocalificó con *recursos bajos* y el 11% en *recursos ajustados*.

Durante años, los judíos ancianos estaban abandonados a su propia suerte, muchos de ellos sin recursos para sobrevivir por sus propios medios. En 1950, se cobijó a 15 ancianos en una modesta casa alquilada en el Gran Santiago, mientras se realizaban los estudios para levantar un Hogar Israelita de Ancianos. Había una urgencia de ayuda, pero las instituciones, todas ellas, avanzaban por la vida salvando escollos y cruzando tempestades.

Por ello, cada cierto tiempo se los recluía en casas de reposo, asilos, hospederías y lazaretos indignos. Según los estudios, en Chile, en no más de un lustro, el porcentaje de mayores de 68 años alcanzará casi el 7%; ello es lo que se llama envejecimiento de la población. Un país tiene una población joven cuando el segmento de los mayores de 68 años oscila entre el 4,1% y el 7% de la población. Ahora, cuando el porcentaje supera el 7% se dice que corresponde a un país con una población envejecida.

El ascenso del número de ancianos judíos generó problemas financieros, médicos y alimentarios, que se transformaron en una necesidad social abrumadora. Todo ello urgió la necesidad de crear un nuevo hogar, más moderno y acorde con las necesidades de la época.

Un manifiesto comunitario puso de relieve la situación; se había decidido establecer un hogar destinado a convertirse en un avanzado centro gerontológico y geriátrico, con tecnologías médicas y especializadas en terapias y rehabilitación física y mental.

Se salía recién de la Segunda Guerra Mundial y era un proyecto temerario y aventurero. Hoy se cuenta con 10 mil metros cuadrados edificados, en un terreno de 15mil metros cuadrados. Hay allí una paz constructiva, activa, no vegetativa. Se alberga allí a 180 ancianos, es decir, hay 55,5 metros cuadrados por residente.

De ellos, el 44% no contribuye; son indigentes y sin familia.

La Policlínica Pública Israelita

En 1922, estudiantes de medicina, jóvenes judíos alumnos de la Escuela de Medicina y Escuela Dental dieron los primeros pasos ante la muchedumbre de enfermos que hacían colas en las calles. Querían un local para ayudar a combatir enfermedades y nadie les abría una puerta. Eran jóvenes universitarios sionistas, llenos de ideales sociales.

La institución que formaron recibió el nombre de Asociación de Jóvenes Israelitas que, en 1963, adoptó el nombre de Policlínica Pública Israelita. En sus primeros estatutos ya señalaban claramente que su objetivo más relevante era "contribuir al bienestar del pueblo chileno en lo que a atención médico asistencial se refiere".

Así nació la Policlínica Pública Israelita, que ya en su primer año había asistido a más de 10 mil enfermos, cuando la estructura inicial sólo posibilitaba la atención de no más de 7.500. Los enfermos llegaban, con todos sus familiares, de las zonas periféricas y de otras ciudades vecinas y eran atendidos con solicitud y esmero profesional, gratuitamente, por jóvenes que habían egresado de la Facultad de Medicina, todos ellos comprometidos seriamente con los agudos problemas sociales que enfrentaba el país y conscientes en cuanto a lo referente a salud.

Este núcleo inicial de jóvenes profesionales poseía un elevado nivel científico, destinado a realizar una amplia labor aplicada en el campo de la medicina. Al poco tiempo, se levantó un edificio con todas las estructuras modernas que los tiempos requerían y se ubicaron silenciosamente en la parte sur de la ciudad.

Esta loable iniciativa de cooperación social ha cumplido casi 80 años y, lo que se inició como un débil intento de ayudar al sector más necesitado de la población chilena, hoy en día se proyecta a toda la comunidad nacional. Es, por decir lo menos, un ejemplo de lo que puede alcanzar el espíritu de servicio de una colectividad, cuando ella se confunde y se plasma dentro de las necesidades del país y se desenvuelve en una inteligente planificación, prestando anualmente un promedio de 6 mil a 7 mil atenciones.

En 1985 se atendía a 54 mil enfermos anuales. En 1999, a más de 75 mil. Y los pacientes son gentiles y judíos provenientes de las capas más bajas, de los estratos más pobres y necesitados, de los hogares, del Bikur Jolim, mochileros israelíes, etcétera.

Dentro de los fines de la Policlínica están el de contribuir con todos los medios a su alcance al bienestar del pueblo chileno y el de esforzarse por ser útil en su atención médica en general, incluyendo servicios de odontología. Además, ha puesto al servicio de la sociedad chilena muchas obras de extensión y difusión cultural, literaria, científica y de educación sanitaria, mediante conferencias, charlas, veladas, cursos especiales, bibliotecas, etcétera.

A todo ello, es dable agregar los auxilios médico asistenciales en sus diferentes secciones y, lógicamente, incrementar las relaciones de cooperación y armonía entre las instituciones congéneres del país y del extranjero.

Hoy en día un gran número de médicos y odontólogos de reconocido prestigio prestan sus servicios en la Policlínica Pública Israelita, con gran espíritu social y una enorme responsabilidad profesional. Ellos siempre han estado dispuestos a prestar su aporte a las necesidades sociales del país sin miras a una compensación médica adecuada.

Por las características del equipo médico y dental que tiene actualmente la Policlínica, es una ayuda eficaz e inapreciable como obra de grandes rasgos sociales y es considerada, en forma por demás unánime, como una de las más respetadas existentes actualmente en la comunidad judía de Chile.

Desde hace más de 80 años las puertas de la Policlínica Pública Israelita han estado permanentemente abiertas para las necesidades de quien lo solicite, creándose un gran número de departamentos. Los principales son:

Especialidades médicas:
Medicina general, pediatría, ginecología, otorrinolaringología, dermatología, traumatología ortopédica, oftalmología y urología.
Especialidades odontológicas:
Odontología general, odontopediatría y ortodoncia.
Otras especialidades:
Fonoaudiología, kinesiología, nutrición, psicología, tecnología médica oftalmológica y obesidad.
Servicios de apoyo diagnóstico:
Radiología general, radiología dental, ecotomografía, electrocardiología, laboratorio clínico, impedanciometría, autorrefractometría, estudios de estrabismo y audiometría.

La Policlínica Pública Israelita cuenta con un plantel de 20 médicos, 11 dentistas y 18 funcionarios y auxiliares. Además, cuenta con una óptica propia, respaldada por una de las empresas más destacadas del país. Gracias a donaciones de algunos laboratorios se cuenta, además, con medicamentos para ser entregados en forma gratuita a los enfermos más necesitados.

La Policlínica se ha equipado con laboratorios, servicios de psiquiatría, odontopediatría, kinesiología, oftalmología, etc., lo que le permitirá que, en los próximos años, se llegue a atender a más de 100 mil pacientes.

Gran parte del éxito de la Policlínica se debe a la armoniosa cooperación existente entre las distintas instituciones de la colectividad judía y de todos los socios, los cuales contribuyen, mes a mes, con pequeñas donaciones que hacen posible la existencia de tan valiosa obra en pro de las necesidades más urgentes de la sociedad chilena.

La importancia siempre creciente que ha ido adquiriendo la Policlínica como obra de reconocida fibra humana le ha permitido cumplir con una función esencialmente social. Vale la pena destacar, además, otro hito importante en su historia que ha sido el haber obtenido el reconocimiento por el gobierno de Estados Unidos como una entidad de beneficencia.

Entre las actividades de esta institución está el haber acrisolado las más puras fuerzas humanas que, llevadas por el idealismo de sus dirigentes y colaboradores, estimulan el desarrollo de su magnífica obra de bien colectivo.

Actualmente, se considera que la Policlínica Pública Israelita cumple una misión complementaria a la obra que realizan los servicios en terreno de la salud pública por haberse constatado que, mediante una actividad recíproca, se han resuelto situaciones angustiosas de personas que, en su doble carácter de enfermos e indigentes, han encontrado alivio en sus sufrimientos físicos y morales, beneficencia y obra social.

No podemos dejar de mencionar el hecho de que la Policlínica presta atención gratuita a personas enviadas por otras instituciones judías, tales como el Hogar Israelita de Ancianos, el Hogar de Ancianos CISROCO, el Hogar de Niños, el Programa de Asistencia Social Israelita (PASI), Bikur Jolim y la Comunidad Israelita de Santiago.

Hoy en día la Policlínica es uno de los prestadores más importantes de la Junta Nacional de Auxilio Escolar y Becas, siendo su misión de todos los días proporcionar una mejor atención a los enfermos, sabiendo que ellos, al retirarse, tienen la firme convicción y una insuperable sensación de haber sido atendidos en forma por demás completa y con toda solicitud y esmero profesional.

Corporación para el Desarrollo Social

Se trata de un programa social de damas judías para judíos en situación de pobreza y para la sociedad chilena en su conjunto. Históricamente, la acción social de la colectividad israelita se ha canalizado a través de la Corporación para Desarrollo Social PASI-CEFI (fusión de dos instituciones: Programa de Asistencia Social Israelita y Comité de Entidades Femeninas Israelitas).

Esta corporación existe gracias al esfuerzo de sus voluntarias, quienes junto con profesionales especializados dedican su quehacer a las personas de escasos recursos de la colectividad judía y de la población chilena. De esta manera, la labor se ha canalizado a través de diversas áreas de desarrollo que se detallan a continuación.

PASI (Programa de Asistencia Social Israelita)

Área asistencial

Este Programa de Asistencia Social Israelita (PASI) existe desde hace más de tres lustros, tiempo durante el cual se ha especializado en la atención integral de judíos en estado de urgente necesidad.

El PASI, tan ampliamente como se plantea, procura entregar herramientas de ayuda a quienes presentan problemáticas tan diversas como:

a) Recursos económicos escasos
b) Falta de trabajo
c) Relaciones familiares disfuncionales
d) Alteraciones psicológicas
e) Problemas legales
f) Desconocimiento de leyes sociales
g) Tercera edad en estado de soledad
h) Necesidad de apoyo médico
i) Desvinculación de la vida comunitaria judía
j) Becas universitarias totales o parciales

En esta área, se han instituido becas para alumnos de la enseñanza secundaria, técnica y universitaria (las Becas PASI). Éstas ayudan a los alumos judíos de escasos recursos para sus estudios superiores. Además, hoy en día se proporciona ayuda a más de 140 personas judías de escasos recursos, en tanto que otras tantas han sido derivadas al Estadio Israelita, las *kehiloth*, las sinagogas, los Centros Comunitarios y los movimientos juveniles.

Lógicamente, este programa no podría ser llevado a cabo en la forma eficiente, pronta e integral que se propone si no contara con el incansable apoyo de voluntarias, profesionales voluntarios y el soporte decidido de varias instituciones de la comunidad judía.

CEFI (Comité de Entidades Femeninas Israelitas)

Área salud

En el área salud existe, en un populoso barrio de Santiago –Lo Prado–, el Policlínico Golda Meir, con cómodas y modernas instalaciones. Este Policlínico, que se encuentra en funciones desde 1974, ha sido remodelado recientemente en toda su infraestructura interna y externa, presentando instalaciones sumamente modernas y extremadamente cómodas. En su interior se desempeñan psicólogos, psicopedagogos y médicos en las diversas especialidades, básicamente pediatras, internistas y ginecólogos, además de personal paramédico altamente capacitado. En la actualidad, después de más de 25 años, cuenta con 25 mil fichas de atención.

Área educacional

En el plano educacional existen tres escuelas públicas municipalizadas que han sido apadrinadas por este Comité. Además, apadrina un parvulario que atiende diariamente a más de 35 pequeños. Ellos son:

a) Escuela República de Israel (Santiago)
b) Escuela República de Israel (Peñaflor)
c) Escuela Golda Meir (Santiago)
d) Parvulario Ela Alcalay (Lo Prado)

Las damas judías que apadrinan las escuela públicas y coordinan sus necesidades trabajan en forma extremadamente organizada. Están dedicadas básicamente a captar y entregar soluciones a las distintas materias emergentes, en especial en sectores geográficos amplios y conocidos por su falta de recursos.

La valiosa obra que cumplen estas damas voluntarias judías no se reduce a lo estrictamente material, toda vez que se comportan como verdaderas embajadas de Israel y de la vida judía en general. Son esperadas sus charlas especializadas a padres y profesores acerca de temas tan variados como historia del pueblo de Israel, costumbres y tradiciones judías, celebraciones colectivas de *Yom Haatzmaut* y el *Seder de Pesaj*, que contiene algunos aditivos ecuménicos.

Todo ello es trasladado, más tarde, a los 1.800 alumnos que estudian en estas escuelas municipalizadas, donde existe un eco realmente conmovedor. Son ya centenares los líderes y miembros de la comunidad judía que se han emocionado al escuchar cantar el *Hatikvá* por coros de estas escuelas o al ver dramatizaciones bíblicas, de la historia del sionismo y del moderno Estado de Israel.

Asimismo, desde hace ya algún tiempo, y gracias al generoso aporte anónimo de muchos "padrinos judíos", se ha podido implementar el *Programa de Becas Ytzjak Rabin*, el cual contempla beneficiar cada año a 2 egresados de cada una de las escuelas apadrinadas –6 alumnos en total, cada año–, quienes poseen fuertes ambiciones de superación e innegables condiciones para seguir sus estudios en institutos técnico-profesionales. De tal manera, al egresar de su escuela, el joven podrá seguir estudios superiores y, luego, incorporarse rápidamente al campo laboral chileno.

Área social

En el área social hay un Complejo Social en la comuna de Lo Prado, que cuenta con los siguientes campos:

a) Dos Centros de Madres
b) Clubes Deportivos
c) Club de la Tercera Edad
d) Centros Culturales Femeninos
e) Grupos de Scouts
f) Centros de Rehabilitación de Alcohólicos
g) Juntas Vecinales

Resulta reconfortante saber que cada una de estas entidades, en un sincero afán de identificarse con Israel, han elegido sus propios nombres y todos ellos están relacionados con el Estado hebreo, ya a través de sus líderes más señeros, ya a través de la historia de su pueblo. Son, pues, más de 155 familias que, mediante el trabajo terapéutico colectivo, intentan dar soluciones permanentes a sus problemáticas puntuales.

La pobreza judía en Chile es otro problema pendiente en la colectividad. No hay excusas para soslayarlo. Hay, en realidad, mucho por hacer, mucho camino por recorrer y deberán ser muchos, muchos más –voluntarios, instituciones y el sector privado– los que debamos aunar esfuerzos para avanzar ante estos males que consumen a nuestra sociedad.

Programas de acción social de la B'Nai B'Rith Internacional Distrito N° 27

El Distrito N° 27 de la B'Nai B'Rith Internacional lleva a cabo una serie de acciones de carácter social dentro del marco comunitario, muchas de las cuales se han intensificado frente a la crisis económica que azota al país. A continuación, una reseña de sus principales logros.

Programas de acción social directos

Ex Hogar de Niños

Durante casi medio siglo la B'Nai B'Rith mantuvo un Hogar de Niños por el que pasaron más de 200 niños y jóvenes que vivían en una situación en extremo irregular.

Este programa, que se caracterizó por la utilización de técnicas y metodologías de avanzada, se mantuvo hasta 1995, año en que dicho proyecto fue cancelado. Pese a ello, la institución asumió el compromiso de seguir extendiendo su ayuda a los 4 niños y jóvenes que aún se encontraban en el Hogar al momento del cierre. Hoy en día, este compromiso se expresa en un apoyo escolar, económico y familiar, que se mantendrá incólume hasta que todos estos jóvenes cursen en forma completa su educación secundaria.

Bolsa de Trabajo

La única Bolsa de Trabajo en el marco comunitario judío que existe en Chile está funcionando en la B'Nai B'Rith. Desde su fundación, allá por el año 1985, ha logrado encontrar empleo a más de un millar de personas desocupadas, tanto judías como gentiles.

La Bolsa de Trabajo, para una mejor coordinación y un eficiente trabajo, mantiene contactos y acuerdos con varias Agencias de Colocaciones Municipales, empresas privadas y diversas reparticiones del gobierno de Chile. Lógicamente, la atención y prestación de servicios a todas las personas desempleadas que concurren a solicitar trabajo es totalmente gratuita.

Beca B'Nai B'Rith

En el año 1997, esta organización determinó iniciar un nuevo e interesante proyecto solidario de acción social destinado a todos aquellos jóvenes judíos que, teniendo todas las condiciones y requerimientos académicos necesarios para sacar adelante una carrera universitaria, carecen de los medios económicos para sufragar los costos de esas carreras.

Para dichos efectos se creó el programa Beca B'Nai B'Rith, la que se rige por un estricto reglamento y a la que los jóvenes deben postularse cada año. En el momento actual, ya son 8 los jóvenes que han sido favorecidos por la Beca B'Nai B'Rith. Como dato adicional, vale la pena mencionar que el costo promedio de una carrera universitaria es de unos 4 mil dólares anuales, abarcando dicha suma colegiatura y matrícula.

Acción social de las logias

El Distrito Nº 27 de la B'Nai B'Rith está conformado por 18 logias o filiales. Varias de ellas, junto con el apoyo decidido de los programas de acción social que ha emprendido la institución, realizan además labores sociales en forma independiente. Por lo general, apoyan a personas que se encuentran aquejadas de enfermedades graves y que requieren ingentes sumas para los costos medicinales. Además, lo hacen con familias de precaria situación económica y coadyuvan a programas de soporte social de otros organismos, tales como la Policlínica Pública Israelita, el Programa de Asistencia Social Israelita (PASI), el Fondo de Becas para la Educación Judía (FOBEJU), el Comité de Entidades Femeninas Israelitas (CEFI), etcétera.

Educación para la acción solidaria

La B'Nai B'Rith entiende que las acciones de solidaridad social poseen un valor que debe ser sopesado y asumido por la juventud. Concorde con ello, el área universitaria de la B'Nai B'Rith –Hillel– desarrolla y mantiene dos programas de acción social.

Grupo de Acción Social

Este grupo está conformado por unos 25 jóvenes judíos en edad universitaria, que llevan a cabo visitas semanales a un Centro Abierto Municipal de la Población, La Bandera, una de las zonas más deprimidas de Santiago.

En dichas visitas, los jóvenes universitarios actúan como tutores educativos de los niños del sector, apoyándolos en la realización de sus deberes escolares y reforzando su estudio en las diferentes materias que imparten las escuelas de la zona. Las actividades del grupo se complementan con reuniones periódicas de evaluación y profundización en la tradición judía, amén de impartir principios generales de la B'Nai B'Rith.

Grupos de profesionales jóvenes

Están constituidos por cerca de 20 profesionales judíos recién recibidos, cuyo trabajo consiste en donar horas semanales a una municipalidad en extremo populosa y deprimida económicamente, a la que entregan sus conocimientos profesionales. Dichas actividades son complementadas con reuniones periódicas de evaluación y profundización de los principios ideológicos de la tradición judía y la B'Nai B'Rith.

Visión de la B'Nai B'Rith

Debido a la urgente necesidad de modernizar las estructuras comunitarias destinadas a la acción social y solidaria, la B'Nai B'Rith ha creído importante llevar adelante un proceso de coordinación interna. Esta necesidad es básicamente más palpable en estos días, cuando una crisis económica golpea a todo el país, en la que sufren, inevitablemente, las personas de escasos recursos. Cada vez se suman más personas aquejadas por la crisis y que requieren ayuda urgente para suplir sus mínimas necesidades.

Existen situaciones tales como pérdida del empleo, empobrecimiento generalizado, disolución del núcleo familiar como consecuencia misma de la crisis, incapacidad de solventar la totalidad y parte de la colegiatura del Instituto Hebreo, etcétera.

Frente a este apremiante escenario, la B'Nai B'Rith llevó a cabo un proyecto destinado a conformar una Mesa de Coordinación en la cual estén integrados todos los segmentos comunitarios que trabajan, de una u otra manera, en una forma de acción de ayuda social.

Su objetivo primordial es que cada uno de ellos posea un conocimiento cabal de la gravedad de la situación y de cómo trabajan para paliar los graves efectos de la crisis. Inmediatamente después, se procederá a una coordinación básica entre todas aquellas instituciones de bien social, como una forma de optimizar, centralizar y visualizar los recursos existentes, con la clara intención de darles un mejor y más rápido destino, todo ello, lógicamente, en un ambiente de consenso y extremo afán de cooperación.

Una vez alcanzados los pilares centrales de la acción social comunitaria, las instituciones involucradas podrán proceder a la creación de una Red Social Comunitaria que permita, en forma por demás profesional, responder a los problemas que emergen dentro de la superficie comunitaria.

Las primeras reuniones de la Mesa de Coordinación de marras ya se han cristalizado, asistiendo a las mismas representantes del Comité de Damas de la Comunidad Israelita de Santiago, Comunidad Israelita Sefardí, Fondo de Becas para la Educación Judía (FOBEJU), Programa de Asistencia Social Israelita (PASI) y la B'Nai B'Rith. Las reuniones se realizan mensualmente y, gracias al esfuerzo por ir integrando progresivamente a otras instituciones que se ocupan de labores similares en el campo de la acción social, se avanzará en las metas ya enunciadas.

Comité de Damas de la Comunidad Israelita de Santiago

La labor social de la Comunidad Israelita de Santiago –la *kehila* más importante y numerosa de toda la colectividad– se encuentra centrada en el Departamento Femenino de la *kehila,* cuyas damas atienden, en forma respetuosa y permanente, las necesidades integrales de alrededor de 70 grupos familiares de escasos recursos en nuestra colectividad.

La ayuda proporcionada a estas personas consiste, básicamente, en paquetes de alimentos que son repartidos mensualmente, en una fecha fija y cuyo tamaño responde al número de componentes del núcleo familiar. Asimismo, se les satisfacen sus necesidades de ropa personal, ropa de cama y toallas, uniformes escolares, etc. Todo ello proviene gracias a una acción llevada a cabo por el Comité de Damas de la *kehila,* que recolecta donaciones de particulares y de casas comerciales judías.

En el aspecto médico, se atienden sus consultas médicas y dentales, así como de hospitalización, medicamentos y tratamientos varios, todo ello centralizado y coordinado a través de una supervisión permanente de una asistente social voluntaria. En este aspecto asistencial, se proporciona también la prestación de bastones ortopédicos y sillas de ruedas, compra de anteojos, ayuda monetaria para solventar el cuidado de enfermeras para enfermos crónicos y todo tipo de atención que pudiera requerirse.

En el caso de las personas en edad escolar de este grupo familiar necesitado, se les proporciona además una ayuda para pagar la colegiatura, así como también su respectiva locomoción escolar, amén de todo tipo de ayuda en los enseres del hogar para los casos más necesitados.

En la Fiesta de *Bikurim*, el Comité de Damas de la *kehila* recibe todo tipo de cajas de alimentos no perecederos, los cuales se reciben en la sinagoga y son repartidos entre las familias más necesitadas. Para otras festividades judías se estila repartir juguetes y golosinas entre los niños que conforman esos grupos familiares.

En el ámbito externo, el Comité de Damas de la *kehila* visita dos veces por año las maternidades de los centros hospitalarios más necesitados de la capital, donde se reparten ajuares a las madres que así lo requieran. Igualmente, entregas de ropa se han realizado en forma cotidiana a los hogares de ancianos indigentes, a los niños en instituciones centralizadas por los carabineros de Chile y, además, en los hospitales geriátricos.

Dentro de la *kehila* existe un fondo de ayuda para casos de enfermedades graves, que cuenta con el apoyo espiritual del rabino, todo lo cual se realiza con sumo respeto y discreción.

La Comunidad Israelita de Santiago se preocupa no solamente del bienestar de los vivos sino que, igualmente, no puede soslayar su responsabilidad al asumir los costos de los funerales en los cementerios judíos de la capital de todos aquellos correligionarios que carezcan de medios económicos.

Perfil del Hogar Israelita de Ancianos

Durante años los judíos ancianos desvalidos estuvieron abandonados a su propia suerte o, en contadas oportunidades, gracias a ayudas caritativas esporádicas. En el año 1950, la Jevrá Kadishá y el Bikur Jolim arrendaron una casa en el Santiago antiguo, que luego se compró y sirvió para cobijar a unos 15 ancianos. Sin embargo, al poco tiempo, la demanda ya desbordaba la capacidad de la casa, situación que afligía por igual a un Refugio de Ancianos Judíos, ubicado también en el mismo sector de la capital, y que mantenía el abnegado matrimonio Hugo y Julia Nagel.

El señor Nahum Trumper, entonces director de Asilos, en representación de la Jevrá Kadishá y el Bikur Jolim, ofreció al doctor Abraham Wainstein la dirección de una iniciativa para construir un hogar de ancianos más digno, moderno, con especialistas en terapia y en rehabilitación física y mental.

Mientras se procedía a la construcción del hogar, los ancianos fueron trasladados a una casa especial, toda vez que se vendieron las casas que los alojaban anteriormente. La idea fue bien acogida de inmediato y fueron muchas las almas generosas que se volcaron por entero a esta obra, con una vocación emotivamente altruista.

Las instituciones, al igual que los hombres, avanzan por la vida salvando escollos y cruzando tempestades. Estos hogares se encontraban frente a una necesidad social abrumadora en materia de ancianos desvalidos. Si bien es verdad que cada vez es mayor el número de casas de reposo, hospederías, asilos o lazaretos indignos que no merecen llamarse hogares, es innegable, asimismo, que aquéllos disminuyen con el aumento de la población y con las necesidades cada vez más crecientes de la convivencia social.

Como ya se mencionó, según los censos de Población y Proyecciones del Centro Latinoamericano de Demografía (CELADE), para la República de Chile, en cuatro años más, el porcentaje de mayores de 68 años alcanzará el 6,3% de la población total, cifra que se alzará al 7% a principios del próximo siglo.

Los problemas financieros y, consecuentemente, los médicos y alimentarios se generalizaron y los hogares ya mencionados se encontraron frente a una necesidad social abrumadora, todo ello debido al incremento de los ancianos en necesidad de ayuda, fuera ésta parcial o total.

Por las razones expuestas, se constituyó un comité con el objeto de promover una campaña tendiente a establecer sobre unas nuevas bases un hogar modelo. Había llegado el momento en que la voluntad de servir, por intensa que ella fuera, no bastaba por sí sola. Y se lanzó un manifiesto en el que se comunicaba a toda la colectividad el firme y decidido propósito de levantar un Hogar Israelita de Ancianos destinado a convertirse en un avanzado centro gerontológico y geriátrico, con tecnología médica y especialistas en terapias de rehabilitación física y mental.

Construir en ese entonces implicaba un gran desafío, básicamente en tratar de vencer la enorme resistencia del ambiente. A la colectividad se le antojaba una empresa aventurera y temeraria en grado sumo. Hay que recordar que el mundo judío recién salía de la catástrofe que implicaba la Segunda Guerra Mundial, la misma que había involucrado no solamente a los países europeos, sino a las nacientes economías latinoamericanas. Se trataba nada menos que de una hecatombe que había cercenado a un tercio de nuestro pueblo y ese grave huracán de odio y sangre había devastado a la judería mundial, dejando además todo un mundo en medio de la desolación y el espanto.

Junto a ello, la colectividad local debía atender a cientos de refugiados que llegaban allende los mares, despojados de todo bien, llorosos y sin amigos, sin idioma y sin trabajo, lo cual hacía aún más incierto el horizonte judío.

Sin embargo, el tesonero esfuerzo del doctor Abraham Wainstein logró movilizar corazones y generosos aportes que llegaron para incrementar esta empresa de emocionante raíz social, consistente básicamente en herencias y legados de personas altamente altruistas. Así se levantó el Hogar de hoy, con sus 10 mil metros cuadrados edificados y en medio de un terreno total de 15 mil metros cuadrados.

No podemos soslayar el hecho de que el tema del envejecimiento constituye una de las principales preocupaciones del ser humano y es un enorme reto no solamente para los estamentos gubernamentales, sino para las instituciones que albergan a personas de edad avanzada. Los problemas de desastre en la vejez no sólo provienen de la patología de desgaste biológico y de las incapacidades físicas, hay desajustes psicológicos y sociales igualmente importantes que se podrían aliviar o evitar con el cariño y la compañía que se les prodiga a los necesitados.

Bien sabemos que la liberación de las enfermedades mortales es uno de los grandes sueños de la Humanidad, todo ello porque hoy en día se considera que la vejez no es una enfermedad en sí misma sino por la serie de enfermedades que atacan a un organismo debilitado.

Consecuentemente, el alma también se enferma. La emotividad tiene efectos variables sobre las funciones orgánicas. Es frecuente oír que las penas y los disgustos han causado más muertes que las guerras.

Por ello, en el Hogar Israelita de Ancianos se toma al ser humano como un bloque, con una visión integral, tratando de combatir esa debilidad con tratamientos de rehabilitación y habilitación, para darles a los ancianos una visión panorámica más optimista y con una filosofía sencilla, honrada y humana, basada en fórmulas doctrinales que se concilian con todas y cada una de las religiones. De esta manera se logra proporcionarles la visión de un cielo hondo y cercano, para que nuestros ancianos no se cansen de vivir, ni se asusten de morir.

Dicho en otros términos, se les aplican tratamientos para recuperar algunas de las facultades que tenían y se trata de descubrir algún talento o aptitud que siempre tuvieron, pero que mantenían ocultos, latentes, a la espera de alguna manifestación.

Se define la rehabilitación física como el conjunto de procedimientos que tiene por objeto restaurar al máximo las funciones físicas, con el propósito altamente ideal de transformar la situación de dependiente en una independiente. Ello se logra gracias a una rehabilitación psicológica, coadyuvada por tratamientos individuales o grupales, que se manifiestan a través de diversas técnicas y clases, como la musicoterapia, la pintura, el teatro, etc., que permiten la liberación de tensiones que devuelve sentimientos de confianza y autoestima. Además, la rehabilitación social, que se cristaliza a través del estímulo de la lectura, el diálogo, la comunicación, danzas colectivas, expresión corporal, estimulando también la amistad en un ambiente de tolerancia y respeto. Por lo demás, está absolutamente comprobado que la pintura ofrece al anciano la posibilidad de expresar emociones, incentivando la imaginación y la creatividad. En torno de este aspecto, queremos ser claros: todo esto no son meras palabras, sino logros asentados en las intensas prácticas diarias que se desarrollan en el interior del Hogar.

En síntesis, en el nuevo Hogar se busca para los ancianos una paz constructiva, una paz activa, no la paz vegetativa que endurece el espíritu y el cuerpo a la vez.

La ciencia médica trata de prolongar la vida del hombre por todos los medios y he aquí el gran dilema: más que la duración de la vida, lo que realmente importa es la calidad de vida. Estar prematuramente envejecido no significa tener la muerte encima. El avejentado puede vivir muchos años, pero lo que realmente interesa es saber cómo se vive.

El más íntimo de los propósitos del Hogar Israelita de Ancianos es ése: no crear un hospital de ancianos. He aquí su más íntima y clara filosofía, una filosofía impoluta y plena de valores humanos. El anciano está acechado por múltiples enfermedades y nuestros médicos complementan aquí la labor de los hospitales hasta donde los medios se los permite, lo que equivale, en buenas formas, a luchar por una sociedad más humana, más solidaria.

En suma, nuestra filosofía de basa en mantener la raíz espiritual de los chilenos, mezclada con la tradición judía y los valores más prístinos del pueblo de Israel. Por ello, en este Hogar se viven las fiestas y las tradiciones judías, amén de los servicios religiosos desplegados por un rabino y un *jazán*, todo ello en una sinagoga capaz de albergar a todos los concurrentes. Además, podemos preguntarnos: ¿viven, acaso, hacinados, mediatizados físicamente los ancianos en su Hogar? No, por cierto, toda vez que se ha entregado a cada uno de sus casi 160 residentes un total de 56 metros cuadrados.

En el Hogar trabajan hoy en día 81 funcionarios, entre los que se contabilizan el personal administrativo, el personal de aseo y jardines, los auxiliares de enfermería, los asistentes, el personal de cocina y lavandería, las enfermeras universitarias, los médicos en las especialidades en geriatría, psiquiatría, neurología, psicología, kinesiología, los profesores en terapia ocupacional, pintura, teatro, gimnasia, bachillerato, etc.

Actualmente hay 159 residentes, con el 80,76% de damas y el 19,24% de varones. El Directorio del Hogar cuenta con 11 personas designadas en Asambleas Generales, conformado en su gran mayoría por abogados, médicos, arquitectos y empresarios.

En el Hogar labora, además, un amplio Comité de funcionarios profesionales encargados de programas de rehabilitación, de habilitación, de conferencias y números artísticos. También funciona con gran diligencia y dinamismo un Comité de Damas de la colectividad, preocupadas básicamente de la ornamentación de jardines y el reparto de ropa de cama y de vestuario sin costo para los necesitados.

El 39% de los residentes no están en condiciones de afrontar económicamente sus gastos, pues se trata de judíos completamente indigentes y sin familias. El 46% está en calidad de socios cooperadores, pagando menos del costo, en tanto que solamente el 15%, siendo también socios cooperadores, pagan sus gastos, amén de un 20% adicional para ayudar a los demás residentes.

Como toda empresa de bien social y de solidaridad hacia el prójimo, ésta posee un déficit realmente preocupante, que se cubre con dinero proveniente de fuentes no operacionales. Además, es válido consignar que las herencias o donaciones aparecen cada vez más distanciadas y en menor cantidad que en el pasado. Por otra parte, las instituciones judías, abocadas ellas mismas a paliar sus propios egresos, no están en condiciones de cooperar debidamente con esta empresa.

La civilización actual nos destina a vivir en comunidad. Dentro de la relatividad de los plazos humanos, todos necesitaremos un hogar común, pese a que, de hecho, cada uno de nosotros es un ser especial, distinto, diferente y con diversas visiones ante el cosmos.

Comité Israelita de Socorros (CISROCO)

El Comité Israelita de Socorros (CISROCO) fue establecido en Santiago de Chile en el año 1933. Fue levantado por un grupo de judíos alemanes de enormes cualidades filantrópicas, con el objetivo de ayudar a los nuevos inmigrantes que empezaban a llegar a las costas chilenas desde la Europa en llamas, víctimas de la persecución nazi.

La inmigración de estos judíos llegó en forma masiva entre los años 1938-1939 y, gracias a un generoso aporte del Joint Distribution Committee (JDC) desde sus oficinas en Nueva York, se pudieron destinar fondos para arrendar una casa que pudiera recibir y acoger a los recién llegados.

Los judíos más jóvenes salieron a la calle en busca de trabajo, en tanto que sus padres –ya de mayor edad– quedaban solos en sus hogares. De allí surgió la idea de levantar un hogar capaz de entregar a los ancianos las necesidades más urgentes, cuidando de su salud física y mental.

En 1950, gracias a aportes del exterior y a donaciones provenientes de la comunidad judía local, socios y amigos de la institución, se levantó un Hogar de Ancianos en el Santiago Centro. Ya provisto de una personalidad jurídica, el Hogar estuvo con su cupo completo –50 a 60 personas–, cuyos gastos eran solventados en su gran parte por el CISROCO.

Los años hicieron lo suyo. El Hogar se convirtió en un vetusto edificio y, amén de su lejana ubicación, lo hicieron muy poco confortable para vivir y ser visitado por los familiares y amigos. Por otra parte, los ingresos eran escasos y todo indicaba que se debía apuntar a la construcción de un Hogar moderno, acorde con las necesidades del siglo venidero.

En 1989, el directorio del CISROCO tuvo la muy valiosa visión de futuro y adquirió un terreno ubicado en la parte oriental de la ciudad, donde está ubicada hoy en día gran parte de la colectividad. Se concretaba así el anhelado y largo sueño de levantar un Hogar moderno, lleno de las mayores comodidades y bien adecuado para atender a los adultos mayores.

Todo ello no obstó que, durante todo el tiempo, el CISROCO continuara su silenciosa ayuda a los pobres, enfermos y ancianos que requerían urgente ayuda comunitaria. Asimismo, se entrega una ayuda económica mensual a unas 50 personas y manutención completa a otras tres personas residentes aún en el antiguo Hogar, a la espera de su traslado definitivo.

En la actualidad ya es posible observar el nuevo y modernísimo Hogar casi concluido y pronto empezará a cumplir su sagrada misión de solidaridad social. El CISROCO cuenta con más de 60 socios y un dinámico directorio presidido por el veterano y prestigioso dirigente comunitario Rodolfo Pincus Zacharías.

Comité de Damas Sefardíes

Desde 1998, unas 35 damas pertenecientes a la Comunidad Israelita Sefardí están realizando una activa labor social, todo ello magnificado con la crisis económica actual que se vive en el país y que ha golpeado a las capas de menores recursos de la colectividad.

Ellas efectúan visitas periódicas al Hogar de Ancianos y realizan mensuales entregas de medicamentos y pañales para adultos, amén de lentes a quienes lo requieran, previo examen del Instituto de Rehabilitación de la Ceguera. Además, con motivo de las fiestas judías, ellas visitan el Hogar promoviendo juegos, concursos de gastronomía, entrega de regalos, concursos de pintura y otras actividades tendientes a revitalizar las fuentes tradicionales del judaísmo.

En el plano externo, las Damas colaboran con el Hogar Santa Julia, donde se hace entrega de ajuares a las madres adolescentes; con la Corporación Nacional del Cáncer (CONAC), donde se visita a enfermos y se presta ayuda en dinero, alimentos, ropa, remedios, estufas, etc., todo ello destinado esencialmente a personas de escasos recursos.

Últimamente, las Damas Sefardíes han realizado un emocionante y conmovedor esfuerzo para cooperar con los niños de Kosovo, a donde han enviado ropas, radios y otros enseres.

La pobreza en Chile: capítulo por escribir

La pobreza es un esfuerzo no concluido en América Latina y en Chile, particularmente. Pese a que en los años noventa la pobreza disminuyó del 41% al 36% en la gran mayoría de los países de esta región y el Caribe, debemos señalar que la distribución del ingreso ha tenido un desempeño deficiente, ya que la concentración se mantiene en un grado en extremo preocupante.

En la década de 1980, la pobreza en la región había aumentado de 136 a 200 millones de personas, pero, justo es decirlo, ya en la década de 1990 la pobreza se ha detenido. Como un triste ejemplo de la crisis mundial, vale la pena consignar que la fortuna de las 200 personas más ricas del mundo excede los ingresos combinados de un grupo de países que reúnen el 41% de la población mundial. La fortuna de los tres hombres más ricos del mundo –cuyos nombres no se citan– es igual al Producto Bruto Interno (PBI) acumulado de los 48 países más pobres del planeta. El 20% más rico de la población mundial gana 74 veces más que el 20% más pobre. Además, aunque no finalmente, 60 países se han estado empobreciendo de una manera continua desde 1980.

Dentro de este opaco contexto, Chile es uno de los países que más ha avanzado en su esfuerzo por erradicar los anchos bolsones de pobreza, cuyos índices habían disminuido en el 13% (del 33% al 20%) para los hogares pobres y en el 6% para los indigentes. Volvemos aquí a reiterar lo siguiente: como *pobres* se definen a aquellas personas que no pueden satisfacer sus necesidades esenciales. Ello se calcula considerando una canasta básica de alimentos que cubren sus necesidades nutricionales y además aquellos requerimientos no alimentarios, como educación, salud, etc. Por otra parte, se definen como *indigentes* a aquellas personas que no logran satisfacer sus necesidades nutricionales y no tienen acceso a otros servicios básicos.

El promedio regional del gasto público por habitante creció entre 1990-1991 y 1996-1997 de 331 dólares a 457 dólares, lo que implica una mejora del 28%. En América Latina y el Caribe, el monto de los recursos destinados a reducir la pobreza aumentó en 14 de 17 países y permitió, en 12 de ellos, compensar con creces el descenso de los años ochenta. Todo ello, conforme con un informe evacuado por la CEPAL, en el cual se indica, además, que Chile duplicó largamente su gasto social.

De esta manera, América Latina ha logrado poner freno a la pobreza, siendo Chile la nación que encabeza el *ranking* de los países que han logrado reducirla con mayor fuerza. Así y todo, la brecha entre ricos y pobres no solamente no se ha estrechado, sino que ha aumentado. El 20% más rico de la población gana 15,5 veces más que el 20% más pobre de Chile. Al respecto, vale la pena consignar que en 1992 la diferencia era sólo de 13,2.

Por ello, a fines de 1998, la población que vivía en la pobreza –con ingresos insuficientes para satisfacer sus necesidades mínimas en alimentación, vestuario y vivienda– bordeaba los 3 millones de personas. Con todo, pese a que en años anteriores esta cifra se empinaba por encima de los 5 millones, los últimos datos señalan que los esfuerzos desplegados en la lucha contra la pobreza y la indigencia parecieran que se están agotando.

El 28,5% de los pobres (cerca de 900 mil personas) y el 24,7% de los indigentes se concentran en la Región Metropolitana, una de las regiones con mayor pobreza urbana, que juntamente con la Región de Atacama fueron las únicas donde el número de personas sin los ingresos mínimos creció entre 1996 y 1998.

Durante años, el Banco Mundial con otras importantes instituciones financieras, tuvieron como objetivo central disminuir la pobreza a la mitad, aminorar en dos tercios la mortalidad infantil y alcanzar un nivel universal de educación primaria para el año 2015. No obstante, un reciente estudio nos señala que el número de personas que subsisten con menos de 1 dólar (¡un dólar!) se verá aumentada de 1.200 millones (1987) a 1.500 millones para fines de la década de 1990.

La crisis asiática –que estalló en 1997 y golpeó fuertemente a muchas de las economías latinoamericanas– revirtió décadas de progreso no solamente en esa región, sino que causó un grave retroceso en el ingreso per cápita en América Latina. Un ejemplo de ello lo constituye Indonesia, donde la crisis creó 20 millones de nuevos pobres. La crisis empañó la economía brasileña, argentina y chilena en grado sumo.

Como una manera para frenar el deterioro global, el Banco Mundial recomienda que los programas de ayuda financiera de urgencia sean enfocados hacia los más pobres. Además, sugiere que, en general, todos los programas de ayuda y, en particular, el alivio de las obligaciones de los países pobres más endeudados con organismos multilaterales, tengan primordialmente en cuenta los progresos en la reducción de la pobreza.

Con todo, hay optimismo en Chile. No solamente por haber sido ubicado recientemente en el mejor lugar de las naciones latinoamericanas en el *ranking* de Libertad Económica entre los países emergentes, sino por otros logros positivos que ha mostrado. Este *ranking* se elabora sobre la base de diez indicadores relacionados con los controles gubernamentales a la actividad económica, incluyendo políticas comerciales, sistema de impuestos, reglas para la inversión extranjera, derechos de propiedad, controles de precios y salarios, entre otros.

Hay esperanza en doblar la mano a la pobreza, toda vez que –acorde con un estudio de la CEPAL– Chile ha sido el país que más ha avanzado en esta materia. Hay en Chile un compromiso extremadamente firme con los temas sociales, lo que se ha reflejado claramente en sus gobiernos democráticos.

No es dable ni justo, pues, comparar los niveles de la crisis existente con la de los años ochenta, durante la cual se elevó el número de pobres en la región de 136 millones a 200 millones de personas.

Es verdad que esta última cifra se mantiene hoy en día, pero lo relevante es que no ha aumentado, lo cual refleja porcentualmente que, durante los ocho años de la década de 1980, la pobreza disminuyó del 41% al 36%.

Junto a ello, se debe realzar otro de los ámbitos en los cuales Chile ha sido exitoso, siendo éste la calidad del empleo, ya que el panorama es realmente excepcional, considerando que el grueso de la región ha tenido un retroceso más bien generalizado. Hay, pues, una justa opinión en el sentido de que Chile saldrá de la crisis actual entre los primeros países de la región.

Si así sucediera, la pobreza empezará nuevamente a disminuir y, consecuentemente, la pobreza judía deberá encontrar una vez más nuevos y más propicios surcos para avanzar en el futuro próximo. Es verdad que la vida sigue y la pobreza continúa, pero la esperanza, tan propia de la tradición judía, se refuerza. Llegarán, sabemos, los tiempos de bonanza, nuevamente. Llegarán.

Experiencias de trabajo social en la comunidad judía de México

Comité Central de la Comunidad Judía de México

> *Nunca faltarán pobres en la tierra, por lo cual te ordeno que abras firmemente tu mano a tu hermano y todo menesteroso que viva en tu tierra. (Deuteronomio: 15-11)*

A principios de este siglo, algunos judíos decidieron aventurarse en un país poco conocido para ellos, llamado México. Empezaron a llegar en los años previos a la Revolución Mexicana y en plena época de la Revolución, en 1912, deciden establecer su primera institución formal, la Asociación de Beneficencia Privada Alianza Monte Sinaí. Desde un principio se destacó primordialmente la identidad comunitaria como un todo, por encima de exclusivamente la identidad religiosa. La comunidad es el centro de pertenencia y es la responsable de otorgar los servicios que cada miembro requiere, destacando los religiosos, educativos, culturales, sociales y de ayuda. Es sólo seis años después, en 1918, que se funda la primera sinagoga oficial, pero entre la Asociación de 1912 y la sinagoga de 1918 se fueron creando otros servicios para fomentar la educación, la cultura e incluso el deporte. Es decir, desde un inicio la estructura comunitaria se desarrolló para dar servicios y ayuda a sus miembros, de tal manera que la identidad judía en México se da a través de la pertenencia comunitaria.

En 1924 y como consecuencia, por un lado, de las restricciones a la migración a Estados Unidos y, por otro lado, de una invitación que hiciera el entonces presidente electo Plutarco Elías Calles, una gran cantidad de judíos empieza a emigrar hacia México. Los años 1924-1930 son los de mayor migración y se empiezan a desarrollar nuevas instituciones, especialmente para ayudar a los recién llegados.

Los años posteriores a la Revolución no son precisamente prósperos en México y una gran cantidad de inmigrantes judíos recurren a los oficios que desempeñaban en sus países de origen o son impulsados, mediante pequeños préstamos y un poco de orientación, hacia el comercio ambulante. Poco más adelante empiezan a establecerse en mercados y finalmente en el comercio formal.

La siguiente generación fue encauzada a alcanzar estudios profesionales, la mayoría en áreas técnicas, lo que le permitió ingresar en el área de los pequeños talleres y eventualmente en la pequeña y mediana industria. Este entorno fue conformando a la comunidad judía dentro de la clase media, de tal manera que pudo aprovechar los años del gran desarrollo económico, especialmente industrial, de los años cincuenta a los setenta, para consolidarse dentro de las clases medias y medias altas.

La tercera generación se diversificó en todas las áreas del espectro ocupacional, las profesiones, las artes, la ciencia, la industria y el comercio.

Si analizamos los porcentajes de ocupación a finales de los años treinta y en los noventa veremos el cambio tan importante que se dio en las diversas áreas de trabajo:

1931		1991
70%	comerciantes	29%
15%	artesanos	0%
6%	industriales	35%
3%	profesionales	29%
6%	otros	7%

Otro aspecto interesante para analizar es el puesto que tienen los miembros de la comunidad judía en sus trabajos:

1991	
Patrón	51%
Empleado	25%
Autoempleado	12%
Trabajo familiar	12%

Las bruscas devaluaciones de 1976 y de 1982, los procesos inflacionarios de los años ochenta, la apertura comercial de 1987 y la crisis de 1994-1995 tuvieron grandes impactos en la economía de las familias judías al igual que en la del resto de la sociedad.

Con una población económicamente activa de aproximadamente el 45%, el porcentaje de desempleo en 1991 era del 0,2%, es decir, prácticamente inexistente; hoy en día enfrentamos un desempleo de casi el 3%, que para nuestra comunidad es altísimo.

La creencia de que los estudios profesionales garantizaban el ingreso en una actividad económica de buena remuneración no lo es más. Los negocios propios o familiares, que representan el 74% de la ocupación comunitaria, ya no crecen lo suficiente para dar cabida a otra familia que se alimente de ellos; por otro lado, los sueldos han disminuido tanto en términos reales que esto no permite encontrar tan fácilmente empleos bien remunerados.

Todo esto ha traído como consecuencia que en la actualidad nos encontremos con una gran cantidad de problemas internos inéditos: las solicitudes de ayuda económica, gastos médicos y becas se han incrementado desde 1995 en una forma desproporcionada. Sólo para dar un ejemplo: las solicitudes de becas escolares aumentaron más del 50% y en un colegio aumentaron el 105%.

En 1996 decidimos hacer un estudio de los gastos comunitarios en ayuda. Las cifras muestran claramente una tendencia económica desfavorable:

a) El 5% de las familias se encuentran en pobreza extrema y requieren incluso provisiones alimenticias semanales para sobrevivir.
b) El 13% de las familias reciben algún tipo de ayuda para renta o gastos médicos.
c) El 24% de las familias reciben algún tipo de beca escolar para sus hijos.
d) Los rangos de edades de las personas que solicitaban ayuda no se hallaban en la tercera edad, sino que un porcentaje importante se encontraba entre los 25 y 50 años.

Al hacer la proyección para los próximos cinco años encontramos con gran preocupación que, a este ritmo de crecimiento exponencial, para el año 2001 el porcentaje de desempleo y empleo mal remunerado alcanzaría niveles no aceptables y no habría forma de cubrir el costo de las ayudas.

Para enfrentar esta nueva realidad, se decidió cambiar de una estrategia de ayuda directa en dinero y especie a una de capacitación y reactivación económica. Para ello se estableció la Fundación ACTIVA, una institución conformada por todos los sectores de la comunidad. La Fundación cuenta con un servicio para diagnosticar cada caso individualmente y tras una serie de entrevistas y exámenes psicométricos se determinan las opciones de empleo que puede tener, desde un trabajo en alguna empresa hasta un sistema de autoempleo o el desarrollo de una microempresa.

Actualmente se promueven dos proyectos. Uno de autoempleo a través de un sistema de Car Service y uno de microempresas que consiste en una cadena de panaderías. El costo para establecer una panadería varía de 45 mil a 75 mil dólares. Para iniciarla se requiere invertir como mínimo el 25% y se puede conseguir hasta el 75% de la inversión en financiamiento con créditos blandos. Los ingresos se dan prácticamente desde la apertura y se calcula que el pago del financiamiento puede ser de aproximadamente 24 meses. Hay otros proyectos de microempresas en desarrollo, como por ejemplo, heladerías, taquerías, servicio de revelado de fotografías, algunas franquicias de orden nacional o internacional, etc., que empezarán a operar próximamente. Todos ellos tienen ciertas características básicas:

a) Requieren una capacitación sencilla (de 2 a 3 semanas)
b) Gastos mínimos
c) No requieren alta tecnología
d) Pueden ser manejados familiarmente

e) Están dentro de la categoría fiscal del régimen simplificado, que evita llevar contabilidad y administraciones complicadas
f) Producen fuentes de trabajo con bajo costo de inversión (menos de 5 mil
dólares por empleo)

En la Fundación opera también una Bolsa de Trabajo, así como un programa de
capacitación y grupos de ayuda para la recuperación de la autoestima. Su meta
es reactivar económicamente de 150 a 200 personas por año.

Otro tipo de consecuencias relacionadas directa o indirectamente con la crisis
económica ha obligado al establecimiento de diversos programas de ayuda como:

a) El Grupo Retorno, que trabaja en la prevención de adicciones tales como
tabaquismo, alcoholismo, drogadicción, anorexia y bulimia, con programas desarrollados especialmente para las escuelas y organizaciones juveniles judías. Orientación a padres de familia y jóvenes adultos. También
cuenta con una línea de emergencia, así como asistencia y orientación para casos que requieren un tratamiento de rehabilitación.
b) La Asociación Menorah, institución especializada en el tratamiento y prevención de la violencia intrafamiliar, situación en la que lamentablemente han caído algunas familias cuya situación económica se ha agravado.
Cuenta con un grupo profesional de terapeutas y asesores en diferentes
áreas para apoyar a las víctimas y sus familias.
c) Otro programa de reciente creación es el de Kadima, la institución de apoyo a personas discapacitadas dentro de la comunidad. Tiene un amplio
programa para sensibilizar a niños, jóvenes y adultos en el aprendizaje de
la convivencia con personas discapacitadas. Cuenta con programas dirigidos a discapacitados y sus familias, que les permiten integrarse a la sociedad en general, mejorar su autoestima e incluso colocarlos en ciertos trabajos propios para personas discapacitadas.

Las comunidades mantienen en forma permanente, además de los programas ya
mencionados, los siguientes servicios:

a) Asistencia en materia de salud a través de Unidades Médicas, donde se
dan consultas a costos simbólicos y donde se ayuda con medicamentos gratuitos o con grandes descuentos. Además se tienen convenios con algunos
laboratorios para obtener descuentos de hasta el 50%. Se mantienen
acuerdos con hospitales privados para obtener descuentos para pacientes
de la comunidad, y un porcentaje de los pagos que hacen los miembros de
la comunidad el hospital lo reserva para aquellos pacientes que no puedan
solventar el gasto. La organización OSE, que es la institución comunitaria
para servicios de la salud, cuenta ahora con una clínica donde se da con-

sulta a miembros de la comunidad de escasos recursos; dispone de 12 camas para hospitalización no quirúrgica, pero que pueden usarse en el postoperatorio, evitando así los altos costos de un hospital. Todos los servicios son cubiertos por la comunidad a la que pertenece el paciente y a ésta se le cobra solamente el costo de la operación, lo que reduce considerablemente el gasto comparado con el que tendría en hospitales privados.

b) Visitas a enfermos para asistir a ellos y a sus familias.

c) Programas para dotar de seguros de gastos médicos a las familias que no pueden solventar su costo.

d) Apoyo a parejas que se van a casar mediante la donación de ropa y muebles.

e) Una casa para ancianos en la ciudad de Cuernavaca. Este hogar cuenta con atención especializada para cada persona, incluye médicos y enfermeras permanentemente y dietas especiales para cada anciano que así lo requiera. Se cuenta con programas recreativos dentro y fuera del hogar, que incluye una salida a un salón de baile de la ciudad de Cuernavaca una vez al mes. Las personas que tienen recursos propios, o de su familia, pagan una cuota mensual; las que no tienen posibilidades son admitidas sin cargo.

Consciente también del entorno en que vive, la comunidad ha establecido programas de apoyo a diferentes sectores sociales por medio de diversas instituciones. Dado que los programas son muchos y abarcan un espectro muy amplio de ayuda a instituciones tales como hospitales, asilos, escuelas, orfanatos, guarderías, cruz roja, dependencias de trabajo social gubernamentales, etc., así como de auxilio en casos de desastres naturales, sólo quisiera destacar algunos que me parecen los más relevantes.

En julio de 1994, el Grupo de las Voluntarias Judeo-Mexicanas puso en práctica el programa "Project Magic" (terapia a través de la magia), programa altruista diseñado para ayudar a personas con discapacidades físicas, que opera bajo la dirección del mago David Copperfield y la terapeuta ocupacional Julie de Jean. Por medio de un curso impartido por el señor Copperfield, médicos, terapeutas, magos y voluntarios del Instituto Mexicano del Seguro Social (IMSS) aprendieron a combinar las técnicas y los programas de rehabilitación tradicionales con trucos mágicos diseñados para mejorar la habilidad motora, visual y cognitiva de los pacientes. A través de la mecánica de la ilusión, éstos aumentan su destreza y coordinación para reconocer formas y colores, manejar números y resolver problemas. Es así como personas con problemas físicos, psicosociales y de desarrollo logran su autoestima. Actualmente, "Project Magic" se aplica en el Hospital de Medicina Física y Rehabilitación en la región norte del Distrito Federal así como en clínicas del IMSS. Adicionalmente las damas voluntarias, junto con el equipo de magos, han impartido cursos de capacitación en la Escuela Normal de Especialización, en el Hospital Shriner y en el Hospital ABC, de tal forma que cada vez haya más personas preparadas para impartir esta terapia.

El Centro de Desarrollo Comunitario Ytzjak Rabin, construido por las Voluntarias Judeo-Mexicanas en la Colonia Capulín Soledad en Naucalpán de Juárez, estado de México, es un programa piloto que brinda servicios médicos, educativos y asistenciales a los habitantes de la zona. El Centro cuenta con un consultorio atendido por tres médicos generales, una biblioteca y salón de usos múltiples. En dichas instalaciones, maestros del Instituto Nacional de Educación para Adultos imparten lecciones de alfabetización, corte y confección, tejido y otros oficios, que permiten a mujeres que se han vuelto jefas de familia encontrar un modo de activarse económicamente y de ganarse el sustento.

Por su parte, las Voluntarias organizan cursos de desarrollo humano para señoras con el propósito de que puedan superarse y mejorar su nivel de vida. A la vez utilizan el Método Fayerstein, moderna técnica educativa que ayuda a aumentar la memoria, para enseñar a los niños. Además se envían periódicamente brigadas de médicos generales y especialistas en pediatría, ginecología, oftalmología y odontología para realizar consultas gratuitas a las señoras y los niños asistentes al Centro.

La Organización para la Recuperación Tecnológica (ORT) dedica sus esfuerzos para impulsar la formación tecnológica en México, mediante la creación de talleres y centros de capacitación en diferentes lugares del país.

En coordinación con la institución para el Desarrollo Integral de la Familia (DIF), la ORT de México ha desarrollado, desde 1990, un vasto programa de capacitación que abarca más de 3.500 personas cada año a través de 32 talleres de capacitación en 19 centros del Distrito Federal. Talleres del mismo tipo se encuentran en diferentes Estados del país tales como: Guanajuato, Nuevo León, Coahuila, Baja California, Zacatecas y Jalisco.

Para atender las necesidades de la población rural hidalguense se estableció en el Municipio de Apán, Hidalgo, el Centro de Capacitación para operadores y técnicos en mantenimiento y reparación de maquinaria agrícola, que fue inaugurado el 23 de noviembre de 1994. El objetivo principal de este proyecto es el de apoyar a los agricultores en el óptimo cuidado, manejo y reparación de los tractores agrícolas y de sus implementos, en beneficio de las actividades del campo en la región. La concepción metodológica de los cursos permite que los agricultores y las personas interesadas se capaciten en períodos de tres a seis meses y adquieran los conocimientos teórico prácticos que se necesitan para realizar las actividades concretas y relevantes de la mecanización agrícola. Las áreas de capacitación abarcan las siguientes tres especialidades:

a) Electricidad del tractor agrícola
b) Mecánica del tractor agrícola
c) Mantenimiento y operación de maquinaria agrícola

Las áreas de capacitación que proporciona la ORT abarcan desde las profesiones ordinarias hasta las más modernas y sofisticadas como la robótica y la biotecnología, entre otras. En cada caso, los programas se adaptan a las necesidades específicas del personal laboral de acuerdo con los requerimientos de las economías locales. Con la finalidad de cumplir de una manera óptima con los objetivos de este programa, el DIF y la ORT han dividido el proyecto en dos grandes segmentos.

El primer apartado está conformado por los servicios implementados en los Centros de Desarrollo para la comunidad, en los cuales se lleva a cabo la capacitación teórico práctica en diversos talleres, donde el alumno tiene la oportunidad de especializarse en actividades técnicas o en distintos oficios que requiere la comunidad.

El segundo apartado de este programa está integrado por los nueve talleres del Centro de Capacitación Industrial, en donde se realiza la capacitación de los profesionales u obreros calificados en el dominio de las herramientas tecnológicas más sofisticadas.

Ambos segmentos le brindan a personas de escasos recursos la posibilidad de desarrollar sus habilidades y capacidades en ocupaciones técnicas, permitiéndoles posteriormente integrarse al mercado laboral y obtener su autosuficiencia.

Recientemente fue inaugurado el Centro de Capacitación Max y Amparo Shein, donde se capacitará a profesores para que puedan enseñar diferentes materias por computadora.

Otro proyecto es una iniciativa de uno de los principales filántropos de la comunidad, don Max Shein, quien preocupado por modernizar la educación en nuestro país se fijó la meta de establecer 100 Centros de Cómputo en 100 escuelas públicas en diferentes regiones del país.

Cada Centro consta de aproximadamente 10 computadoras y conexión a Internet para que tengan acceso a la información del mundo. El Centro Nº 100 fue inaugurado a principios de 1999 por el presidente de la República, doctor Ernesto Zedillo.

Actualmente la Comunidad Judía de México es parte integral del Consejo Ciudadano de la Secretaría de Desarrollo Social de la Ciudad de México y trabaja en varios proyectos importantes de la ciudad. Con la Delegación Cuajimalpa se está desarrollando un proyecto ecológico que consiste en la conservación de un área de un bosque de la Delegación, donde además del programa de reforestación se construirá un centro de estudios ecológicos que incluye un museo con información interactiva para que los niños de las escuelas de esa zona puedan entender mejor la importancia de la conservación ecológica y del impacto que la deforestación puede tener sobre la ciudad de México. El proyecto está totalmente a cargo de la Comunidad Judía de México y en el Patronato se incluye a los titulares de la Secretaría de Medio Ambiente y Recursos Naturales (nivel federal), de la Delegación Cuajimalpa (nivel municipal) y de la Comunidad Judía de México.

Asimismo, la Comunidad Judía de México es parte del Consejo Consultivo de la Secretaría de Desarrollo Social (SEDESOL). Con esta Secretaría se está trabajando actualmente en tres campos:

a) Capacitación del personal de acuerdo con las necesidades regionales. (Este programa es llevado a cabo por la ORT, según fue descripto anteriormente.)

b) Estudio de la factibilidad de llevar plantas portátiles israelíes para potabilizar agua a poblaciones alejadas de la red de agua potable.

c) Construcción de viviendas de interés social. La Comunidad Judía de México ha decidido impulsar el programa de construcción de vivienda de interés social que la SEDESOL viene desarrollando. El programa consiste en la construcción de viviendas de aproximadamente 35 a 40 metros cuadrados, construidas con materiales sólidos y con distribución de cuartos para una familia. La SEDESOL se compromete a instalar la infraestructura básica, consistente en agua, luz y drenaje, antes de que sean habilitadas. La Comunidad Judía de México se compromete a reunir los fondos para construir las casas. La meta inicial es mil casas, con una primera fase de 200 que servirá como plan piloto. Al mismo tiempo, se está motivando a otras comunidades mexicanas, como las de origen español y libanés, para que realicen proyectos similares y en esa forma contribuir a dos aspectos básicos del desarrollo social: otorgamiento de vivienda digna a las familias, lo que sin duda les da una seguridad al contar con un patrimonio, y brindarles la oportunidad de trabajo, pues la mano de obra se contratará localmente. La construcción es además un disparador natural de crecimiento económico, por lo que se espera que también tenga un efecto de promoción de empleo. Las familias que reciban las viviendas podrán pagarlas a largo plazo con cuotas mensuales muy bajas. El dinero obtenido por este concepto será invertido en el mantenimiento del desarrollo habitacional, a través de un fideicomiso de los propios vecinos.

La palabra hebrea *tzedaka*, que tradicionalmente se interpreta como beneficencia o caridad, lleva desde su raíz etimológica un concepto más amplio. *Tzedaka* proviene de la raíz *tzedek*, que significa equidad o justicia. La obligación de cumplir con la *tzedaka* implica buscar la tendencia a la equidad, a la justicia; en palabras simples, a mejorar la situación de los que menos tienen mediante el ofrecimiento de las oportunidades de desarrollo que requieren.

La Comunidad Judía de México entiende y reafirma el valor y la importancia del proceso educativo y de capacitación, como los fundamentos de la dignidad y el progreso de las personas, por lo que enfoca sus esfuerzos de trabajo social hacia estas áreas.

La comunidad judía de Uruguay en acción frente a la pobreza

Comité Central de la Comunidad Judía de Uruguay

La nueva pobreza: un tema para discusión y análisis

Aspectos político, social y económico

La República Oriental de Uruguay ha oscilado desde su independencia política entre un liberalismo económico, propio de un país-puerto que avanza lentamente siguiendo las contingencias de los mercados internacionales, y un régimen de economía regulada.

A partir de 1985 comienza un intento de apertura dentro de una integración regional, hasta que el 26 de marzo de 1991 en Asunción se firma el Tratado de Asunción, con el objetivo de construir un mercado común entre la Argentina, Brasil, Paraguay y Uruguay (Mercosur).

Se produce una fuerte baja de aranceles y se fija tasa "cero" entre las partes del Mercosur.

Todo ello seguido de una política de crecimiento económico y descenso del déficit fiscal que logra, a fines de 1998, bajar la inflación endémica a un solo dígito.

Las principales variables tuvieron la siguiente evolución:

a) Las reservas internacionales llegan a 3.804 millones de dólares mientras que eran en 1990, de 2.746 millones.

b) La inflación y la devaluación se sitúan en alrededor de un dígito.

c) Las exportaciones de bienes llegan en 1998 a 2.768 millones sobre 1.087 en 1986.

d) Las importaciones crecen hasta 3.080 millones en 1998 sobre 870 en 1986.

e) El PBI alcanzó 20.821 millones de dólares en 1998.

f) El PBI creció anualmente el 3,53% en los últimos 10 años.

g) Las importaciones crecieron el 11,23% anual.

h) La demanda interna de los últimos 10 años creció el 4,80%.

i) Las exportaciones de bienes y servicios crecieron el 8,10% anual en los últimos 10 años.

j) La tasa de desempleo en 1998 fue del 10,1% en tanto que la tasa de subempleo fue del 7,4%.

En resumen, un crecimiento económico que no logra el objetivo de pleno empleo y delata su vulnerabilidad ante coyunturas externas desfavorables.

Tras las profundas reformas económicas aplicadas en los países de América Latina durante los últimos años, se advierte una "sensación generalizada de insatisfacción entre la población y los sectores sociales". El optimismo inicial sobre el desempeño reciente y futuro de la región ha dado paso al reinicio de la búsqueda de senderos hacia un mayor crecimiento, sustentable y con equidad social.

La ayuda social en Uruguay

En Uruguay existe una cantidad de organizaciones no gubernamentales que, junto a organizaciones sociales de diversa índole, realizan tareas de ayuda social en diferentes áreas.

La organización institucional de estas entidades incluye a profesionales dedicados al diseño, la coordinación y el seguimiento de proyectos, así como a la búsqueda de fuentes de financiamiento, junto a voluntarios que intervienen en una gran diversidad de tareas, siendo la participación de éstos imprescindible y de gran importancia.

Los objetivos de estas organizaciones son, esencialmente, de carácter educativo, de asistencia y ayuda.

a) Educativos:
   – Guarderías (fundación y mantenimiento)
b) Asistencia a niños de la calle
c) Inserción laboral:
   – Cursos de capacitación para jóvenes
   – Apoyo para conseguir empleo
d) Hogar sustituto
e) Tratamiento psicosociológico
f) Ayuda:
   – Merenderos
   – Asistencia en domicilio

El financiamiento de estas actividades en Uruguay está adquiriendo en los últimos tiempos algunas tendencias novedosas y de importancia creciente, estimuladas en la experiencia de otros países.

En ese sentido, se conoce que en muchos países la antigua filantropía, cristalizada en donaciones, ha dado paso a un compromiso en los proyectos, no sólo mediante ayuda financiera o material, sino con la participación de los empleados de las firmas como voluntarios, obteniéndose de esta manera resultados que van muchísimo más allá de lo que significaba la sola ayuda financiera.

Hay compañías que estimulan a sus empleados para que se incorporen como voluntarios a fundaciones o entidades de ayuda social. Luego, la empresa apoya proyectos presentados por sus propios empleados, quienes además colaborarán con la puesta en práctica de los mismos.

Al mismo tiempo, grandes empresas han encontrado que la participación en ayuda social no sólo da satisfacciones de índole moral, sino que también les brinda beneficios económicos, razón por la cual esta participación comienza a ser parte de una política empresarial vinculada con el marketing.

En Uruguay, si bien existen algunos ejemplos de adopción de esta práctica, aún carece de desarrollo el concepto de involucrar a las empresas privadas, a raíz de que existe un cierto desconocimiento, por parte de los responsables del marketing, de la importancia que el tema pueda tener para sus empresas. También pesa en la toma de decisiones la falta casi total de incentivos fiscales para participar en proyectos de ayuda social.

Esta realidad no admite comparación con la gran importancia que ha adquirido en otros países de larga tradición de participación privada en la solución de problemas sociales.

Marco correlativo de la comunidad judía de Uruguay

Metodología de la información

La colectividad judía de Uruguay adolece de la falta de un estudio socioeconómico a través del cual se pueda definir con cierta certeza su perfil económico y, por consiguiente, los cambios experimentados: periferias económicas, geográficas, sociales, de identidad y de integración.

No obstante ello, las instituciones que se ocupan de solidaridad y ayuda poseen mecanismos para detectar quiénes son los que necesitan de sus servicios.

Estos mecanismos se traducen –fundamentalmente– en una amplia difusión de los servicios que prestan las instituciones, que van desde la ayuda material y la solución habitacional hasta el asesoramiento y el estímulo del desarrollo de la capacidad de respuesta de la persona o de la familia que presenta la demanda. La filosofía es no hacer "por" ella sino "con" ella, para que a corto o mediano plazo recupere su capacidad de autogestión.

Esa difusión motiva el acercamiento de las propias personas que necesitan el servicio o la información que, en su defecto, suministran familiares, amigos o vecinos.

Una importante fuente de información la constituyen las escuelas de la colectividad. A través del contacto de sus docentes, psicólogos y asistentes sociales, se evidencian problemas tanto económicos como sociales en los hogares. La relación de estos profesionales con las instituciones sociales facilita el conocimiento de los lugares donde ofrecer la ayuda necesaria.

Otra fuente que detecta situaciones de necesidad es el servicio comunitario de Bikur Jolim, a través de su permanente visita a enfermos y hospitales.

El Comité Central Israelita de Uruguay está estudiando la elaboración de un proyecto de estudio socioeconómico.

Situación socioeconómica de la comunidad judía de Uruguay

La pobreza judía, con todas sus consecuencias, es hoy una realidad que presiona fuertemente la pretendida "imagen de una comunidad judía signada por una prosperidad que alcanza a todos sus miembros". El perfil de la problemática que se presenta no es homogéneo ni estable y ha ido variando a través de las diferentes épocas.

Las sucesivas crisis sociopolíticas y económicas por las que ha pasado y pasa la sociedad uruguaya alcanzan también, naturalmente, a sectores cada vez más vastos de la colectividad judía.

Ello determina un importante proceso de empobrecimiento e inestabilidad en un significativo sector de la segunda generación (adultos de más de 40 años), que se ubicó tradicionalmente en la clase media o media-baja y que hoy presiona los recursos comunitarios con demandas diferentes de las tradicionales, que requieren respuestas más elaboradas y complejas.

Esta crisis de la segunda generación se ramifica longitudinalmente en ambas direcciones: hacia arriba, más desprotección de las personas mayores; hacia abajo, incremento de las crisis familiares con la aparición de síntomas a diferentes niveles.

Labor del voluntariado comunitario

Hacia la colectividad

Experiencias de trabajo social hacia el medio comunitario

Si bien todas las instituciones judías participan, el trabajo social hacia el medio comunitario es liderado por las comunidades existentes en Uruguay y por otras instituciones entre cuyos objetivos la asistencia social tiene un lugar prioritario.

Entre todos los departamentos de ayuda social de las diferentes instituciones se cubre un amplio abanico de necesidades hacia la comunidad y hacia la sociedad en su conjunto.

Si bien la ayuda a las personas necesitadas se remonta a la llegada de los primeros inmigrantes, el trabajo profesionalizado y sistematizado surge años después, en que se comienzan a institucionalizar los Departamentos de Servicio Social.

A partir de allí, la planificación y ejecución del trabajo social queda en manos de profesionales, que trabajan dentro del marco teórico de las ciencias sociales, y con el aporte de recursos humanos voluntarios que se integran a este nuevo marco formal y conceptual.

El trabajo social se desarrolla a través de los servicios que se detallan a continuación.

Subvenciones económicas

Son ayudas directas que se brindan en forma permanente o periódica, después de una investigación profunda del núcleo familiar que presenta la demanda. Están destinadas a alimentación, vivienda, vestimenta, salud, internaciones, educación, herramientas de trabajo, etcétera.

Dentro de este marco se cuenta también con la ayuda monetaria para completar ingresos de jubilados y pensionistas.

Alimentación

a) Entrega mensual de un surtido completo de alimentos y otros productos que componen la canasta familiar básica: harina, azúcar, arroz, fideos, aceite, té, dulce, galletas, huevos, jabón de lavar y de tocador.
   Durante las festividades se agregan repartos especiales en cada una de ellas como: *matzá*, pollos, miel, *jalot*, etcétera.
b) Entrega diaria de comidas a domicilio: los alimentos son retirados de las escuelas judías diariamente por un agente distribuidor que funciona, además, como nexo entre el beneficiario y el mundo exterior.

Vestimenta

Se dispone de ropas y calzados obtenidos de donaciones, los que son seleccionados y acondicionados para que estén en perfectas condiciones cuando se entregan. A esto se agrega un reparto anual de ropa nueva que incluye: frazadas, sábanas, toallas, zapatillas de invierno, camisones, pijamas, camisetas, abrigos de lana, etcétera.

Cobertura médica

Mediante visitas realizadas por asistentes sociales, se detectan otras necesidades urgentes tales como cobertura médica. En especial, se trata de que los adultos mayores y los niños no carezcan de ella.

Ayuda monetaria para medicación: el costo de los *tickets* para medicamentos supera las posibilidades de los pensionistas y es imprescindible colaborar al respecto.

Acompañamiento y cuidado de enfermos

Se realiza a domicilio y en el lugar de internación para aquellas personas que no tienen familiares. La asistente social visita periódicamente a esa persona y, en caso de ser necesario, se contrata personal especializado para su cuidado.

Las señoras integrantes de la Comisión de Asistencia Social visitan personalmente a los pacientes, llevando palabras de solidaridad y aliento.

Bolsa de profesionales

Tiene por objetivo brindar asistencia especializada en distintas áreas: odontológica, médica, legal, etcétera.

En algunos casos, la asistencia profesional es honoraria; en otros, las instituciones cubren costos mínimos.

Padrinazgos

Es un trabajo voluntario realizado por adultos, orientado al apoyo de adolescentes cuyo entorno familiar se encuentra debilitado por ausencia o disminución de una o ambas figuras parentales.

Vivienda protegida

Tiene como objetivo solucionar el problema habitacional y de soledad que presentan algunas personas.

Salud mental

Las instituciones de la colectividad se encuentran trabajando en un proyecto en coordinación con la Cátedra de Psiquiatría de la Facultad de Medicina, con el objeto de proporcionar tratamientos psiquiátricos y/o psicológicos a través de la contratación de "horas sociales", que presentan un costo accesible y buen nivel técnico.

Área gerontológica

Tiene una gran incidencia entre los asistidos por los departamentos de servicio social de las instituciones de la colectividad.

La mayoría son personas dependientes o semidependientes que se benefician con uno o más de los programas detallados en el área asistencial.

Se intenta apuntalar a las personas en su propio hogar, con el fin de evitar o retardar la internación en instituciones de cuidados crónicos.

El apoyo no sólo apunta al anciano sino también a su familia, aliviando las tensiones y las cargas excesivas que puedan socavar su capacidad de cuidado.

Los sistemas de apoyo abarcan los siguientes programas en relación con el sujeto a tratar y con su familia: comidas a domicilio, complementos alimenticios, auxiliares domésticos, acompañantes y cuidadores de enfermos, internación, cursos de auxiliares domiciliarios.

Las personas mayores autoválidas cuentan con instituciones en las que pueden desarrollarse. A modo de ejemplo, existen sitios que agrupan a decenas de personas que varias veces por semana realizan actividades socioculturales y recreativas, con el objetivo de crear espacios gratificantes de socialización para los adultos mayores.

La mejor calidad de vida se refleja en una mejor inserción social en general y/o en la familia en particular.

El espacio de encuentro social, recreativo y cultural es un lugar de participación comunitaria activa para los adultos mayores, en el que se ayuda a rescatar los recursos personales de estas personas estimulándolas a prolongar el tiempo de vida autoválida.

Para los ancianos alojados en las instituciones se realiza entrega de surtidos mensuales, ayuda monetaria y cobertura médica, paseos, entretenimientos, atención de necesidades específicas tales como dentaduras, lentes, sillones de ruedas, etcétera.

Las diferentes organizaciones de la colectividad suelen visitarlos en diversas oportunidades en que se realizan jornadas recreativas.

Línea telefónica de orientación y escucha

Es un servicio anónimo y gratuito de escucha, orientación y apoyo.

A través de un diálogo tranquilizador, se intenta disminuir la confusión emocional, aportando nuevas ideas que puedan ser útiles para encontrar caminos alternativos al problema que refiere quien recurre al servicio.

Espacio de seguimiento

Consistente en una serie de encuentros con el fin de proveer de apoyo terapéutico a quienes lo necesiten.

Programa para discapacitados

Dirigido a toda persona que presente algún tipo de discapacidad: física, intelectual o sensorial.

El objetivo es integrar a las personas judías con discapacidad a la comunidad judía, a través de talleres de expresión y creatividad.

Apunta también a trabajar con la familia del discapacitado, en la forma de grupos de apoyo y en actividades educativas dirigidas al público en general, para lograr su compromiso con esta realidad.

Voluntarios en red

Apunta a satisfacer la demanda creciente de personas con nuevas necesidades en situación de ser ayudadas y de personas que desean aportar su tiempo y esfuerzo voluntariamente.

Educa para la solidaridad

Articula, sistematiza, potencializa y capacita los recursos humanos voluntarios que ya actúan en la comunidad, creando además otros nuevos.

Coordinación laboral

Servicio de coordinación entre la oferta y la demanda laboral, dentro de los marcos comunitarios.

En momentos en que la crisis social se manifiesta también en índices altos de desocupación, es especialmente importante esta labor específica que está dirigida a orientar y capacitar, en vistas al logro de una posterior inserción laboral.

Ejemplos: selección de personal, orientación laboral, capacitación, microemprendimientos, *outplacement*.

Hacia la sociedad

Área salud

Juntamente con la Comisión Honoraria de Lucha Contra el Cáncer, institución de carácter nacional, la colectividad judía ayuda en la prevención del cáncer de mama, comprometiendo la participación de voluntarios en la tarea educativa y de esclarecimiento para lograr una mayor asistencia de pacientes al control preventivo. Como complemento se han realizado donaciones de mamógrafos con las correspondientes infraestructuras informáticas.

En colaboración con la Fundación Oncológica Pediátrica Peluffo Giguens, institución de carácter nacional, se brinda apoyo técnico especializado en la prevención del cáncer infantil, a través de donaciones de infraestructura técnica en equipos diversos.

Asistencia social con voluntarios en el interior de la República, ayudando a combatir la drogadicción y la farmacodependencia, mediante la donación de infraestructura informática.

Asistencia continua de voluntarios al Servicio de Voluntarios que funciona en el Hospital de Clínicas, el hospital universitario más importante del país, y en otros hospitales públicos de la capital y del interior del país. El servicio denominado Damas Rosadas fue fundado en el año 1970 por mujeres judías, con la aprobación de la Facultad de Medicina y del Ministerio de Salud Pública.

Estas tareas se han complementado con donación de ropa, ajuares para bebés, sábanas, toallas, colchones, juguetes, a los diferentes hospitales del país.

Donación de ambulancias para hospitales de la capital y del interior del país.

Compra de material médico, así como de salas de rehabilitación para diferentes hospitales de Montevideo y del interior del país, también para diversos centros de discapacitados.

Asistencia en la organización de simposios internacionales especializados en temas médicos, juntamente con las autoridades nacionales. Se colaboró en: Primer Simposio Internacional sobre Vejez y Envejecimiento, Segundo Simposio Internacional sobre Ciencia y Tecnología como Fuerzas Productivas, Primer Simposio Internacional sobre Síncope y Muerte Súbita en niños y adultos.

Publicación de una revista dedicada a la divulgación, a nivel popular, de artículos científicos y médicos. Esta publicación se distribuye en los diferentes centros de enseñanza del país en forma gratuita.

Área educación y área social

Se asiste en alimento, vestimenta, amoblamiento y herramientas de trabajo a escuelas públicas urbanas de Montevideo y urbanas y rurales del interior de la República.

Se realizó la edificación completa de una escuela en el interior del país y se brindó permanente tarea de apoyo en cuanto a material didáctico y mantenimiento edilicio.

A escuelas públicas de zonas necesitadas se proporciona: vestimenta y calzado, equipamiento de aulas, equipamiento de las cocinas y el comedor, televisores, videos, computadoras, impresoras, libros de estudio, enciclopedias, aportes en dinero que permiten mejorar su estructura edilicia, material didáctico, merienda y "vaso de leche", etcétera.

Se suministra toda la infraestructura requerida a centros educativos para niños preescolares en los barrios con carencia.

En convenio con la Intendencia Municipal de Montevideo, se edificaron cinco centros maternales en zonas necesitadas de la ciudad, con capacidad para 50 niños, desde recién nacidos hasta los 6 años. Una vez construidos, se amueblaron, se capacitó al personal y se los asistió en servicio durante un año, además de sensibilizar previamente a la comunidad sobre el proyecto y difundir nociones básicas sobre salud, especialmente materno-infantil.

Se otorgan becas de estudio de computación para niños de las diferentes escuelas públicas y, a través de concursos anuales entre las escuelas judías y las escuelas públicas sobre temas específicos, se premia con donaciones a los institutos de los ganadores.

Juntamente con el Ministerio de Educación y Cultura, se implementa desde hace 15 años consecutivos la Olimpíada de Matemáticas para jóvenes preuniversitarios de todo el país.

Se invita a Uruguay a especialistas israelíes para que vuelquen su experiencia en beneficio de áreas tales como: salud, agronomía, arte, etc. Por ejemplo: médicos para asesorar al Ministerio de Salud Pública en materia de bancos de sangre; agrónomos para asesorar a la facultad respectiva y a empresas privadas o públicas sobre diferentes maneras de tratar los suelos y de apresurar los cultivos;

especialistas en aguas subterráneas para asesorar al Ministerio de Vivienda, Ordenamiento Territorial y Medio Ambiente, etcétera.

Se proveyó a la Comisaría de Defensa de la Mujer y la Familia con colchones, frazadas y camas.

Se atiende con alimentos a familias indigentes.

En situaciones de emergencia nacional se participa con trabajo de apoyo de manera conjunta con la Comisión Nacional de Emergencia.

Cuando en otros países ocurren situaciones similares, se envía ayuda. Como ejemplo, las recientes donaciones a Ruanda o a la zona afectada por el huracán Mitch.

Área trabajo

Destacamos en esta área las actividades que se explican someramente.

Se encargan a los jóvenes internados en el Instituto Nacional del Menor labores para sus talleres de carpintería (cajas de té) y de cerámica (bollones para miel), con lo cual se les da la oportunidad de un trabajo remunerado. Con lo recaudado de la venta comunitaria de esas cajas de té israelí y de los bollones con miel para las festividades judías se confecciona ropa de cama que es donada a los hospitales del país.

Por otro lado, jóvenes de la colectividad invitan a jóvenes necesitados, organizados en grupos o individualmente, a participar de actividades recreativas, complementadas con experiencias de autogestión y liderazgo.

A través de programas educativos especializados, se brindan cursos gratuitos para la formación en oficios básicos, destinados a sectores con menores oportunidades en el sector de la enseñanza formal o en grave riesgo social. Estos cursos, que siguen una metodología semipresencial, se han dictado y se siguen dictando en el interior del país y en Montevideo y han beneficiado directamente a más de 5 mil personas.

Los alumnos de los cursos de oficios básicos reciben gratuitamente la enseñanza, los manuales, las herramientas y los materiales. La mayor cantidad de cursos corresponden a instalaciones eléctricas domiciliarias, reparación de electrodomésticos, tejido artesanal, bordado sobre tejido de lana, etcétera.

Caso Venezuela

Unión Israelita de Caracas (VIC), Asociación Israelita de Venezuela (AIV)

Nacimiento de una *kehila*... creación de un sistema social

La historia de la judeidad venezolana se divide, como en la mayoría de las Kehilot latinoamericanas, en dos grandes épocas, claramente definidas por una afluencia sefardita y por otra asquenazí. La aventura de llegar a tierras caribeñas en la mayoría de los casos se enmarcaba por el objetivo claro de escape, búsqueda de un territorio seguro que permitiera la acogida de judíos. Fue así como, a finales de 1693, huyendo del saqueo francés que se hiciera en la entonces Colonia Holandesa de Recife, 152 judíos procedentes de Liorna se refugiaron en Pomeroon y Surinam y de allí se sabe que se trasladaron a Curazao para arribar más tarde a Tucacas, territorio costeño de Venezuela, donde fundaron la primera comunidad judía asentada en nuestro país y de la cual no quedó ningún vestigio, pues desapareció sin dejar huellas, documentos o cementerio alguno.

Tras esta desafortunada incursión, fue entonces cuando a principios del siglo XVIII vuelven a llegar por la misma costa de Tucacas los judíos holandeses, todos comerciantes, impulsados por establecer contacto en uno de los puertos más prometedores y de mayor movimiento comercial como lo era el de Cayo de Tucacas. En esta zona geográfica los judíos erigieron sus casas y se dedicaron a la cría de ganado, convirtiéndola en un fructífero terreno de comercio y contrabando. Siguieron varias décadas de ataques que los llevaron a desaparecer como grupo étnico; en 1825, después de la severa depresión económica por la que atravesó Curazao y que condujo a la ruina a los dueños de plantaciones, muchos de los cuales eran judíos, se vieron obligados a abandonar la isla estableciéndose en Puerto Cabello, Maracaibo, Barcelona, Valencia, Caracas y la mayoría de ellos en Coro. Hacia 1830 se había formado en esa ciudad insular lo que sería la cuna de la comunidad judío-venezolana, y la primera comunidad judía establecida en la América de habla hispana libre de la Corona Española.

Después de numerosos vaivenes acordes con las situaciones políticas que atravesaba el país, los judíos sefarditas fueron aferrándose a esta calurosa tierra –en temperatura y en sentimiento– hasta formar, en 1907, la Sociedad Benéfica Israelita, organización que da paso en 1919 a la Sociedad Israelita de Venezuela, máxima institución sefardita hasta nuestros días.

Por su parte la comunidad asquenazí, al igual que sus hermanos sefarditas, se vio obligada también –cinco siglos después– a cruzar el Océano Atlántico en busca de seguridad. Fue así como Venezuela, a diferencia de otros países, no cerró sus puertas a aquellos barcos cargados de refugiados europeos que huían de las consecuencias de la Segunda Guerra Mundial. El primer contingente de inmigrantes estuvo signado por judíos intelectuales y profesionales universitarios cuyo aporte fue decisivo para el posterior desarrollo de la comunidad.

A partir de 1946 y hasta 1950 fueron llegando numerosas familias asquenazíes; la mayoría de ellas estaba integrada por familiares y conocidos de los ya radicados en Venezuela. Cada una provenía de diferentes puntos cardinales de la devastada Europa, uniéndose alrededor de un objetivo común: la creación de un cementerio. Este concepto dio el primer paso para la fusión de los dos centros asquenazíes más importantes, naciendo entonces, en 1950, la Unión Israelita de Caracas, el ente venezolano que aglutina en su seno a toda la *kehila* proveniente de la Europa Central y Oriental.

Con las décadas de 1960 y 1970 vinieron años de desarrollo y de bonanza en Venezuela, años que permitieron que la comunidad también se desarrollara, perfeccionara y creara organizaciones y centros según las necesidades de sus miembros. Décadas de oro que permitieron una marcada evolución de la *kehila* y que hoy hacen un poco menos dificultoso enfrentar con profesionalismo las deficiencias por las que atraviesan sus miembros.

El desarrollo individual trajo consigo la necesidad de consolidación de las dos instituciones madre. Es así como a fines de los años sesenta, la AIV y la UIC se asocian en los aspectos más relevantes como lo son los colegios, el centro social deportivo, el medio de comunicación social y la asistencia social.

Este período de abundancia y crecimiento institucional generó, como uno de sus frutos más importantes, a una joven generación de profesionales exitosos y sobresalientes en el amplio abanico de sectores que conforman el país, siendo ésta el relevo actual de la dirigencia del *ishuv*.

La brusca devaluación de 1984, el proceso inflacionario de finales de la década de los ochenta, los estallidos sociales –manifestaciones novedosas en el pueblo– y el descontento y el descrédito de los partidos tradicionales en los últimos quinquenios llevaron –hace poco más de una década– a la terminación de la época de auge económico y prosperidad en Venezuela, envolviéndola en el manto de una crisis que día a día se acentúa y afecta en mayor proporción a la sociedad civil, siendo la comunidad judía parte activa de ella, lo que reafirma que no hemos estado exentos, muy por lo contrario, trajo consigo serias repercusiones en el seno de nuestra *kehila* afectando a numerosas familias que la integran. Ello echa por tierra aquella desacertada creencia que existe en la comunidad, y más aún fuera de ella, de que "no hay judíos pobres"; es debido a esta premisa que grandes esfuerzos y organizaciones se han abocado a difundir las verdaderas necesidades y realidades de la comunidad y la urgencia de una ayuda solidaria y efectiva de sus miembros promoviendo el logro judío de *"Kol Israel areyvin ze la ze"* ("Todos somos responsables por los otros"), con lo que se asegura una mejor calidad de vida judía a la población en situación de pobreza o próxima a ella.

En estas condiciones, la comunidad se ha tenido que organizar y ello ha sido posible gracias a la fusión de importantes factores, como la experiencia y el criterio acucioso del grupo de dirigentes precursores que, con una visión gerencial que signa la formación del actual grupo de continuidad, precisamente han logrado enfrentar la situación con éxito.

Se sabe, según los estudios arrojados por el perfil demográfico, aún en su etapa final, que el 52,7% de la población judía posee un grado universitario, y que la tasa de desempleo es del 8%, número alarmante si tomamos en cuenta que hace apenas 4 o 5 años era de menos del 1% y esto ha conducido a un elevado y galopante incremento de las solicitudes de ayuda económica, becas, gastos médicos, desde 1994, siendo la ayuda escolar, parcial o total, la más acentuada, que en el último lapso ha llegado a cubrir al 20% de la población estudiantil.

Ante este nuevo y dramático panorama, la comunidad ha consolidado y creado organismos y establecido una dirección que sirven para paliar la situación. Asimismo, esta ayuda u orientación está dirigida básicamente a dos grandes áreas: la primera a la ayuda inmediata después del estudio del caso en cuestión por el departamento asignado y, la segunda, a la búsqueda de una solución que otorgue una estabilidad al correligionario y una no dependencia permanente de la *kehila*. En tal sentido, se detallan las siguientes instituciones.

Comisiones de asistencia social

Son promotoras de un completo programa de bienestar social que se aboca a investigar, diagnosticar y determinar el plan de acción que pueda atender las necesidades de educación, vivienda, salud y recreación. Estas comisiones están integradas por voluntarios de ambas comunidades, los cuales son apoyados por un profesional del área social.

El proceso de toma de decisiones conlleva un análisis exhaustivo de las disponibilidades, prioridades y necesidades de los individuos y/o familias que acuden para solicitar algún tipo de ayuda.

Las problemáticas que requieren ayuda y estudio por parte de estas comisiones se dividen en los grupos respectivos que aparecen a continuación.

Educación

Está basada en la premisa fundamental de la comunidad de procurar que todos los niños y jóvenes en edad escolar dispongan de la educación judía impartida en el sistema educativo comunitario, evitando así la deserción por motivos socioeconómicos y otorgando el derecho básico de una educación judía para todos.

Igualmente se estudian casos personales y familiares de origen psicosocial que inciden en el normal desenvolvimiento estudiantil y se detectan situaciones que precisan de educación especial.

Salud

Es objetivo prioritario brindar apoyo integral al enfermo y su familia, por lo que las comisiones de voluntarios designados se han responsabilizado por los casos de emergencias médicas, quirúrgicas, consultas médicas, consultas psicológicas y fisioterapia, para lo cual se cuenta con la ayuda solidaria de un grupo de profesionales. Esta situación y los excelentes contactos comunitarios con el gremio médico han permitido realizar convenios con centros médicos privados en Caracas, permitiéndonos gozar de descuentos especiales para los diversos servicios de esta índole.

Ayuda fija

Se provee de ayudas económicas mensuales a individuos o grupos familiares impedidos de proporcionarse por sí mismos los recursos indispensables para subsistir.

Vivienda

Ante la agudización de la crisis, la comunidad se ha visto en la obligación de buscar techo seguro a algunos correligionarios, subvencionando parcial o totalmente el requisito indispensable de vivienda como condición primaria para la dignidad humana.

Recreación

Se subvenciona la entrada en el club comunitario a familias que no puedan disfrutar de este servicio por problemas económicos.

Bet Avot

Conscientes de la importancia del respeto a nuestros progenitores, la comunidad creó, hace 20 años, el Bet Avot, institución que alberga a miembros de nuestra comunidad de la tercera edad, otorgando un marco digno de desarrollo, alimentación, recreación, salud y judaísmo.

Farmacia comunitaria

Como consecuencia de la mencionada crisis, una de las áreas más afectadas es siempre la medicina, cuyo precio se eleva en forma estrepitosa, siendo en muchos de los casos imposible de costear; en vista de ello, la *kehila* puso en funcionamiento una farmacia comunitaria con precios solidarios, muy por debajo de los que se encuentran en el mercado, reforzando la idea de otorgar una ayuda integral a sus miembros.

Comité de Damas del Bikur Jolim

La labor de este grupo de ayuda se ha extendido más allá de los principios que la crearon: "visitar a los enfermos". Hoy en día posee equipos clínicos tales como camas, sillas de ruedas, andaderas, muletas, bastones, etc. Por otro lado, recauda fondos para sufragar los costos de las medicinas y tratamientos a personas que lo requieran.

Keren Ezra

Integrado por un grupo de mujeres que entendieron las carencias básicas existentes, como la alimentación diaria de un grupo de familias judías, y respaldadas por la *kehila*, se han abocado a la labor de repartir cestas alimentarias con especial énfasis en las épocas de las festividades judías.

Además se dedican a la enseñanza de nuestras tradiciones y costumbres.

Voluntariado comunitario

Organización liderada por damas de la comunidad judía dedicadas a una ardua labor social y voluntaria que no sólo ayuda a nuestra comunidad sino que también se extiende a la comunidad venezolana en general. Entre los programas más significativos desarrollados por este grupo se destacan:

a) Distribución de útiles escolares a precios solidarios y donación de textos.
b) Vacunaciones preventivas a niños de escasos recursos.
c) Donación de pañales.
d) Ropero comunitario, que ha permitido solventar la problemática de vestuario a algunos miembros.

Bolsa de trabajo

Labor coordinada por la B'Nai B'Rith, que se orienta a completar las solicitudes de empleo, así como también a la búsqueda de los solicitantes, haciendo el contacto entre ambas partes y logrando que la persona ubique un trabajo según el área de su especialización.

Grupo Retorno

La comunidad, lamentablemente, ha tenido que recurrir a la ayuda profesional y permanente de este organismo internacional que trabaja en la prevención de adicciones, tales como el alcoholismo, la drogadicción, la anorexia, la bulimia, y posee programas desarrollados especialmente en el marco de colegios y organizaciones judíos. Entre sus funciones, además de la orientación al afectado, está la otorgada a los padres de familia y jóvenes en edad adulta. Igualmente cuenta con una línea de emergencia y asistencia para aquellos casos que requieran un tratamiento de rehabilitación.

Centro Yolanda Katz

Es la última y más anhelada de las obras sociales que ha sido creada en el marco de la comunidad judía de Venezuela; su objetivo está orientado a prestar una amplia gama de servicios médicos, odontológicos, psicológicos y psicosociales en forma integral y con el más bajo costo para los miembros y empleados de nuestra comunidad. Se define como una iniciativa, sin fines de lucro, para mantener la salud y la calidad de vida en tiempos difíciles.

El Centro Yolanda Katz ha logrado conjugar los conceptos de profesionalismo, *tzedaka*, responsabilidad y participación colectiva, generando en el seno de la *kehila* una verdadera preocupación por su semejante, digno ejemplo de la enseñanza judía.

Sabemos que aún falta mucho por hacer, pero a ello están orientados todos nuestros esfuerzos, a que cada judío venezolano tenga la mejor calidad de vida, que encuentre en su comunidad el mejor de los marcos, tanto social como económico. Pero también estamos conscientes de que es precisamente en tiempos de crisis cuando se desarrolla, cuando se buscan y encuentran las mejores alternativas, cuando mejor pensamos y cuando más tenemos que dar a nuestros semejantes. Ésa es nuestra labor educativa, la única garantía de continuidad.

El voluntarismo en la sociedad israelí

Iehoshua Faigon*

Introducción

Quiero contar en esta oportunidad la epopeya incruenta de gentes comunes para quienes la necesidad ajena es la propia necesidad. Quiero hablar de un aspecto de la realidad israelí que las agencias de noticias no transmiten y que las pantallas de la televisión no muestran, porque es la realidad de lo cotidiano, de lo que no es sensacional y, por lo tanto, de lo que no es noticia. Pero lo que voy a contar es algo que a juicio mío se adecua exactamente a la definición de Salvador de Madariaga: "esa espaciosa sencillez que llamamos grandeza". Y si la sencillez no es materia para las noticias, la grandeza, simplemente, no cabe en ellas.

El fenómeno del que quiero hablar es ese movimiento generalizado, amargo a veces y organizado otras, pero que nace siempre del libre albedrío, de la generosidad, de la entrega. En hebreo lo llamamos *hitnadvut*. El vocablo expresa más que un acto; es también una corriente, un movimiento, un estilo. La palabra con que lo traduzco, "voluntarismo", no figura en el *Diccionario de la Lengua Española de la Real Academia Española*. En castellano hay cristianismo, romanticismo, socialismo, modernismo; no voluntarismo. Si no fuera por su falta de agilidad, podríamos usar la expresión: "el movimiento de la voluntariedad". Pero lo importante no es el nombre sino el contenido del concepto. Más que libre voluntad, el voluntarismo implica iniciativa, presencia de ánimo, resolución de obrar, solidaridad, grandeza del alma. No es casual que la palabra *hitnadvut* no tenga una correspondencia exacta en el español de la Real Academia. En mi opinión, el hebreo se le adelantó porque el vocablo expresa un viejo rasgo del carácter judío. La raíz de la palabra es remota. *Nadav* es dar, sacudirse, ponerse a disposición, ofrecerse, siempre libremente, y las palabras derivadas de esa raíz aparecen en la Biblia, la Torá oral, la literatura rabínica de la Edad Media y el hebreo moderno. Es decir, hay una ininterrumpida tradición de generosidad en la cultura judía. Los antisemitas dicen que los judíos están ocupados siempre en dares y tomares, cuidando de tomar más que de dar. La Biblia judía no les da la razón. En ella aparecen menos de mil (966) veces las palabras formadas con el verbo tomar, contra más de dos mil (2.018) derivadas del verbo dar. Ya nuestros ancestros estaban más habituados a dar que a recibir.

* Educador, escritor e investigador israelí.

La tradición judía de dar, en el período preestatal

Ningún otro pueblo tuvo la escuela de voluntarismo que tuvo el pueblo judío cuando llegó la hora del surgimiento del Estado de Israel. Dov Ben-Mei cita que ya en 1900, es decir, un año antes de fundarse Keren Kayemet Leisrael, sumaban ¡250 mil! las alcancías de Rabí Meir Baal-Hanés distribuidas en los hogares judíos de todo el mundo para recolectar apoyo a las comunidades religiosas de Tierra Santa. El hábito del *hitnadvut* está arraigado bien hondo en el alma del judío. Voluntario fue el movimiento sionista desde los orígenes de Jibat Sión hasta nuestros días. Voluntario el resurgimiento del idioma hebreo y de la cultura hebrea. Voluntarias la organización de los trabajadores, las mutuales médicas, las organizaciones deportivas de Eretz Israel. La Agencia Judía, instrumento político de la Organización Mundial Sionista, fue, democrática y libremente, el "Estado judío en marcha". Keren Kayemet, brazo ejecutor de la reforma agraria del pueblo judío, adquiriente de tierras a perpetuidad para la nación, mejorador de suelos, forestador, desbrozador de caminos, que impuso el principio de que la tierra se da –nunca a perpetuidad– a quien la trabaja, fue y es voluntario y formó su ingente capital con óbolos contribuidos libremente por los judíos del mundo entero. Keren Hayesod, el brazo financiero del pueblo judío, que suministró y sigue suministrando los recursos para el colosal renacimiento sionista y la ininterrumpida absorción de sus inmigrantes, es obra espontánea a la que llegan los hijos del pueblo eterno, como lo demuestra la realidad de Israel con sus universidades, hospitales, museos, centros comunitarios, plazas públicas, teatros, etc. Ved, como ínfimo ejemplo, lo que sucedió con el deporte del tenis en Israel. Turistas que visitan el Centro del Tenis de Jerusalén se quedan pasmados ante la calidad, el número, la estética y el mantenimiento de sus canchas, y sobre todo a la vista de los niños humildes que se entrenan y juegan en ellas. Israel se lo debe a la filantropía judía, que se propuso que ningún niño de Israel deje de practicar ese deporte, si así lo desea, por falta de medios. El centro se los brinda generosamente.

¿De dónde proviene ese hábito de dar y de darse, es decir, de contribuir con fondos y con el esfuerzo personal a mejorar y a elevar a la sociedad? Las raíces se pierden en los remotos orígenes de nuestra nacionalidad. Ya lo veremos. Pero antes veamos su significación moderna y su alcance.

Del Estado al pueblo

La generación a la que pertenezco se formó en la edad de oro de los Estados. Estábamos en la flor de nuestra juventud cuando los Estados totalitarios, inspirados en el fascismo y en el comunismo, dirimían supremacías entre sí, por un lado, y con los Estados democráticos, por el otro. Unos y otros aparecían ante nuestros ojos como todopoderosos. Viejos conceptos sobre los cuales se había afianzado la civilización judía en su afán de instaurar sobre la tierra un régimen de justicia y de derecho –*tzedek umishpat*– y que junto a lo coercitivo de los diezmos, el año sabático o el jubileo abarcaban también el deber no taxativo de la generosidad, como la caridad y las acciones benefactoras –*tzedaka* y *gmilut jasadim*–, habían pasado a ser casi obsoletos. Un joven judío afiliado a un grupo revolucionario le habló así a una pordiosera latinoamericana, con toda sinceridad: "Señora, nosotros no nos ocupamos de problemas individuales; nosotros resolvemos los problemas de las masas. Incorpórese a las masas, y resolveremos su problema".

Sin hablar con igual ofensiva e insensible arrogancia, el Estado benefactor que surgió en las democracias después de la Segunda Guerra Mundial, ilusionado por el estampido del progreso económico, creyó que estaba en sus manos superar la estrechez de las capas débiles de la sociedad. El fascismo ya había sido aplastado por el derrumbe que él mismo provocó, el comunismo se vanagloriaba de poder demostrar su superioridad sobre el sistema político y económico de las democracias, pero no se ponía en duda que el Estado –de uno u otro tipo– era el instrumento del bienestar social.

Medio siglo después de la Segunda Guerra Mundial, el sistema comunista ha arrastrado en su estrepitosa caída a las masas que se propuso salvar y las ha hundido en la miseria, la degradación y la corrupción, a tal punto que sus pueblos ven hoy en el Estado capitalista la panacea universal. Pero silenciosamente el Estado benefactor redujo sus ambiciones, y los gigantes del capitalismo individualista no consiguen con sus solas fuerzas incorporar a la abundancia los anchos márgenes de la desigualdad, la ignorancia y la miseria. El mundo está dividido hoy en el norte postindustrializado y el sur en desarrollo. Pero así como en el esplendor de los días de verano que se van acortando anidan ya el frescor del otoño y las heladas del invierno, así también el norte opulento contiene en su seno al sur miserable. Y éste muestra su rostro amenazante.

La evolución económico-social ha sido tal que incluso en los países más capitalistas la influencia del Estado sobre el manejo de la economía, directo o indirecto, es abrumadora. Sus fracasos –que se miden en injusticias flagrantes, en ineptitud y corrupción, en esporádicos estallidos de violencia de los sectores empobrecidos– llevan al desaliento. Pero la libertad total del sector privado tampoco garantiza el bienestar de las masas. Es esa realidad insoslayable la que estimula el deseo de crear, al margen del Estado y de la actividad privada, organizaciones voluntarias, libres, de ciudadanos que suman fuerzas para resolver por sí mismos distintos problemas que los afectan directamente o que enfrenta la sociedad. Alguien definió a esas organizaciones y a sus voluntarios, muy imaginativamente, con una paradoja: ellos son los guardianes del cambio.

La diversidad del tercer sector

Aunque el voluntarismo halla una de sus expresiones en las asociaciones sin fines de lucro, los conceptos no son idénticos. Muchos voluntarios actúan para reparticiones oficiales y hay entes no lucrativos que funcionan principalmente sobre la base de personal pago. A unos y a otros los caracteriza el no ser parte de la actividad privada ni del quehacer estatal. Por eso, el sector del voluntarismo de los entes no lucrativos es conocido hoy como el tercer sector.

El tercer sector, reglado en Israel por la ley de las *amutot*, que son las asociaciones no lucrativas registradas ante la autoridad, forma parte de los llamados grupos de interés. En esos grupos de interés ingresan también las asociaciones patronales, sindicales, políticas y profesionales, los movimientos colonizadores, las organizaciones femeninas, las ligas de defensa, muchas instituciones culturales, etc. En la arena israelí, el voluntarismo surge de continuo, de un modo estigio, tanto a la vista del público como anónimamente. Los entes no lucrativos son imanes que atraen voluntarios; invernaderos en los que el voluntarismo se reproduce. Así, por ejemplo, en el país hay millares, repito, millares de cajas de préstamos sin interés fundadas y atendidas por contribuyentes y voluntarios. En los barrios de *jasidim* están muy difundidas las más diversas formas de *gmilut jasadim*: ayudar a parejas de desposados indigentes a alquilar un apartamento, adjudicar dotes a novias, proveer muebles y ropas, refaccionar viviendas, arreglar desperfectos ocasionales, etc. En el *kibutz* –sociedad ejemplar basada totalmente en la voluntariedad y que suple todas las necesidades materiales– existe sin embargo la práctica de los llamados "enanitos": cuando algún miembro celebra una fecha especial, otros, en su ausencia, anónimamente, adornan su vivienda y le dejan manjares y regalos.

Al margen de las contradicciones que siempre existen, la solidaridad social está arraigada y obra de un modo tangible. La sociedad israelí no es formalista: desconocidos pueden trabar libremente conversación en la calle para tomar a medias un taxi. Agrupaciones voluntarias se constituyen espontáneamente por vecinos de barrio, por ciudadanos indignados o, simplemente, por almas sensibles. Un programa televisado sobre el trasplante de médula, que explicó que la falta de medios impide brindar el servicio a todos los que lo necesitan, originó como reacción inmediata una lluvia de contribuciones. Los judíos tenemos una expresión única: *fardinen a mitzve* (ganar un precepto; ganar una buena acción). No quien recibe gana eso; lo gana quien da.

La gama de las actividades voluntarias es inimaginable. Hay voluntarios para todo: la absorción de inmigrantes y la atención de turistas, las asociaciones de ex residentes y la búsqueda de las propias raíces, el cuidado de enfermos y la protección de animales, la integración social de jóvenes que desertan de la red educativa y la educación diferenciada de niños superdotados, el cuidado de infantes y la ayuda a jubilados, por una Israel mejor y por una Israel más bella, por la laicización y por la observancia de la religión, por una política paloma y por una política halcona... Están la Liga de Mujeres, la proletaria Naamat, la Wizo burguesa, la religiosa Emuná, las Damas de Jerut y las Damas Liberales. Están la Liga de las Mujeres Maltratadas y el proyecto de la Universidad de Haifa para el

Adelanto de la Mujer. Están la Asociación Israelí por la Salud Mental, la de Rehabilitación de los Afectados Mentales, y las que se ocupan de niños autistas, niños lisiados, niños internados, niños enfermos de C. F., niños de familias numerosas, niños contraventores, niños disléxicos, niños maltratados, niños ciegos y sordos total o parcialmente. Hay niños huérfanos a quienes otros jóvenes adoptan como "hermanos mayores", distintas hermandades de niños judíos y niños árabes, etcétera.

No es posible enumerarlas todas. Sólo las llamadas "organizaciones de protesta" –como Paz Ahora, El año 21, Basta de Conquista, Fuera la Conquista, Madres contra el Silencio, Padres contra el Desgaste, Hay Límite, Mujeres de Negro, etc.– excedían en 1989 de 50. Empresas culturales de importancia sin igual se realizan gracias a voluntarios. Un ejemplo entre miles: el folclore judío de la diáspora se reúne y se registra gracias a las visitas que cientos de voluntarios realizan en las casas de ancianos, quienes de otro modo se llevarían a la tumba ingentes tesoros. No hay escuela ni universidad ni hospital ni centro comunitario ni asilo ni ministerio sin voluntarios. Hay voluntarios para estimular el voluntarismo. Por supuesto que en esa realidad hay superposiciones y derroche de esfuerzos. Pero no menos que eso, cada grupo añade fuerzas que de uno u otro modo quedarían pasivas.

Los efectos multiplicadores

La actividad voluntaria nace de la necesidad, de un sentido arraigado de pertenencia y solidaridad, pero no menos que ello de la educación, el esclarecimiento, el estímulo y la organización. Uno de los organismos que promueve y coordina la acción a favor del voluntarismo es el Centro en pro del Voluntarismo en Israel (CVI). Esa organización techo estimula la investigación y el avance de la teoría y de la práctica del tercer sector, procura el reconocimiento oficial y público del trabajo voluntario como valor social y educativo y hace todo lo posible para elevar el *status* del voluntario. El CVI sabe que, sin buscar un pago pecuniario, hay voluntarios que al margen de la satisfacción de hacer el bien están interesados en la valoración de su labor.

En el mismo plano del estímulo y de la organización de grupos de voluntarios, cabe referirse a la llamada Casa de Compensación de la Auto-Ayuda, accionada por el Ministerio de Trabajo y Bienestar con asistencia del tercer sector. Su móvil es instar a quienes adolecen de un problema similar a que se reúnan para intercambiar información, comparar experiencias y aunar esfuerzos en el alivio de su mal. En Israel hay un millar de pequeños grupos de este tipo. Todo el mundo conoce los grandes entes como la Liga de Lucha contra el Cáncer, la de Defensa del Consumidor, el Consejo de Prevención de Accidentes, el Museo Israel, Bet Hatfutzot, las mutuales de salud, las Asociaciones de Rehabilitación y Apoyo, cuyas campañas anuales o semestrales reciben amplia cobertura de los medios oficiales de difusión. Todos conocen el JDC, el Maguen David Adom, Hadassa, Shaarei Zédek. Pero todos esos entes y muchos más, todos impresionantes, no son sino la cresta visible de un movimiento anónimo mucho más colosal, que constituye algo así como el alma implícita de la nación. Lo natural y común en Israel es que quien se jubila no malgaste en el ocio sus horas libres, sino que las aporte como voluntario a la sociedad. Los grupos voluntarios proliferan; algunos, como estrellas, titilan un tiempo y se extinguen, pero el movimiento se expande.

En ayuda del poder público

Por curioso que resulte, la mayoría de los voluntarios actúa apoyando a organismos oficiales. No por casualidad, que no las hay, sino como fruto de la necesidad, por un lado, y de la sensibilidad y el trabajo de ciertos organismos nacionales, por el otro. La que más voluntarios tiene es la Policía. Cuando en julio de 1974 terroristas de la Organización para la Liberación de Palestina (OLP) asesinaron en la escuela de Maalot a 22 niños e hirieron a muchas decenas más, los voluntarios comenzaron a afluir para reforzar a la policía en funciones de guardia nocturna. Dos meses después se instituyó por ley la Guardia Civil, integrada sin coerción alguna por mujeres y hombres, jóvenes y ancianos, dispuestos a dar cuatro horas de guardia nocturna barrial por mes. En su momento cumbre, en 1976, el número de esos voluntarios llegó a 132 mil. Hoy actúan en la Guardia Civil unos 30 mil voluntarios patrulleros, mientras que otros 5 mil ayudan a la policía en funciones especiales, brindando 16 horas mensuales cada uno.

Con el Ministerio de Salud actúan 70 entidades con muchos millares de voluntarios, a los que se agregan 8 mil activados independientemente por hospitales. Un solo hospital, el Wolfsohh, en Jolón, moviliza 500 voluntarios. El Soroka, de Beer Sheva, promueve con voluntarios el uso de la medicina moderna entre los beduinos.

Otros voluntarios atienden el funcionamiento de centros de diálisis en localidades pequeñas, ahorrando a los enfermos la necesidad de viajar. Hay hospitales adelantados con mucha ayuda popular, y los hay pobres, con poca. Coordinar esa masa de voluntarios no es sencillo: la función requiere 35 funcionarios que hacen de coordinadores regionales.

Israel ha pagado un precio muy alto en combatientes caídos en acción. Además de los muertos hay heridos que tardan en recobrarse, los hay que quedan inválidos, hay familiares que quedan afectados por su pérdida o que pierden su sostén. El Ministerio de Defensa atiende hoy a 80 mil víctimas de las guerras y del terrorismo: 60 mil inválidos de distinto grado y 20 mil familiares entre padres, viudas y huérfanos. A ellos está dedicado el 7% del presupuesto del ministerio, lo que significa más de 200 millones de dólares por año. Para atender a ese sector, el Departamento de Rehabilitación del ministerio tiene 300 empleados a sueldo. Pero junto a ellos se alistan 500 voluntarios. El tercer sector conexo con el ministerio abarca doce conocidas organizaciones voluntarias, entre ellas Libi, que procura instruir y capacitar a soldados rezagados, y el Consejo en pro del Soldado, que se ocupa de su bienestar. Así, por ejemplo, el televisor que soldados hospitalizados suelen tener al lado de sus camas les es facilitado comúnmente por los activistas del Consejo. Una vez por año los medios de difusión realizan una campaña de recolección de fondos para el bienestar de los soldados israelíes. Actores y cantantes contribuyen durante todo un día y más con su arte y la población aporta sus contribuciones.

No siempre son los voluntarios quienes ayudan a los empleados públicos. A veces es al revés. Así, hay carteros que suelen visitar por propia voluntad, día a día, a la población incapacitada en su zona, para poder informar a los trabajadores sociales quiénes requieren una atención urgente. Y los trabajadores sociales, a su vez, ponen en acción a los voluntarios, que son los que los ayudan en atender a esa población.

El voluntarismo israelí en cifras

Las cifras sobre el voluntarismo son insólitas. El CVI estima que el 25% de los israelíes, desde adolescentes hasta jubilados, mujeres y hombres, están involucrados en una y otra forma en actividades voluntarias. ¿Cuál es el perfil de esos voluntarios? El 40% de ellos son jóvenes de hasta 21 años; el 38% están entre los 21 y los 60 años, y el 22% son mayores de 60 años. Por su sexo, el 70% del voluntarismo son mujeres. De los 24 mil voluntarios que trabajan un mínimo de 4 horas semanales, 6 mil se dedican a los ancianos, 6 mil a los niños y 3 mil a los centros comunitarios. Otros apoyan a incapacitados, a alcohólicos, a presos y a drogadictos.

Otro dato apabullante es que, según el Centro de Investigación de la Política Social, el tercer sector emplea al 11% de los económicamente activos del país (una de cada nueve personas) y aporta el 8% del PBN (uno de cada doce *shkalim*). En términos relativos, el tercer sector de Israel es casi el doble del de los países occidentales más adelantados. Así, en Estados Unidos, las entidades no lucrativas y el voluntarismo ocupan el 6,5% de la fuerza de trabajo y crean el 5,5% del PBN; el 11% frente al 6,5% y el 8% frente al 5,5% a favor de Israel.

Hay aun otra diferencia importante entre el voluntarismo israelí y el del mundo occidental. En Estados Unidos, por ejemplo, el 15% de los donantes aporta el 85% de los fondos que se dedican a la filantropía. En Israel, en cambio, el 90% de las donaciones se reúnen con contribuciones pequeñas. Ese efecto sería imposible de lograr si no fuera por los 40 mil colegiales que varias veces por año van a pedir las contribuciones de uno, dos o cinco dólares a cada familia, en visitas de puerta a puerta, en todos los barrios y centros poblados del país.

Paralelamente a ellos, parejas de mujeres solicitan contribuciones del público en comercios, oficinas y bancos, y los medios de difusión invitan a la población a depositar directamente sus contribuciones en las cuentas de banco de las asociaciones de bien público.

Las ganancias del Estado

Las cifras que vimos todavía no descubren el beneficio financiero del Estado. Un relevamiento de 1989, del Ministerio de Trabajo y Bienestar, estimaba en 50 mil el número de los voluntarios llamados asiduos. Entre ésos, más de los 24 mil ya citados que trabajan 4 horas semanales, hay 1.500 que brindan 20 horas por semana. Al ahorrar la provisión de mil cargos, esos voluntarios economizan al Estado diez millones de dólares anuales. Pero eso no es lo esencial. El sector no lucrativo, con sus hospitales, dispensarios, servicios, asociaciones de lucha contra enfermedades, etc., le ahorra al Estado de Israel el 50% de los servicios de salud. Además, todas las universidades son del tercer sector, así como también casi todas las *yeshivot*, dos tercios de las escuelas agrícolas y marítimas y el 50% de los colegios secundarios.

Esos establecimientos le ahorran al Estado el 40% de los servicios de educación. Pero no diríamos la verdad entera sobre el voluntarismo israelí si no recordásemos que el mismo marcha de la mano con el voluntarismo judío de la diáspora. El sostén material que la dispersión judía en el mundo le presta al campo voluntario de Israel es impresionante por sus cifras, pero, más aún, es incalculable por su valor moral.

Proyecciones nacionales y políticas

Con ser importante, la utilidad financiera no es la primordial. Las proyecciones político sociales del tercer sector son mayores aún. En primer lugar, está el alivio que trae a los individuos. *Quien salva una vida salva al mundo entero*, dice la sabiduría judía. Además, integra mejor al individuo —el que recibe y el que da— dentro de la sociedad, difunde la conciencia de lo que es preciso remediar, ataca al mal en una escala amplia y siembra confianza en la propia acción. El resultado del voluntarismo es político en el amplio sentido del término: presión sobre el Estado, estímulo de la acción colectiva. Si cerraran filas bajo una misma bandera —escribe Leráj Tal—, los voluntarios obtendrían una excelente representación parlamentaria. Pero la mayoría de ellos no se ocupa de política en el sentido estrecho, y los que lo hacen no alteran el cuadro general. Es en un sentido amplio que la influencia política de los voluntarios y sus organizaciones es indudable. La actividad de los grupos voluntarios –asegura la doctora El Shai– origina una mayor racionalización de la política estatal, sirve de escuela de líderes de administración y fortalece la democracia.

Aspectos problemáticos

En el equilibrio siempre cambiante que se logra entre la iniciativa privada, el Estado y el tercer sector, no pocas trampas acechan a éste. Los sectores público y privado apoyan la actividad voluntaria, pero no pocas veces maniobran para utilizarla para sus propios fines. En Israel, por ejemplo, el Estado tiende a despreocuparse de funciones de las que se ocupa el voluntarismo y no estimula debidamente con exención de impuestos donaciones mayores. Esta política, criticable en sí, tiene su lado bueno al fomentar la procura de pequeñas contribuciones. En cuanto a los intereses privados –ya sea como competidores o como asalariados– a menudo entran en conflicto con el tercer sector. Pero las principales dificultades de éste derivan de sí mismo.

A veces, obra en contra de las instituciones benéficas la exagerada rotación en su dirección y, otras, el anquilosamiento de ésta. Gentes inexpertas convertidas en improvisados administradores y directores hallan dificultades en armonizar su buena voluntad con el orden y el ahorro. Fácil es sucumbir a la improvisación, a la línea del menor esfuerzo, al paternalismo, en vez de seguir el camino largo y difícil de la democracia y de las normas estrictas de una buena administración. El despilfarro, la irresponsabilidad y el atractivo del *status* que tampoco faltan en los sectores privado y público, afectan al tercer sector cuando no sabe crear los contralores internos imprescindibles. Lo acechan también el atractivo de los recaudadores a sueldo y del apoyo financiero estatal para superar reveses que terminan por ser crónicos. Tampoco faltan rivalidades, ineptitudes, casos de explotación del voluntarismo para fines egoístas, impostores que invocan el nombre de organizaciones voluntarias cuando en realidad recaudan contribuciones para sí. Ya se descubrieron también defraudaciones en el manejo de fondos. Pero en un sector tan vasto, ¿es acaso posible que todos los seres humanos se comporten como ángeles?

Evolución del voluntarismo israelí

La realidad siempre es transitoria porque la vida sólo se da en movimiento. Por lo tanto, es preciso procurar desentrañar los procesos que nutren una determinada situación. El tercer sector de Israel atraviesa una verdadera revolución. Con la elevación del nivel de vida de la población sobrevino un impresionante aumento del número de *amutot*. En 1984 había registradas 3.186 de ellas. Para 1989 su número sobrepasaba las 9 mil, y seguía en aumento. La actividad que antes ingresaba casi toda en los marcos de los partidos políticos se hizo más independiente. Aparecieron nuevos tipos de grupos de interés, nuevos estilos, nuevos objetivos. Sectores que fueron periféricos –como los grupos de presión de las localidades de fomento, de las mujeres, de los árabes de Israel, de los ancianos, de los castigados por la suerte– se desplazaron al centro de la escena pública.

Las preguntas que ese proceso plantea son muchas: la actividad de los "grupos de interés", orientada siempre a un aspecto fragmentado de la problemática nacional, ¿no acrecienta el sectarismo? ¿No atenta contra la cohesión y la unidad? ¿No terminará atentando contra la democracia? ¿Cómo se desarrollará ese juego entre el Estado, los partidos políticos y los grupos de interés? Las estructuras anteriores subsisten y las nuevas se instalan a su vera, no siempre en armonía con ellas. ¿Afectará esa realidad el afianzamiento de nuevos grupos? ¿Cómo evitar la anarquía, por un lado, y el atrincheramiento conservador, por el otro? Todo el proceso es de un interés apasionante. Lo que en el mundo occidental se da de un modo gradual asume características muy aceleradas en Israel por circunstancias geopolíticas e históricas, pero también por los rasgos de la población, esencialmente por la pasión que el judío pone en el actuar.

Actualmente, existe la friolera de 15 mil *amutot* registradas. ¡15 mil! ¿Qué ámbito de la vida no cubren? ¿Cómo abarcar su descripción? Lo más que podemos hacer es ejemplificar. Y eso haremos, limitándonos a pocos sectores.

La historia de Yad Sarah

Desde muchos lugares del mundo acuden representantes de servicios médicos a estudiar de cerca el fenómeno de Yad Sarah. La potente organización voluntaria nació de la nada, o mejor dicho de la buena voluntad de un judío jerosolimitano que solía prestar a sus vecinos artefactos médicos tan sencillos como un inhalador de vapores o una almohadilla inflable. Como los pedidos de los necesitados superaban sus posesiones, nuestro hombre decidió aumentarlas para tener el placer de servir en lugar del pesar de no hacerlo. Y cuando su padre decidió nombrar la memoria de su difunta madre Sarah instituyendo un modesto fondo de socorro, nuestro jerosolimitano tenía lista su original propuesta. Así nació Yad Sarah. Su desarrollo fue tan pasmoso que hoy facilita el uso de balanzas para bebés, camas para enfermos, muletas, sillas de ruedas, transmisores para llamadas de auxilio, colchones de presión para prevenir llagas, máquinas para las vías respiratorias, garrafas y máquinas de oxígeno, ¿y qué no? ¡400 clases de accesorios vinculados a la salud! Y, además, prestaciones de servicios como comidas calientes a domicilio, atención de enfermos en sus casas, lavado de ropa de incontinentes, transporte de inválidos a espectáculos y a visitas a familiares y amigos; ¡hasta un café-jardín para ancianos necesitados, con rampas de acceso para sillas de ruedas! Contados servicios reclaman un pago simbólico; la inmensa mayoría son gratuitos.

Las familias atendidas son más de 160 mil por año. El presupuesto anual excede los 3 millones de dólares, y los equipos valen más de 12 millones. ¿Cómo se paga eso? En primer lugar están los voluntarios permanentes de la institución, que pasan los 3 mil. Jubilados hacen de sus hogares centros de distribución de artefactos y de recepción de donaciones; técnicos aseguran la manutención de los equipos, su arreglo, limpieza y clasificación; otros instruyen a necesitados en el uso de aparatos; médicos y enfermeros dictan clases de primeros auxilios; conductores reparten ropa lavada a domicilio o transportan a inválidos. En segundo lugar están las contribuciones que llueven a diario, porque nadie que usa gratuitamente deja de hacer una pequeña contribución. Además, está la campaña anual. Lo curioso es que pobres y ricos por igual acuden a Yad Sarah, porque ésta satisface todos los pedidos en el acto; ningún minorista, ni mayorista, ni importador en Israel tiene las existencias que tiene Yad Sarah. De su *presidium* forman parte directores de los más importantes hospitales y asilos del país, porque Yad Sarah les ahorra, con su atención ambulatoria, decenas de millares de días de internación. No es de extrañar que en el mundo judío hayan cundido los grupos de apoyo a Yad Sarah, ni que la entidad haya recibido ya diversos premios, entre ellos el que se da anualmente a la empresa mejor administrada del país.

La absorción de la *aliá*

La *aliá* masiva de lo que fue la Unión Soviética, actualmente interrumpida, fue acompañada por una explosión del impulso popular de contribuir por diversos caminos a su absorción. No fue sólo inundar los centros de recolección con ropas, vajillas y muebles usados o abrir los hogares a las familias de nuevos inmigrantes para ayudarlos en su aclimatación y en el estudio. No fue sólo la respuesta de numerosos puesteros en las ferias francas y en los mercados, que instituyeron el reparto controlado de hortalizas y frutas gratuitas o su suministro a los nuevos *olim* a bajo precio. Un grupo de telavivenses formó, por ejemplo, la asociación Lasova (Hasta saciarse) y cada día sirve 200 comidas calientes, completas, al precio de un *shekel* la comida. El presupuesto de la asociación es ínfimo. El refectorio se obtiene gratuitamente. Y también los alimentos, que son suministrados, de sus excedentes diarios, por diversos restaurantes.

El movimiento voluntario fue más allá todavía. Porque los mismos *olim* aprendieron el método israelí y un grupo de ellos constituyó una organización voluntaria que se registró bajo el nombre de Asociación para la ayuda al *olé* de los años noventa, con el propósito de luchar por medios legales para defender los derechos de los *olim*. Y lo primero que hizo esa organización fue interponer un recurso judicial contra el ministro de Hacienda, para dejar sin efecto ciertas disposiciones relativas a intereses de préstamos que por ser elevados los perjudicaban.

El voluntarismo infantil

La acción voluntaria de los adultos se corresponde con un serio plan educativo en la infancia y la adolescencia. La División Juvenil del Ministerio de Educación y Cultura de Israel ilustra a maestros y alumnos sobre los caminos que tiene la juventud para servir al prójimo a través del programa-movimiento que se llama Involucramiento Personal. Éste forma parte del currículum del décimo grado, de modo que el alumno, guiado y controlado por educadores, puede elegir entre ayudar a ancianos, niños, inválidos, sordos, ciegos, enfermos, inmigrantes recién llegados, o cooperar con la asistencia pública, los bomberos, la policía, etc., pero no puede eludir ese deber. Suman decenas de miles los colegiales que participan de ese proyecto, que abarca acciones en escala nacional como "El maratón de películas sobre el voluntarismo", "La semana del voluntarismo", "La semana del niño", "Una flor y una carta para el anciano", etcétera.

El sistema educativo de Israel no espera a que el niño llegue al décimo grado para introducirlo en el hábito del voluntarismo. La radio y la televisión israelíes anuncian periódicamente, para cierto número de grandes organizaciones, la realización de campañas anuales de recolección de fondos, cuyo brazo ejecutor, como vimos, son los colegiales.

La desocupación, que en los últimos años ha hincado sus dientes en la sociedad israelí, agravada por la última gran ola inmigratoria, ha añadido un gran sector necesitado al país. Pero aún hoy, el sector más débil, que no tiene la esperanza de zafarse de su situación, está constituido por ancianas y ancianos sin recursos, incapacitados de valerse por sí mismos y sin apoyo familiar. Los poderes públicos proveen al grueso de sus necesidades. Junto a ellos operan organizaciones voluntarias. Esas organizaciones realizan, entre otras actividades, envíos de productos en ocasión de las festividades. El reparto de esos productos lo hacen alumnos de las escuelas y colegios.

Pero tampoco ahí termina la educación de los niños hacia el voluntarismo. Los alumnos de sexto grado de la escuela primaria forman las guardias de tránsito. Con señales especiales detienen la circulación de los vehículos en las bocacalles cercanas a las escuelas, para que los niños menores puedan cruzarlas sin riesgos. Además, desde el sexto grado, alumnos aventajados actúan como instructores de niños rezagados, incluidos nuevos *olim*; renunciando a sus recreos les explican lo que no entienden y los ayudan en la ejecución de sus deberes.

Los maestros y los estudiantes

Todo eso sería imposible si las maestras y los maestros de Israel no estimulasen esa actitud como lo hacen. Una investigación internacional conducida en 22 países sobre la actitud de los maestros frente a diez tipos de valores reveló que los educadores de Israel colocan en el último lugar a la fuerza y en el primer lugar a la generosidad, que abarca valores como la ayuda, el perdón, la fidelidad, la rectitud y la responsabilidad.

No otra actitud se percibe entre los estudiantes universitarios. En el boletín de la Universidad Hebrea, por ejemplo, hallamos que 2.500 estudiantes actúan en la Unidad de Involucramiento Social, cuyo proyecto más importante es Peraj. Peraj está estimulado por el Ministerio de Educación, que apoya con un muy modesto emolumento a los estudiantes que ayudan en sus estudios a niños rezagados. Su acción benéfica se siente en 50 establecimientos educativos de Jerusalén y de Bet Shémesh. Otros proyectos de la Unidad son la rehabilitación de presos liberados, la capacitación de activistas de los centros comunitarios, la ayuda a soldados dados de baja para que completen sus estudios secundarios, etcétera.

Un caso especial de ayuda al niño desfavorecido

Hay numerosísimas organizaciones de ayuda al niño. Pero hay una nueva que tiene algo de especial. Se llama Tlalim (gotas de rocío) y está formada por educadores retirados cuyo objetivo es el de brindar ayuda, en sus estudios, a niños que no pueden desplazarse para asistir regularmente al colegio. El número de esos niños es calculado en un millar. La noticia que encontré en el diario decía que en este momento Tlalim está cubriendo las necesidades de 300 de ellos. La organización busca más voluntarios.

La siembra en el sector árabe

El tercer sector de Israel difunde entre los árabes el voluntarismo. Ciudadanos árabes de ambos sexos ya han sido objeto de distinciones por su labor voluntaria, incluyendo la Insignia del Presidente. Modalidades judías se van convirtiendo así en rasgos generales israelíes. En Israel existe una organización que se llama el Consejo Nacional para el Bienestar del Niño. Bajo su techo se cobija, desde hace cosa de medio año, Sicui, que significa chance, y que es una asociación para el fomento de la igualdad en las oportunidades en Israel. Según sus estatutos, se trata de una organización apolítica que busca promover la incorporación de los ciudadanos árabes de Israel al quehacer vital sobre una base de igualdad, con miras a evitar la polarización social. ¿Qué hizo necesario crear esa asociación? El rezago en que se halla sumido el sector árabe israelí cuando se lo compara con el sector judío. Por ejemplo, entre los árabes hay un trabajador social para cada 5 mil almas; entre los judíos hay uno para cada 1.800. Entre los árabes la mortalidad infantil es del 14,8‰, mientras que entre los judíos es del 8,2‰. El 35% de los niños árabes vive a razón de dos o más por habitación, mientras que en esas condiciones vive sólo el 2,8% de los niños judíos. El 53,1% de los niños judíos en edad preescolar concurren a jardines de infantes, frente a sólo el 23,7% de los niños árabes. De la educación secundaria desertan en Israel el 5,5% de los alumnos judíos y el 16,7% de los alumnos árabes. Quizá lo más notable de esa asociación voluntaria es que sus directores son dos: un árabe y un judío.

La lucha contra la corrupción

Hay mucho de positivo en la sociedad israelí. Pero Israel, naturalmente, no es una sociedad de ángeles. En los amplios márgenes administrativos y directivos no falta la corrupción. Sin ser la regla, no está ausente, y el voluntarismo no podía dejar de lado ese problema. Una de las *amutot* se ha propuesto luchar contra la corrupción y defender a sus víctimas. Su inspiradora y creadora fue una mujer que, luego de denunciar robos internos en una gran cooperativa, robos que condujeron a la condena de tres personas, fue despedida de su trabajo. El relato de las complejidades de su caso sería largo y escapa a nuestro marco y propósito, pero lo que importa citar aquí es que con una gran inversión de sufrimientos y esfuerzos esa mujer consiguió reunir un núcleo de voluntarios, profesores universitarios y juristas, que han convertido a Oguen (ancla; así se llama la asociación) en un instrumento útil para la defensa de la integridad administrativa en el Estado de Israel, por un lado, y la de los luchadores contra la corrupción, por el otro. Entre otras metas, Oguen procura que las empresas no rechacen a candidatos que han denunciado irregularidades en otras. Comúnmente, ese antecedente los hace aparecer como personas que complican la vida de los demás. En su corta existencia, Oguen ha recibido más de 400 presentaciones de asalariados que aducen que por denunciar irregularidades ven amenazada su ocupación. Entre ellas hay denuncias hechas de mala fe, por lo que Oguen somete a todas a un estudio antes de pasar las pertinentes a la Fiscalía.

En busca de una clave

¿Por qué encuentra tanto eco el voluntarismo en Israel? Creo haberlo explicado en el curso de mi exposición. Pero aún falta algo. A mi juicio, paradójicamente, la respuesta esencial es: porque los textos y la tradición hebreos, antes que ensalzar al voluntarismo, pusieron el énfasis en el deber de servir a Dios y al prójimo como *mitzvá*, como precepto al que quedan obligados todos y cada uno. La ética judía distingue entre *tzedaka*, caridad, y *gemilut jasadim*, buena acción. La primera asiste sólo con dinero o con un objeto; y el voluntarismo israelí de las pequeñas contribuciones llena el requisito del *matán beséter* o anonimato. La segunda, *gemilut jasadim*, requiere infaltablemente la acción. La buena acción no sólo es la fundamental de las virtudes sociales del judaísmo. La misma existencia del mundo, según el judaísmo, depende de tres pilares: la Torá, el servicio divino y las buenas acciones. Frente al hincapié que la cultura occidental hace en el acto voluntario, hecho a discreción, como cima de la buena conducta, la cultura judía fija lo contrario: el deber de cumplir los preceptos. El judaísmo no aguarda a que la conciencia del individuo lo mueva a actuar; lo forma para que actúe. Desde la aceptación de los mandamientos divinos en los que el pueblo antepone la buena acción a su estudio –naasé venishmá (Éxodo, 24;7)–, la doctrina y la tradición lo repiten de mil modos, en innúmeras variantes que no tienen parangón en otras culturas: más mérito tiene quien hace (buenas acciones) estando obligado a ello, que quien las hace sin tener esa obligación (Rabí Janina, en Baba Kama, 87ª) (y la razón es clara; el obligado a cumplir cumplirá siempre; el voluntario, no); no eres tú quien debe concluir la obra, pero no estás autorizado a desentenderte de ella (Rabí Tarfón, en Avot, 2,16); todos los judíos son compañeros y asumen la mutua responsabilidad por su suerte (T. Jerosolimitano, Jagiga, 79d); si yo no me ayudo, ¿quién me ayudará? Y si sólo para mí vivo, ¿qué valgo? Y si no obro ahora, ¿cuándo? (Hilel, en Avot, 1,14); la remuneración del precepto es su cumplimiento (Ben Azai, en Avot, 4,2); y así en muchas más, incluyendo la que para mí marca la cima de la sabiduría judía: según el dolor, la recompensa (Ben He He, en Avot, 5,23).

La cultura judía lleva en su médula los deberes de estudiar, de dar y de hacer para mejorar la realidad. Pero una modalidad popular no se subroga a una política social, sin la cual se hace imposible, por ejemplo, erradicar la pobreza. En Israel, las modalidades judías ponen su sello en los hábitos, en la prensa, en la sensibilidad pública y aun en la legislación. Pero las medidas de gobierno dependen de ideologías e intereses; son actos políticos que quedan al margen de este trabajo. Nuestro tema ha sido cierta faceta de "lo judío del Estado de Israel": la iniciativa individual, en los marcos de lo que podríamos llamar un modo social de ser, para la transformación de la sociedad. Como Estado formado por los judíos a su imagen y semejanza, Israel refleja en ese sentido al judaísmo: su estilo, su conducta y su carácter.

PARTE III

Extrayendo conclusiones

Un triángulo de acción para la *tzedaka*

Herzl Inbar*

Desde tiempos bíblicos, pasando por la época de la redacción del Talmud, y a través de los siglos en la tradición de las comunidades judías, la caridad y la solidaridad con los necesitados eran consideradas como preceptos cardinales del judaísmo y su práctica obligatoria.

El mismo Pentateuco legisla minuciosamente sobre los impuestos a ser recolectados en favor de los indigentes y, entre otras, establece normas tales como *leket*, *shikja* y *peah*, que determinan cantidades de mieses y granos a ser apartados en favor de los pobres durante las épocas de cosecha y recolección. Los años sabáticos y de jubileo prescriptos en las escrituras se instituyeron "para que los pobres en el seno de la población pudieran también ellos alimentarse". Tratándose de preceptos bíblicos de cumplimiento obligatorio, los sabios talmúdicos se preocuparon de contemplar en detalle las vías de su ejecución, los montos a donar, quiénes deben ser los beneficiarios, etc., y hasta fijaron sanciones para quienes se negasen a cumplir con sus obligaciones.

El término hebreo *tzedaka* –caridad–, deriva de la raíz *tzedex*, justicia.

Maimónides enumera ocho modos de dispensarla en escala ascendente de virtud:

1. Dar en tristeza.
2. Dar menos de lo adecuado, pero con buen talante.
3. Dar después de haber sido solicitado.
4. Anticipándose a la solicitud.
5. Dar de manera tal que el donante no sepa quién es el beneficiario.
6. De manera tal que el beneficiario no sepa quién es el donante.
7. Que ninguno de los dos conozca las identidades.
8. Y por último el estado más elevado de *tzedaka*, según Maimónides, no consiste en otorgar dádivas, sino en ayudar al pobre, para rehabilitarlo, otorgándole créditos, aceptándolo como socio, proporcionándole empleo o encargándole labores, porque de ese modo el objetivo es logrado sin dañar la autoestima del necesitado.

Esta forma de actuar que se nutre de principios establecidos desde tiempos inmemoriales, integrando de alguna manera el "código genético social" de los ju-

* Ex director para América Latina del Ministerio de Relaciones Exteriores de Israel. Actual embajador de Israel en España

díos y que se vio reforzada por el imperio de necesidades impuestas a través de siglos de oprobios y vicisitudes en los que la supervivencia misma dependía de la ayuda mutua, es la que determinó y consolidó los cánones adoptados por el Estado de Israel, primero para la consolidación de sus propias instituciones y sistemas de asistencia social y labor comunitaria; y posteriormente para el establecimiento de sus programas de cooperación con otros países, sus temas y modalidades. En la mencionada etapa preliminar, se fundaron estructuras tales como el *kibutz* y el *moshav* (granjas colectivas y cooperativas, respectivamente), fondos de ayuda mutua especialmente en el campo de la salud pública y numerosas organizaciones y entidades de carácter voluntario que, aun en la época actual de transformaciones vertiginosas y de reconsideración de normas consagradas, siguen aportando según los expertos cerca del 10% del Producto Bruto Interno de Israel que asciende a 17 mil dólares anuales per cápita.

En el campo de la cooperación internacional, Israel ha establecido programas con más de cien países cumpliendo un doble propósito: mantener viva una tradición secular y granjear amistad y empatía a través de proyectos concretos y tangibles que trasciendan las meras prácticas diplomáticas en su relación con los países del globo.

Israel optó por establecer dichos programas de cooperación tomando en consideración, por una parte, las necesidades más urgentes de los países receptores y, por otra, las áreas en las cuales había acumulado experiencia aprendiendo, a veces, de sus propios errores. Tan es así que agricultura en especial, aprovechamiento de recursos hídricos escasos y cultivo en zonas áridas, salud pública, cooperativismo, formación de estructuras voluntarias, educación e integración social y, últimamente, el uso de la computación en la educación en todos sus niveles se transformaron en los temas centrales y preferidos de sus esquemas de cooperación. Las relaciones con América Latina y el Caribe, basadas en una historia multicentenaria de presencia judía en el continente, en valores éticos y políticos compartidos y en una visión común de los acontecimientos mundiales, se vieron cimentadas y consolidadas con los programas de cooperación que comenzaron hace más de cuatro décadas y que se siguen desarrollando con acrecentada intensidad.

A través de los años, cerca de 30 mil becarios del continente han cursado estudios en Israel y cientos de expertos israelíes compartieron sus conocimientos con colegas en el continente mismo. Las decenas de miles de ex becarios y estudiantes que participan en programas israelíes han formado en el mundo entero una red de organizaciones voluntarias con el significativo nombre de Shalom –paz–, que, además de mantener y fomentar las relaciones entre sus miembros en el ámbito nacional e internacional, estimulan a sus propias entidades estatales y a las organizaciones no gubernamentales a realizar programas de extensión y acciones sociales, basadas en la participación voluntaria e inspirándose en las experiencias que recogieran en Israel o en su interacción con expertos israelíes.

Las asociaciones Shalom tienen especial relevancia y numerosa membresía en América Latina.

En la reunión celebrada en Washington en diciembre de 1998, con los auspicios del Banco Interamericano de Desarrollo y de la rama latinoamericana del Congreso Judío Mundial, con la participación de representantes de todas las comunidades judías del continente y de Israel, se debatieron las formas de crear una sinergia entre los proyectos del Banco. Las tendencias de solidaridad social y comunitaria de las colectividades judías del continente y las experiencias acumuladas en Israel agregan áreas adicionales de cooperación en temas que últimamente tanto preocupan a América Latina y a los países del Caribe como al Medio Oriente, del cual Israel forma parte, como pueden ser el refuerzo de la sociedad civil y el equilibrio de los efectos de la economía de mercado con mecanismos de solidaridad social.

Tuve el privilegio de representar a Israel en esa reunión que sentó un precedente prometedor y retorné a mi país con la convicción de que la seriedad de los debates, la importancia de los temas y la inspirada visión que el presidente del Banco compartió con los asistentes prometen un "triángulo de acción" Israel, BID y comunidades que hará honor al concepto de *tzedaka*, plasmándolo en acciones concretas.

No para mal de ninguno y sí para bien de todos

*Arie Avidor**

Al llegar a resumir el encuentro de Washington, no puedo olvidar el utópico anhelo del escritor A. B. Iehoshúa, publicado hace un tiempo en Aurora: la creación de una especie de ejército de salvación que done desinteresadamente educación por todo el mundo, en una acción conjunta del Estado de Israel y los judíos de la diáspora. Algo, apenas algo en ese sentido, se sintió en el encuentro celebrado en Washington.

El Banco Interamericano de Desarrollo (BID) merece una mención especial, al menos en dos aspectos. El primero es que, si bien de desarrollo y sin fines de lucro, sigue siendo un banco y, como tal, merece elogios el entender que los aspectos sociales de las economías no se reducen a balances, políticas económicas o incluso crecimientos. El segundo es la sabiduría de entender que no todo pasa por manos de gobiernos y que el voluntarismo es un arma de capital importancia para el bienestar de las sociedades. Así lo demostró con el encuentro con cristianos y con judíos.

Esa mención se hace extensiva también al Congreso Judío Latinoamericano (CJL) y a Bernardo Kliksberg, sin cuya visión, iniciativa y dedicación esto no hubiera sido posible.

Las comunidades judías tienen mucho que aportar a esta iniciativa, no sólo ni principalmente con dinero, sino con una vocación de servicio que difícilmente haya otra *grey* u otro pueblo que pueda igualar. La ayuda mutua es y fue durante siglos el pilar sobre el cual se desarrolló toda la vida judía desde la Edad Media hasta nuestros días. Los judíos la impulsaron incluso en regímenes hostiles, como la Rusia zarista, logrando así sobrevivir, y en regímenes permisivos, como los de América Latina, ganando así en bienestar común.

Es hora entonces de aportar esa centenaria vocación a las comunidades necesitadas en las cuales los judíos conviven. No se trata ya sólo de dar pescados a gente con hambre, sino de enseñarles a pescar. Algunas experiencias ya hechas confirman que el aporte judío al bienestar general puede ser importante, en algunos casos incluso decisivo.

Israel puede y debe formar parte de esta iniciativa. Lo ha hecho con gran éxito en varios países africanos en el pasado y lo viene haciendo en algunos países

* Presidente del Grupo Editorial Aurora (Israel).

de América Latina desde hace décadas. Tiene la infraestructura y la experiencia necesarias para contribuir con éxito en una empresa que debe estar encabezada por las comunidades locales, en cooperación con elementos como el BID y las autoridades de la misma región.

La pobreza, como se dijo en el encuentro, es madre de muchos males sociales, sobre todo cuando genera una subcultura que se hereda de generación en generación y cierra así las puertas de la esperanza. Y en nuestra época, la ignorancia es la puerta de la pobreza.

En tres áreas pueden las comunidades judías hacer aportes concretos: en salud, en educación y en sistemas de cooperación en general y agrícolas en particular. Algunas experiencias esporádicas ya realizadas dan la pauta de lo significativo que ese aporte puede ser.

Queda en manos de iniciativas locales, dirigidas desde centros de adentro y de afuera, llámense BID o Congreso Judío Latinoamericano, dar los pasos concretos en pos de una cooperación fructífera, renovadora y reparadora, que seguramente no será para mal de ninguno y sí para bien de todos.

Un encuentro no convencional

*Manuel Tenenbaum**

Durante largas décadas, el liderazgo judío de América Latina estuvo concentrado en lo que podría denominarse su agenda tradicional, acción defensiva y preventiva contra el antisemitismo, sionismo, Israel, educación y continuidad espiritual.

En diciembre de 1998 ocurrió en Washington algo insólito y sin precedentes. A través del Congreso Judío Latinoamericano, los dirigentes comunitarios judíos se reunieron con las máximas autoridades del Banco Interamericano de Desarrollo (BID) y del Banco Mundial para examinar conjuntamente los problemas sociales del continente, con especial énfasis en el tema de la pobreza.

Este encuentro revistió varios significados. En primer lugar, ratificó la importancia creciente de la sociedad civil y de las organizaciones no gubernamentales en este fin de siglo que nos toca vivir. El llamado tercer sector ha emergido con una fuerza y un prestigio cada vez mayores.

Pero, además, el encuentro de Washington tuvo un valor simbólico, marcó el debido reconocimiento del componente judío dentro de las sociedades latinoamericanas y la legitimidad representativa de sus instituciones centrales unidas bajo el techo del Congreso Judío Latinoamericano.

Tanto los conductores y expertos de los organismos financieros internacionales, como los dirigentes de nuestras colectividades, se remitieron a la ética del judaísmo y a sus fuentes raigales como puntos de referencia, de validez permanente, para los planteos sociales.

El presidente del BID, doctor Enrique V. Iglesias, habló del escándalo de una América Latina con la distribución del ingreso menos equitativa de todo el mundo. Otros oradores hablaron de violencia y criminalidad, del deterioro del tejido social y del sufrimiento de mujeres y niños.

Los portavoces judíos expresaron sus propias experiencias, los fundamentos morales de la acción autogestionaria de sus comunidades y los conocimientos prácticos acumulados. Desde México en el norte hasta la Argentina en el sur, desfilaron como en un caleidoscopio los más variados proyectos de apoyo al prójimo y de interés general que vienen desarrollando desde su fundación en tierras americanas las colectividades hebreas. Como lo dijo con meridiana claridad Is-

---

* Director del Congreso Judío Latinoamericano.

rael Singer, director del Congreso Judío Mundial: "Los judíos sabemos de sufrimientos y somos sensibles frente a la necesidad de los otros".

El siglo XX se cierra con un saldo atroz. Sólo en 1998 instituciones especializadas han contabilizado 48 conflictos armados de diversa intensidad. Las violencias de todo tipo, el hambre, la enfermedad y las miserias físicas y morales envuelven a la humanidad en una especie de ciclo infernal.

Pero en medio del gran caos hay bolsones de esperanza, *lux in tenebris*. Hay hombres, mujeres y comunidades que se sienten "guardianes" de sus hermanos. La moral tanájica aflora y el espíritu voluntario busca transformarse en energía reparadora y creativa.

Éste es el contenido, inhabitual pero significativo, del encuentro en Washington.

Conclusiones del encuentro de Washington

1. La reunión constató los fundamentales avances de América Latina en el campo de la democratización y los serios esfuerzos de desarrollo económico y modernización institucional realizados por los países. Sin embargo, como lo señaló Enrique V. Iglesias, presidente del Banco Interamericano de Desarrollo (BID), al inaugurar el encuentro, la pobreza y la inequidad son la gran materia pendiente de la región.

2. La reunión analizó detalladamente la delicada situación social de América Latina. Recibió rigurosos aportes que pusieron de relieve, entre otros, los serios problemas de pobreza, desempleo, déficit en el campo de la salud, deserción y repetición escolar, niños en situación de riesgo y desprotección a las personas mayores.

3. Se examinaron, entre otros aspectos, los serios daños que la pobreza está causando a la familia, institución básica de la sociedad, creando condiciones desfavorables para la misma en múltiples planos.

4. Se analizó el alarmante avance de la criminalidad en este marco social general, que particularmente se está extendiendo en los sectores jóvenes.

5. Se informó sobre los riesgos de antisemitismo existentes en diversos países de la región. Se denunciaron especialmente los gravísimos atentados perpetrados contra la Embajada de Israel y la Asociación Mutual Israelita Argentina (AMIA) en Buenos Aires.

6. El tema general de los Derechos Humanos en la región fue examinado con la Comisión Interamericana de Derechos Humanos de la OEA, observándose el gran trabajo que hay por hacer para afianzar los derechos y las garantías jurídicas y superar las graves violaciones a los derechos humanos que se observan.

7. La reunión recibió informes y extensa y sistemática documentación sobre la amplia labor social que desarrollan las comunidades judías en América Latina. Expusieron y documentaron experiencias de alto interés de trabajo social comunitario y general, las comunidades judías de la Argentina, Brasil, Chile, Colombia, Ecuador, El Salvador, Guatemala, México, Panamá, Paraguay, Uruguay y Venezuela.

8. La reunión recibió información sobre estrategias y proyectos de trabajo innovadores en marcha en el BID. Conoció las grandes líneas de trabajo que se ha trazado el BID en el campo social, al que considera un objetivo totalmente prioritario. Analizó proyectos del BID en participación con la sociedad civil, trabajo con niños en situación de riesgo y acción contra el desempleo juvenil.

9. La reunión conoció las políticas y estrategias del Banco Mundial, sus líneas de trabajo en materia de capital social y diversos proyectos suyos en América Latina. Intercambió con las autoridades del Banco Mundial sobre posibles colaboraciones en el área social.

10. En la reunión existió un consenso total en cuanto a la necesidad de dar la más alta relevancia al tema social, sensibilizar respecto de su profundidad y prioridad a todos los sectores de la sociedad y lograr que los mismos se incorporen a las tareas concretas del desarrollo social.

11. Las comunidades judías subrayaron la identificación milenaria del pueblo judío con la lucha contra la pobreza y la inequidad y su total disposición a involucrarse activamente en programas sociales renovadores en América Latina. Asimismo, su interés en poner a disposición de los gobiernos y de los organismos internacionales la experiencia que han acumulado en la vasta labor social que desenvuelven y particularmente, entre otros campos, en el área de la movilización del trabajo voluntario.

12. El BID, el Congreso Judío Latinoamericano, a través de su Comisión de Desarrollo Humano, y las comunidades judías procurarán identificar líneas de acción conjuntas hacia el futuro en el área social.

13. Las comunidades judías acogen asimismo con todo interés el ofrecimiento del Banco Mundial de llevar a cabo proyectos sociales conjuntos.

14. Se agradeció especialmente la participación activa en la reunión de una representación del Estado de Israel, encabezada por el director general adjunto del Ministerio de Relaciones Exteriores, Herzl Inbar.

15. Se agradece la participación en el encuentro y el alto interés demostrado por las siguientes organizaciones judías americanas: American Jewish Committee, B'Nai B'Rith, Joint Distribution Committee, Anti-Defamation League, Jewish Community Council of Greater Washington. Asimismo, su disposición a realizar programas conjuntos. Se agradece la participación del World Jewish Congress.

16. Las comunidades y organizaciones judías participantes desean expresar su profundo agradecimiento al presidente del BID, Enrique V. Iglesias, por la iniciativa de esta reunión sin precedentes y por su excelente organización y ejecución. También desean dejar constancia de su reconocimiento a las entidades coauspiciadoras, el Banco Mundial, la Organización de los Estados Americanos y el Washington College of Law de la American University.

Índice

PARTE I

La situación social de América Latina: algunos aspectos clave

PARTE II

Experiencias de las comunidades judías en la lucha contra la pobreza en los sectores medios

PARTE III

Extrayendo conclusiones

Se terminó de imprimir
en el mes de julio de 2000 en
los talleres gráficos de Grafinor S.A.,
Lamadrid 1576, Buenos Aires, Argentina.
Se tiraron 2.000 ejemplares